SAGE 質的研究キット
ウヴェ・フリック監修

⑥
質的データの分析

グラハム・R・ギブズ
砂上史子・一柳智紀・一柳梢 [訳]

新曜社

SAGE 質的研究キット 全8巻

1. 質的研究のデザイン	フリック, U./鈴木聡志（訳）
2. 質的研究のための「インター・ビュー」	クヴァール, S./能智正博・徳田治子（訳）
3. 質的研究のためのエスノグラフィーと観察	アングロシーノ, M./柴山真琴（訳）
4. 質的研究のためのフォーカスグループ	バーバー, R./大橋靖史他（訳）
5. 質的研究におけるビジュアルデータの使用	バンクス, M./石黒広昭（監訳）
6. 質的データの分析	ギブズ, G. R./砂上史子・一柳智紀・一柳梢（訳）
7. 会話分析・ディスコース分析・ドキュメント分析	ラプリー, T./大橋靖史（訳）
8. 質的研究の「質」管理	フリック, U./上淵寿（訳）

ANALYZING QUALITATIVE DATA (2nd ed.)

Graham R. Gibbs

SAGE Qualitative Research Kit 6

Copyright © Graham R. Gibbs 2017. All rights reserved.

This translation is published under cooperation contract between SAGE and Shinyosha.

編者から

ウヴェ・フリック

- 「SAGE 質的研究キット」の紹介
- 質的研究とは何か
- 質的研究をどのように行うか
- 「SAGE 質的研究キット」が扱う範囲

「SAGE 質的研究キット」の紹介

　近年質的研究は、そのアプローチがさまざまな学問分野にわたってしだいに確立され、尊重されるようにもなってきたため、これまでにない成長と多様化の時期を謳歌している。そのためますます多くの学生、教師、実践家が、一般的にも個々の特定の目的のためにも、質的研究をどのように行ったらよいのかという問題と疑問に直面している。こうした問題に答えること、そしてハウツーのレベルでそうした実際的な問題に取り組むことが、「SAGE 質的研究キット」（以下「キット」）の主な目的である。

　この「キット」に収められた各巻は，全体が合わさって、質的研究を実際に行う際に生じる中心的な諸問題に取り組んでいる。それぞれの巻は、社会的世界を質的な見地から研究するために用いられる主要な手法（たとえば、インタビューやフォーカスグループ）や資料（たとえば、ビジュアルデータやディスコース）に、焦点を当てている。さらに、「キット」の各巻は、多くの多様なタイプの読者のニーズを念頭に置いて書かれている。「キット」とこれに収められたそれぞれの巻は、以下のような広範なユーザーに役立つだろう。

i

- 質的な手法を使った研究を計画し実行する上で問題に直面している、社会科学、医学研究、マーケットリサーチ、評価研究、組織研究、ビジネス研究、経営研究、認知科学などの質的研究の**実践者**たち。
- こうした分野で質的手法を使用する**大学教員**。授業の基礎としてこのシリーズを用いることが期待される。
- 質的手法が、実際の適用（たとえば論文執筆のため）を含めて大学の学業訓練の（主要な）一部である、社会科学、看護、教育、心理学、その他の分野の**学部生**と**大学院生**。

「キット」に収められた各巻は、フィールドでの広範な経験をもつだけでなく、その巻のテーマである手法の実践においても豊かな経験をもつすぐれた著者たちによって書かれている。全シリーズを最初から最後まで読むと、倫理や研究のデザイン、研究の質の査定といった、どのような種類の質的研究にとっても重要な諸問題に何度も出会うことだろう。しかし、そうした諸問題はそれぞれの巻において、著者の特定の方法論的視点と著者が述べるアプローチから取り組まれる。したがって読者はそれぞれの巻で、研究の質の問題へのさまざまなアプローチや、質的データの分析のしかたへのさまざまな示唆を見出すであろうが、それらが全体として合わさって、この分野の包括的な描写を得ることができるだろう。

質的研究とは何か

質的研究のさまざまなアプローチにも研究者の大多数にも共通に受け入れられている、質的研究の定義を見出すことはますます困難になっている。質的研究はもはや、たんに「量的研究ではない」研究ではなく、それ自身の1つのアイデンティティ（あるいは多数のアイデンティティ）を発展させている。

質的研究には多数のアプローチがあるとは言っても、質的研究に共通するいくつかの特徴を確認することができる。質的研究は「そこにある」世界（実験室のような特別に作られた研究状況ではなく）にアプローチし、「内側から」社会現象を理解し、記述し、時には説明することを意図する。しかしそのやり方は実にさまざまである。

- 個人や集団の経験を分析することによって——経験は生活史や日常的・専門的実践と関係づけられることもある。それらは、日常的な知識や説明や物語を分析することによって取り組まれるかもしれない。
- 進行中の相互作用とコミュニケーションを分析することによって——これは、相互作用とコミュニケーションの実際の観察と記録、およびそうした資料の分析に基づく。
- ドキュメント（テクスト、写真・映像、映画や音楽）を分析することによって、あるいはドキュメントに類した経験や相互作用が残した痕跡を分析することによって。

このようなアプローチに共通するのは、人びとは周りにある世界をどのように作り上げるのか、人びとは何をしているのか、人びとに何が起きているのかを、意味のある豊かな洞察を与える言葉でひも解こうと試みることである。相互作用とドキュメントは、協同して（あるいは衝突しながら）社会的プロセスと社会的人工物を構成する方法と見なされる。これらのアプローチはみな意味生成の方法であり、意味はさまざまな質的手法で再構成し分析することができ、そうした質的手法によって研究者は、社会的な（あるいは心理学的な）問題を記述し説明するしかたとしての（多少とも一般化可能な）モデル、類型、理論を発展させることができるのである。

質的研究をどのように行うか

質的研究にはさまざまな理論的・認識論的・方法論的アプローチがあること、そして研究される課題も非常に多岐にわたることを考慮するなら、質的研究を行う共通の方法を示すことはできるのだろうか。少なくとも、質的研究の行い方に共通するいくつかの特徴をあげることはできる。

- 質的研究者は、経験と相互作用とドキュメントに、その自然な文脈において、そしてそれらの個々の独自性に余地を与えるようなやり方で、接近することに関心がある。

編者から iii

- 質的研究は、最初から研究する事柄についての明確に定義された概念を用意し、検証仮説を公式化することを控える。むしろ、概念（あるいは、もし使うなら仮説）は、研究の過程で発展し、洗練されてゆく。
- 質的研究は、手法と理論は研究される事柄に適したものであるべきだ、という考えのもとで始められる。既存の手法が具体的な問題やフィールドに合わないなら、必要に応じて修正されるか、新しい手法やアプローチが開発される。
- 研究者は研究するフィールドの一員であり、研究者自身が、研究者というあり方でそこに臨むという点でも、フィールドでの経験とそこでの役割への反省を持ち込むという点でも、研究過程の重要な部分である。
- 質的研究は、研究課題の理解にあたって文脈と事例を重視する。多くの質的研究は一事例研究や一連の事例研究に基づいており、しばしば事例（その歴史と複雑さ）が、研究されている事柄を理解する重要な文脈となる。
- 質的研究の主要な部分は、フィールドノーツやトランスクリプトに始まり、記述と解釈、最終的には知見の発表、研究全体の公刊に至るまでの、テクストと執筆に基づいている。したがって、複雑な社会状況（あるいは写真・映像のような他の資料）をテクストに変換するという問題（一般には文字化と執筆の問題）が、質的研究の主要な関心事となる。
- 手法が研究されている事柄に適切であると考えられる場合でも、それが質的研究にとって、そして質的研究の特定のアプローチにとって適切かという視点から、質的研究の質を定義し査定する諸アプローチについて（さらに）考察されなければならない。

「SAGE 質的研究キット」が扱う範囲

- 『質的研究のデザイン』（ウヴェ・フリック）は、何らかのかたちで質的研究を使う具体的な研究をどのように計画し、デザインするかという観点から書かれた質的研究の簡潔な入門書である。それは、研究過程でそうした諸問題をどう扱うか、どう解決するかに焦点を当てることで、「キット」の他の巻に対するおおよその枠組みを与えることを意図して

いる。この本では、質的研究の研究デザインを作るという問題に取り組み、研究プロジェクトを機能させる足がかりについて概略を述べ、質的研究における資源といった実際的な諸問題について述べるが、質的研究の質といったより方法論的な問題や倫理についても考察する。この枠組みは、「キット」の他の巻でより詳しく説明される。

- 質的研究におけるデータの収集と産出に、3冊が当てられる。第1巻で簡潔に概説した諸問題を取り上げ、それぞれの手法に対して、さらに詳しく、集中的にアプローチする。まず、『質的研究のための「インター・ビュー」』（スタイナー・クヴァール）は、特定の話題や生活史について人びとにインタビューすることのもつ、理論的、認識論的、倫理的、実践的な諸問題に取り組んでいる。『質的研究のためのエスノグラフィーと観察』（マイケル・アングロシーノ）は、質的データの収集と産出の第二の主要なアプローチに焦点を当てている。ここでも実践的な諸問題（サイトの選択、エスノグラフィーにおけるデータ収集の方法、データ分析における特殊な問題）が、より一般的な諸問題（倫理、表現、1つのアプローチとしてのエスノグラフィーの質と適切性）の文脈で考察される。『質的研究のためのフォーカスグループ』（ロザリン・バーバー）では、データ産出の第三のもっとも主要な質的手法が提示される。ここでも、フォーカスグループでサンプリングやデザインやデータ分析をどう行うかの問題と、データをどうやって生み出すかに焦点が強く当てられている。

- さらに3冊が、特定のタイプの質的研究の分析に当てられる。『質的研究におけるビジュアルデータの使用』（マーカス・バンクス）は、焦点を質的研究の第三のタイプに広げている（インタビューとフォーカスグループに由来する言語データと観察データに加えて）。一般に社会科学研究ではビジュアルデータの使用は主要なトレンドになっているだけでなく、データの使用と分析にあたって研究者を新たな実際的な問題に直面させ、新たな倫理的問題を生み出している。『質的データの分析』（グラハム・R・ギブズ）では、どのような種類の質的データの理解にも共通する、いくつかの実際的なアプローチと問題に取り組む。特にコード化、比較、コンピュータが支援する質的データ分析の使用に、注意が払われ

編者から v

ている。ここでの焦点は、インタビューやフォーカスグループや個人史と同じく言語データにある。『会話分析・ディスコース分析・ドキュメント分析』（ティム・ラプリー）では、言語データから、ディスコースに関連する異なるタイプのデータへと焦点が拡張され、ドキュメントのような現存資料、日常会話の記録、ディスコースが残す痕跡の発見に焦点が当てられる。アーカイヴの生成、ビデオ資料の文字化、それにこのようなタイプのデータのディスコースの分析のしかたといった、実際的な問題が考察される。

• 『質的研究の「質」管理』（ウヴェ・フリック）は、質的研究の質の問題を取り上げる。この問題は、「キット」の他の巻でもそれぞれのテーマの文脈で簡潔に触れられているが、本書でより一般的なかたちで取り上げる。ここでは研究の質を、質的研究の現存の規準を使って見たり、あるいは規準を再定式化したり新しく定義するといった角度から検討する。この巻では、質的方法論における「質」と妥当性を定めるのは何であるべきかについて現在も進行している議論を検討し、質的研究における質を高め、管理するための多くの戦略を検討することになる。質的研究におけるトライアンギュレーション戦略と、質的研究の質を高めるという文脈での量的研究の使用に、特に関心が払われている。

　本書の焦点、そしてそれが「キット」に果たす役割について概略を述べる前に、この「キット」が世に出る力添えをいただいた SAGE 社の方々に感謝を述べたい。いつのことだったか、このプロジェクトを私に勧めてくれたのはマイケル・カーマイケルであるが、いざ始めるに当たって彼の示唆は非常に役に立った。パトリック・ブリンドルはこのシリーズへの支援を引き継ぎ、継続してくれた。ヴァネッサ・ハーウッドとジェレミィ・トインビーは、われわれの草稿を本に仕上げてくれた。

本書と第2版について

ウヴェ・フリック

　時に、データ[訳注1]＊収集が分析を準備する前段階という意味合いが強いのに対し、質的データの分析は概して質的研究におけるコアと見なされる。質的研究においてデータを分析するには異なるアプローチがある。より全体的なものもあれば、特定のタイプのデータにより特化したものもある。それら全てに共通しているのは、テクスト分析に基づいているということである。故に、質的研究におけるいかなる資料もテクスト＊として分析されるべく準備されなければならない。場合によっては（たとえばナラティヴのように）、テクストの内部構造が（半構造化インタビューのように）他の場合よりも重要になることもある。内容が（時に独占的に）分析の中心にくる場合もあれば、テクストにおけるやりとりも（フォーカスグループのように）同様に関係していたり、（会話分析のように）分析の中心であったりする場合もある。

　本書では、質的データを分析する基本となるストラテジーがさらに詳しく説明されている。一番重点が置かれているのは、コーディング[訳注2]＊と分類である。二番目に重点が置かれているのは、ナラティヴ＊と伝記（バイオグラフィー）＊である。三番目に重点が置かれているのは、この文脈におけるコンピュータの使用である。かなりの注意が比較分析＊とデータ分析に特有の質、ならびに倫理学の問題に払われている。もっと実際的なレベルでは、質的データ分析のための3つの主要なソフトウェア（ATLAS.ti, MAXQDA, NVivo）について、それらで何ができるか、それらがどのように分析に影響を及ぼすかを示しなが

[訳注1] 右上にアスタリスクが付されている語は、巻末の用語解説に含まれている。適宜参照していただきたい。
[訳注2] コード化とも言う。

vii

ら、比較可能なかたちで紹介する。

　この第 2 版では、参照文献と上記ソフトウェアの記述が最新のものになっている。データ分析の準備と質的データ分析をどのようにディスコースやナラティヴの研究に適用するかといった側面についても、拡充されている。さらにこの新しい版では、比較分析にいっそう力点が置かれている。

　これらを中心に、本書は第一に、発言や語りのような言語データに関心があるいかなる質的データも分析する基礎を提供している。「SAGE 質的研究キット」との関連では、ラプリー（Rapley, 2017）とバンクス（Banks, 2017）の巻で詳しく記述されている。ラプリー（Rapley, 2017）の巻は、どちらかと言えばやりとり ── 特に会話 ── の分析についてであり、バンクス（Banks, 2017）は目に見える資料の分析を扱っている。またアングロシーノ（Angrosino, 2007; Coffey, 2017）の巻の中のエスノグラフィーに関する章や、クヴァール（Kvale, 2007; Brinkmann & Kvale, 2017）の巻の中のインタビューに関する章、バーバー（Barbour, 2017）の巻のフォーカスグループに関する章もこれを補完しており、これらはそれぞれのやり方から生じたデータ分析に特有の問題について述べている。最後に、フリック（2017c）によるグラウンデッドセオリーについての新しい本も、「キット」全体の視点を補完するものである。本書では本「キット」に補足して、質的研究におけるコンピュータの使用と、記録やメモ、研究日誌のようなデータを形成する文脈の中で書くことにかなりの注意を払った。言語データを書き起こすことについても役に立つ提案をしている。倫理*や分析の質にも言及したその提案は、「SAGE 質的研究キット」中の、研究過程において質をデザインし扱うことに関するフリック（Flick, 2017a, b）の巻を補完するものである。本書『質的データの分析』第 2 版に関しては、全体がアップデートされ拡張されている。したがって、新しい「キット」の新しい版、新しい本との連関がはかられている。

目　次

編者から（ウヴェ・フリック）————————————————————————*i*

　「SAGE 質的研究キット」の紹介　　　　　　　　　　　i

　質的研究とは何か　　　　　　　　　　　　　　　　　ii

　質的研究をどのように行うか　　　　　　　　　　　　iii

　「SAGE 質的研究キット」が扱う範囲　　　　　　　　iv

本書と第 2 版について（ウヴェ・フリック）————————————————*vii*

1 章　質的研究の特質————————————————————————————*1*

　分析　　　　　　　　　　　　　　　　　　　　　　　1

　質的データ　　　　　　　　　　　　　　　　　　　　3

　質的分析の実践　　　　　　　　　　　　　　　　　　4

　方法論　　　　　　　　　　　　　　　　　　　　　　5

　質的分析の目的　　　　　　　　　　　　　　　　　　12

　倫理　　　　　　　　　　　　　　　　　　　　　　　14

2 章　データの準備————————————————————————————*19*

　トランスクリプション　　　　　　　　　　　　　　　19

　トランスクリプトの作成　　　　　　　　　　　　　　27

　トランスクリプトの印刷　　　　　　　　　　　　　　33

　インターネットのデータ　　　　　　　　　　　　　　34

　メタデータ　　　　　　　　　　　　　　　　　　　　36

　アーカイブのための準備　　　　　　　　　　　　　　37

　整理する　　　　　　　　　　　　　　　　　　　　　37

3 章　書く————————————————————————————————*43*

　研究日誌　　　　　　　　　　　　　　　　　　　　　45

　フィールドノーツ　　　　　　　　　　　　　　　　　46

　メモ　　　　　　　　　　　　　　　　　　　　　　　51

　研究レポートを書く　　　　　　　　　　　　　　　　54

ix

4章　主題コーディングとカテゴリー化 ——————————— 63

コードとコーディング	63
コーディングの手順	67
データ駆動か、コンセプト駆動か？	72
何にコードをつけるか	74
コードによるテクストの取り出し	75
グラウンデッドセオリー	80
コーディングのタイプと方法	87

5章　伝記、ナラティヴ、言説的要素の分析 ——————————— 91

ナラティヴ	91
ナラティヴの情報源	95
ナラティヴの機能	95
ナラティヴとライフヒストリー	98
実際の分析作業	100
ナラティヴのジャンルあるいは構造	105
ディスコース・アプローチ	112

6章　比較分析 ——————————————————————— 125

コード階層	125
比較	131
モデル	145
理論と説明を発展させる	147

7章　分析の質と倫理 ————————————————————— 157

従来の質へのアプローチ	157
リフレクシヴィティ	159
妥当性	161
信頼性	167
一般化可能性	170
分析の倫理	171

8章　コンピュータを用いた質的データ分析を始める ——————— 179

データの質的分析を支援するソフトウェア	180
プロジェクトに取り込むためのデータの準備	186

新しいプロジェクト	189
文書	193
コーディング	196

9章　ソフトウェアを用いた検索やその他の分析手法 — *209*

検索	209
属性	220
コードと属性による検索	224

10章　すべてを総合すると — *235*

読むこと	235
書くこと	236
コーディング	236
関連性とパターン	238
分析の質	238

訳者あとがき　241
用語解説　243
文　献　253
人名索引　260
事項索引　261

装幀＝新曜社デザイン室

ボックスと図表リスト

ボックス

2.1	会話の持つ特徴	24
2.2	異なるレベルのトランスクリプションの例	25
2.3	メタデータ文書の典型的内容	36
2.4	管理を要するデータと文書	38
3.1	ヴァン・マーネンによるフィールドの物語の形式	49
3.2	メモの用途	53
3.3	最初の草稿を修正するためのガイドライン	57
4.1	コード、インデックス、カテゴリーあるいはテーマ	64
5.1	修辞	93
5.2	比喩と説明	94
5.3	よくあるライフヒストリーのテーマ	99
6.1	階層の各部の用語	126
6.2	コードのプロパティとディメンションについての考察	129
6.3	部分的な事例の並べ替え	140
7.1	リフレクシヴな良い実践に向けた提言	160
7.2	引用を含めるためのガイドライン	167
8.1	プレーンテキスト形式、リッチテキスト形式、PDF	187
8.2	同じことを行うための別の方法	198
9.1	文字列検索機能を創造的に用いて、妥当性を高める	220

図

4.1	コーディングしたバリーの回答	72
4.2	1行ごとのコーディングを示すインタビューの抜粋	85
6.1	新しいサブ階層に整理する	128
8.1	ATLAS.ti のメインウィンドウ	190
8.2	MAXQDA のメインウィンドウ	191
8.3	NVivo のメインウィンドウ	192
8.4	ATLAS.ti の一次文書の表示例	195
8.5	NVivo のポップアップウィンドウからの新規ノードの作成	198
8.6	MAXQDA のコードシステムウィンドウ	201

8.7	余白エリアのバーかストライプをクリックすると 引用中の文字列が示される（ATLAS.ti）	202
8.8	文書と該当するコーディングストライプ（NVivo）	203
8.9	MAXQDA の検索済みウィンドウ	205
9.1	ATLAS.ti の文字列検索メニュー	213
9.2	MAXQDA の「検索結果」ウィンドウ	214
9.3	NVivo の「テキスト検索クエリ」ウィンドウ	214
9.4	ATLAS.ti の「Document Group Manager」	221
9.5	MAXQDA の文書属性ウィンドウ	222
9.6	NVivo の事例の属性プロパティ	223
9.7	ATLAS.ti の「Analyze」タブと「QueryTool」ボタン	227
9.8	ATLAS.ti の「QueryTool」ウィンドウ	227
9.9	NVivo コーディングクエリウィンドウ	229

表

2.1	トランスクリプションの間違いの例	32
3.1	2 つの黄金律	45
3.2	質的研究レポートの構成	56
4.1	何にコードづけが可能か？（例付き）	76
5.1	物語の演劇的分類	107
5.2	ラボフが提唱するナラティヴの要素	110
5.3	マリーの物語	111
6.1	コード階層にした親子間の概念的関係のタイプ	127
6.2	質的な表の例、友人と家族	135
6.3	表のセルに入れる内容	137
6.4	事例間の比較例	139
6.5	性別による職の探し方	143
6.6	単一事例におけるの比較の例	144
6.7	アクシャル・コーディング・モデルの要素	146
9.1	コード A とコード B を用いた一般的な論理型検索と近接検索の例	226

1章　質的研究の特質

分析
質的データ
質的分析の実践
方法論
倫理

この章の目標
- 質的研究には明確ないくつかの特徴があるが、しかし同時に、それらは質的研究者の間でしばしば見解が一致しないことを理解する。
- 質的研究について、いくつか異なる見解があることを知る。
- それらの見解は分析に影響を及ぼし、質的であることの「領域」の境界と質的研究が採用するいくつかの特徴的なスタイルとアプローチを決めることを理解する。

分　析

　分析とは、何らかの変換を意味する。まずは、ある程度の（時に多量の）質的データを収集する。続いて、分析的手続きを通して、それらを明確で、理解可能で、示唆に富み、信頼に足り、そしてオリジナルな分析となるように処理する。このデータ変換についてさえも、意見の相違がある。ある研究者たちは質的データの分類、検索、索引づけ、取り扱いを含む「処理」過程に焦点を当てる。そして通常、分析的概念を生成するためにいかにしてこの過程を使

用できるかという議論が伴う（Maykut & Morehouse, 2001; Miles & Huberman, & Saldaña, 2013; Spencer, Ritchie, O'Connor, Morrell. & Ormston, 2014）。この過程は、質的調査の中で生み出される膨大なデータを扱うようデザインされる。データ*の種類には、インタビューのトランスクリプト（書き起こし）（Kvale, 2007; Brinkmann & Kvale, 2017 参照）、フィールドノーツ*（Angrosino, 2007; Coffey, 2017 参照）、収集された文書資料、映像や録音記録（Rapley, 2017 参照）などがある。これらのデータのすべてを分類し、くまなく探索し、同時に、データに根ざした一貫性のある洞察に富んだ分析を作り出すこと──つまり、データが支持的な良い証拠となること──は、何ともやっかいな頭の痛い問題である。それには、データへのよく組織された、構造化されたアプローチが求められる。CAQDAS*（computer-assisted qualitative data analysis：コンピュータを用いた質的データ分析）がとても人気がある理由の1つがここにある。ソフトウェアはあなたのために考えてはくれないが、これらの「処理」過程にはとても助けになる。

　一方で、分析は解釈と語り直しにかかわり、想像的で思索的であることを強調する研究者もいる（Denzin, 1997; Giorgi & Giorgi, 2003; Mishler, 1986; Riessman, 1993）。この考え方に立つアプローチは数多くあり、会話分析やディスコース分析*（Rapley, 2017 参照）、ある形態の現象学、伝記的、ナラティヴ的アプローチ、さらには近年のエスノグラフィックな方法（Angrosino, 2007）などがある。これらのアプローチは、質的データは意味に富み、単に人びとが語るテーマ*となる事柄の範囲を明らかにするだけでなく、彼らがそのコミュニケーションを枠づけ、かたちづくる方法と、さらには、そうしたコミュニケーションが彼らとその行為を枠づけ、かたちづくる方法をも認識し分析するために、分析の中で解釈される必要があることを強調する。

　質的データの分析に関する文献著者の大半は、その分析がデータを処理することとデータを解釈することの両側面を含むと認識している（Coffey & Atkinson, 1996; Flick, 2014, 2017a; Mason, 2002; Bazeley, 2013）。時に、それらは同時に用いられるが、しかし、しばしば順次的に用いられ、まず「処理」から始められ、次にデータを縮減して要約したり図表で示したりし、そして解釈的分析と結論の叙述をもって終える。

質的データ

　上記で示唆したように、質的データはとてつもなく多様であることはさておき、本質的に意味を有する。質的データは計算と尺度を含まないが、まさに人間のコミュニケーション行動——文書、聴覚的あるいは視覚的——、象徴的あるいは文化的産物のあらゆる形態を含む。これには以下にあげるいずれもが含まれる。

- 個人インタビューとフォーカスグループ・インタビュー、およびそのトランスクリプト
- エスノグラフィックな**参与観察**
- Eメール
- ウェブページ
- 広告：印刷物、映画、あるいはテレビ
- テレビ放送のビデオ録画
- ビデオ日記
- インタビューとフォーカスグループの映像記録
- 会議やその他の組織の文書
- 本や雑誌などのさまざまな文書
- 日記
- オンラインチャットグループでの会話
- オンラインソーシャルネットワークのページ
- オンラインニュースのライブラリー
- 静止画
- 映画
- 実験室でのセッションの映像記録
- 家庭用ビデオ

　質的分析に用いられる質的データの中で最も一般的な形態はテキストデータである。テキストデータには、インタビューのトランスクリプト、エスノグラフィー*研究のフィールドノーツ、その他の文書がある。ほとんどの音声、映像のデータは分析のためテキストデータに変換される。というのも、テキストデータは、上述した「処理」技術を用いることのできる簡便な記録形式だからである。しかしながら、デジタルの音声や映像記録の発達と、それを分類し、索引をつけ、検索*するためのソフトウェアが使用できるようになり、文書化への必要性と欲求は、将来的に減じるだろう。さらに、映像データを使用すれ

ば、データの中の会話がトランスクリプション*される場合にしばしば失われる、ある種の視覚的側面が保持される。

質的分析の実践

　質的分析には２つの活動が含まれる。１つ目は、どんな種類のデータを検証しうるのか、そして、それらをどう記述し、説明しうるのかについての意識を発展させることである。２つ目は、検証される必要のあるさまざまな種類の、大量のデータを支える実践的な活動を発展させることである。後者が、私が質的分析の実践と言うところのものである。本書の残りの部分でこれらについてさらに議論をしてゆくが、なかでも２つの活動が、質的分析を他のアプローチからはっきりと区別している。

データ収集と分析の融合

　ある種の社会調査では、何らかの分析を始める前に、すべてのデータを収集するように奨励される。質的調査はそうではない。なぜならば、データ収集とデータ分析とが分けられないからである。分析は、フィールドで開始することができ、そうするべきである。インタビュー、フィールドノーツ、入手した文書などによりデータを収集しながら、分析を始めることができるのである。これらの論点については３章でより詳しく検証するが、フィールドノーツや調査日誌をつけるなどは、データを収集する方法であるとともに、その分析を開始する方法でもある。分析を開始するためには、最初のインタビューやフィールドへの旅を待つ必要すらない。しばしば先行研究や現存の文書に、検証しうるだけの豊富なデータがある。

　事実、分析とデータ収集を同時に行うことが可能であるばかりでなく、そうすることが実際に良い実践にもなりうるのである。新たな調査の論点や問いを立てる方法として、以前のデータの分析を利用すべきである。質的研究はそれほど柔軟なのである。仮に研究してきた観点に照らして最初の問いがほとんど意味をなさない場合には、たとえば、リサーチクエスチョンを研究の後半になってから決めることができる。

4

データを減らすのではなく、その厚みを膨らませること

　質的分析と量的分析の手順のさらに重要な違いは、前者はデータを縮小したり圧縮したりしようとしないことである。データの縮小や圧縮とは、たとえば、要約にまとめたり、統計的処理をしたりすることである。質的データの分析はしばしば、膨大な量のデータ（トランスクリプト、録音、フィールドノーツなど）を扱う。ほとんどの分析は単純に、これらのデータにさらに付け加えてゆく。もっとも研究報告の最終段階においては、分析者はデータから概要や例示を選択しなくてはならないであろう。

　つまり、質的分析は通常データを拡充し、その量や密度や複雑さを増やそうとする。特に、分析的アプローチの多くは、要約、抜粋、メモ*、ノート、草稿のような形式で、より多くの文章を作り出すことを伴う。質的分析のテクニックの多くは、この膨大な量のデータを処理する方法に関係している。これは特にコーディング*の場合に当てはまる。量的分析におけるコーディングは、データを数えることができるようにするために、いくつかの「タイプ」に縮約するという明確な目的を持つが、質的分析におけるコーディングは、データを組織化したり管理したりする1つの方法であって、すべてのオリジナルデータが保存される。コード*（とそれに関連する分析文書）はデータに解釈や理論を加える。実際、概してテクストは緻密にコーディングされる。単にほとんどのテクストに1つのコードが割り振られるというだけでなく、その多くに1つ以上のコードがつけられる。

方法論

　質的データの分析に伴う第二の活動は、質的データに見出すことのできる物事の種類と、それらをどう分析できるかについての認識である。質的データを見るこれらの方法は幅広く、質的分析をする者は分析のスタイルに基づいて多様な方法論を採用してきた。結果的に、今もなお、方法論に関する競合する多様な見方がある。

豊かな記述

　質的分析の主要な関心は、起きていることを記述すること、「ここで何が起

きているんだ？」という問いに答えることである。というのも、記述される内容はしばしば、目新しかったり、あるいは少なくとも忘れ去られたり、無視されたりしているからである。記述は詳細になされ、研究対象となる状況の理解と最終的な分析のために貢献する。特に、ギアーツ（Geertz, 1975; Mason, 2002 参照）によって広まった言葉である「厚い」記述を与えることに焦点が当てられている。これは、出来事の豊潤さを明らかにし、人びとの意図や方略を伴う方法を強調する。「厚い」記述によって、一段階進んで出来事についての説明を提供することが可能となる。

帰納、演繹、アブダクション

　質的分析の機能の1つは、パターンの発見と説明の生成である。説明[*]には、帰納と演繹という2つの対照的なロジックがあり、質的研究は実際に両方を用いる。

- 帰納[*]とは、特定の、しかし類似する状況の大量の蓄積に基づいて普遍的説明を生成し、正当化することである。つまり、サッカーリーグで中ぐらいの順位のチームよりも、成績の良いチームあるいは非常に成績の悪いチームの方が、ファンがより熱心に応援するという特定の観察が繰り返されることで、チームの成績が極端であるときにファンの応援の熱心さは最大化するという普遍的な主張が維持される。
- 演繹的説明とは、帰納法とは正反対の方向性を持つ。演繹では、特定の状況は、その状況についての普遍的主張から説明されるのである。たとえば、人びとの反応時間は歳をとるにつれて遅くなることを知っていると、ジェニファーは80歳を超えているので彼女の反応時間は遅いと推論できる。多くの量的研究は演繹的アプローチを採っている。普遍的法則から仮説が生成され、それを確認あるいは否定する状況を探すことによって、仮説が事実であるかが検証される。

　この演繹的アプローチの重要な発展が、哲学者カール・ポパー（Popper, 1989）によって展開された仮説的−演繹的モデルである。このモデルでは、科学者（あるいは社会科学者）は、彼らが正しいと信じる理論から演繹される大

胆な推論、ないし仮説を作る。そして次に、それが実証的吟味によって検証される。しかしその推定された理論の着想は、研究者の才と想像力に委ねられる。実際のところ、他の哲学者（Peirce, 1958）が指摘したように、日常生活で、われわれはしばしば（質的研究者も同様に）、経験した現象を説明する一般的な理論を思いつく。これは演繹と帰納の側面を結びつけているのであり、アブダクション（abduction）とかリトロダクション（retroduction）と呼ばれる。

- **アブダクションによる議論**では、観察された事実あるいは事実群の理由を与える説明が提出される。これは、一般的な理論から出発するのではなく、経験する現象、事実から出発するので、演繹ではない。また、多数の似た観察から一般化するのではないため、帰納でもない。たとえば、低収入家族出身の若者のグループは、教育成績も低いものが多いと気づくかもしれない。そこで、低収入家族は子どもの教育を改善するだろうすべての種類の機会（公式、非公式）を与える余裕がないという説明を提案するかもしれない。

アブダクションの1つの問題は、通常、観察した現象を説明するいくつかの異なる説明があることである。たとえば、低収入レベルも教育成績の不足も、知能の遺伝によって説明されるかもしれない。1つの選択は、最良の説明を選ぶことである。しかし、「最良」が何を意味するのかについて議論がある。それはもっとも強力な説明、あるいは、最も一般的な説明、ありえそうな説明、簡潔な説明、または、既存の理論や自分の経験と最も首尾一貫している説明、最も倹約的な説明、これらすべての任意の組み合わせによる説明でありうる。多くの場合、われわれが思いつく説明は、単純に満足できるもの、あるいは十分に良いものである。

　質的研究の多くは、明確に、新しい理論や新しい説明を生成するべく試みる。その意味において、潜在的なロジックは帰納的ないしアブダクション的である。いくつかの理論や概念から始めてそれを検証したり吟味したりするよりもむしろ、質的研究は、データ収集と並行しながら、新しい一般化を生成し、正当化し、そうすることによって新しい知識と理解を生成するアプローチを好む。何

1章　質的研究の特質　｜　7

人かの著者は、初めから先験的な理論的枠組みが組まれることを認めない。しかしながら、分析においてあらゆる先行する枠組みを完全に排除することは非常に難しい。すでに見たように、以前の経験や知識がアブダクションによる説明の選択に影響するかもしれない。必然的に、質的分析は既存の考えや概念によって導かれ、枠づけられている。しばしば研究者が行っていることは、直感を確認することである。つまり、彼らは帰納あるいはアブダクションによってつくり上げた一般的理論から特定の説明を演繹し、彼らが実際に観察する環境に符合しているかどうか確認しているのである（Strübing, 2010）。

法則定立的と個性記述的

帰納アプローチも演繹アプローチも、共に一般的な主張に関係する。しかし、多くの質的研究は特定の、特徴的あるいは独特でさえある現象を吟味する。

- **法則定立的**アプローチは、すべての個人と状況が変化する一般的次元に関心を寄せる。このアプローチは、特定の人物の行動はすべての個人に適用される法則の結果であるとする。くだけた言い方をすれば、このアプローチは人びとや、出来事や状況に共通するものを明らかにし、これらの共通の特徴の観点から、それらを説明することを試みる。質的研究では、これは、多様性や差異を探究することや、行動、行為、結果のような観察された他の特徴とそれらを関連づけることによってなされる。
- **個性記述的**アプローチは、独特の事例*としての個体（人物、場所、出来事、状況など）を研究する。その焦点は、その個体にきわめて特殊であると言える要因間の相互作用にある。2つの個体が何らかの共通の側面を共有しているかもしれない場合でさえも、彼らの間の他の差異によって、彼らは不可避的に著しい影響を受けるだろう。こうして、2名の異性のカップルが、たとえば、同じ年齢、同じ文化、同じ人数の子ども、同じ立地の似た家といった多くの共通点を持っているにしても、数多くの差異もまた存在するだろう。彼らは異なる仕事、異なる社会背景、異なる関心を持つかもしれない。そして、彼らの子どもは異なる性格や異なる親子関係を持つかもしれない。カップルに関する質的研究は、彼らの共通性は彼らの差異によって決定的に影響されるため、それぞれのカップルは独特な存在とみな

されるということを認識しなくてはならないだろう。

　質的研究では、特定の現象の性質を探究することが強く強調される。個別具体的な事例に対する関心は、しばしば事例研究の試みにはっきりと現れる。そのようなアプローチは単に各事例の独自性を強調するだけでなく、社会的現実の全体的な性質をも強調する。つまり、要因や特性は、他の要因や特徴からなる幅広い文脈を参照することによってのみ、適切に理解されるのである。

　法則定立的アプローチと個性記述的アプローチは両方とも、質的研究では一般的である。個性記述的アプローチはしばしば質的研究に固有の強みとみなされ、とりわけ伝記*やナラティヴ*のような特定の分析技法に関連づけられる。しかし、いくつかの事例を結びつけたり対比させたりすることは、しばしば分析者に法則定立的な主張をする根拠を提供するのである。

実在論と構成主義

　質的研究はまた、それが分析の対象とする世界の現実についても見解が分かれている。特に、われわれとは独立して存在し、われわれの分析の妥当性*の最終的な参照基準となるという特徴を持つ物質的世界が存在するかどうかに関して、見解が分かれる。

- 実在論*。これはおそらく、たいていの人びとが日常生活を送る際に当然のこととしているものである。実在論者は、ある意味で、われわれとその生活とは別に存在する特徴や構造を持つ世界が存在すると信じている。最も基本的で、おそらく最も異論が少ないのは、実在論とは、われわれが存在する前から存在し、われわれが皆死に絶えてもなお存在し続けるであろう物質的世界があるという見方であるとするものであろう。この世界は、自然物、風景、動物、植物、惑星、星、そして触ったり、聞いたり、味わったり、嗅いだりできるすべての物からなるのである。われわれがより思弁的で直接は感知できない物事について考え始めたとたん、実在論の見方はより議論を呼ぶものとなる。それには、社会階層や政治的権力、学習スタイル、態度、準拠集団、社会規範、国の法律といった質的研究者が議論するような物事に加えて、原子、弱い核力、中性微子（ニュートリノ）、

確率、想像上の数のような物理学や数学におけるより抽象的な観念が含まれる。実在論者にとって、そのような事物はわれわれの存在とは独立して実在するものであり、仮にそれらが直接目にしたり触ったりすることができなくても、それらの影響は見たり触れたりできるのである。この世のあり方はたった1つなのである。この世についてのわれわれの記述や説明は、それに関する描写の蓄積の程度に応じて変化するのであり、記述や描写はこの現実の世界に対応する限りにおいて適切なのである。

・**唯心論*／構成主義**。対照的に、唯心論者はわれわれはそのような現実の世界について何事も実際に知ることはできないと主張する。われわれが言ったり経験したりするすべてのことは、われわれの構成と考えによって媒介されているのである。現実という観念それ自体さえも、人間の構成物である。われわれが経験している世界はこれらの概念を反映しており、それゆえにそれらが異なったり変化したりすれば、世界もまた変化する。かつて人びとは巫女が超自然的な力を持つと信じ、地球は平らだと信じていた。現在では、どちらもほとんど信じられておらず、その結果われわれの世界は異なっている。構成主義は観念論の一種で、われわれが経験する世界は多面的で、社会的に構成された現実から発生するということを強調する。これらの構成が作り出されるのは、人は彼らの経験を意味づけようとするからである。経験は非常に頻繁に共有されるが、「それは経験をより現実とするのではなく、単により共通の同意を得たものとするのである」(Guba & Lincoln, 1989, p.89)。つまり、構成主義者の分析は、基底をなす、あるいは共有された現実を一切参照することなしに、できるだけ正確にこの構成を反映することに挑むのである。ある叙述は、現実の客観的な記述であるように見えるかもしれないが、しかしそれらは避けがたく「理論を担って」おり、われわれ／あるいはわれわれの回答者による、世界の構成から生じる先入観と偏見を反映している。唯心論者と構成主義者にしてみれば、世界がどのようなものであるかは語ることはできず、ある人びとがそれをどのように見ているかということのみが語りうるのである。この見方は、出来事に関する人びとの説明や物語について語る際には、支持しやすいと見えるだろう。人びとの説明や物語がどれほど部分的なものであり、

偏っており、世界についての彼らの構成を反映しているか容易に理解できる。しかし、構成主義者にとっては、このことは、人びとの行動の直接観察のような客観的データとして主張されるであろうことにも同様に適用されるのである。構成主義者にとっては、こうしたデータも、等しく調査者と参加者（participants）の構成の相互作用を反映しているのである。

- 批判的実在論。近年、第三のアプローチが多くの支持を得ており、実在論と構成主義の洞察を結びつけようと試みている。批判的実在論は、存在論と認識論を分離することによってこれを行う。存在論は何があるか、存在するか、存在しうるかの研究である。批判的実在論は、何が存在するかについて実在論者の見解をとる。誰の見方や構成とも独立に現実世界があり、哲学者バスカーの仕事にならって、それを出来事や現象というよりも、メカニズムないしプロセスとして見る（Bhaskar, 2011）。認識論はわれわれが世界についてどのように知ることができるのかの研究であり、批判的実在論者はこれについて構成主義の見方をとる。時を異にする異なる人びと、異なる社会は、世界の異なる理解（構成）をもつだろう。しかし批判的実在論者にとって、これら2つは独立の、異なる、通約不能の現実を構成するのではなく、現実の異なる視点であるにすぎない。では、どうやって比較可能なのか？　批判的実在論者にとって、これは実在に一致するか（しないか）を参照することによってではない。むしろ、こうした異なる物事の理解を吟味し、何が効果的か、すなわち何が世界を変えるために成功裡に用いうるかという、実際的な見方をとる。

　実際には、純粋に実在論者あるいは唯心論者であるような質的分析者はほとんどいない。たいていの研究者は、人びとが実際に言ったこと、したこと、意味したことをできる限り正確に忠実に描写することに関心を持っており、その限りにおいて彼らは実在論者である。しかしながら、質的研究は、解釈の問題、特に回答者や参加者が言ったりしたりしたことについての調査者による解釈の問題であることに誰もが同意するだろう。質的研究の鍵となるのは、回答者や参加者の目を通して物事を見るということである。このことは、研究対象である回答者や参加者の観点から出来事、行為、規範、価値などを見ることに努め

1章　質的研究の特質　｜　11

るということを意味する。研究者は、異なる集団が有する異なる観点や研究対象者の観点と研究者の観点との間に起こりうる葛藤に対して敏感である必要がある。つまり、回答者の見方についての単純な、真実の正確な報告というものは存在しないのである。われわれの分析とは、それ自体が世界に関する解釈であり、つまり世界を構成することなのである。

質的分析の目的

分析の開始時に考えるべきもう1つのことは、質的分析がどのような種類の結果を生み出しうるかである。もちろん、資金提供を受けた研究プロジェクトや、明確に定義された研究目標をもっていて期待される結果もおのずと特定される政策研究や評価研究のため、すでに研究結果が確定されていると思われることもよくある。しかしそうではないことも多い。典型的には、質的プロジェクトはもっとオープンエンドであり、「…の現象を調査する」といったタイトルがつけられている。それはまた探索的でもあり、すなわち、何を発見すると期待するかまったく明瞭でない現象やフィールドを調べている。したがって、データ分析がスタートするまで（そしてときには、データ分析がかなり進むまで）、研究結果がどのようなものになるか、まったく明らかでないかもしれない。実際には、きっちりと定義されたプロジェクトや評価であっても、集めたデータによっては、当初の目的を超えてさらに進むことになるかもしれない。以下にいくつか、可能性を示す。

1．社会的現象の深い記述

もっとも単純には、これは現象が新しいものだったり以前に研究されたことがなく、ほとんどわかっていない場合に適切だろう。典型的に、ほとんどのエスノグラフィー研究が提供するのはこの種のものである。しかし、これは人びとが言ったことの単なる要約ではないという認識が重要である。最初からそれは深いものであるべきであり、言うならば、人びとが言ったことやしたことの単なる記録ではなく、それらが起こった文脈の全体を相当詳細に含むのである。第二に、記述は、何が起こっていたかについての回答者自身の説明をはるかに超えるものであるだろう。すなわち、その記述が回答者のストーリーのナラ

12

ティヴ構造に注意を払っているからであり、あるいは、人びとがその目的や戦略を達成するために言語を使用する方法に関心があるからである。

2．仮説を発展させ、洗練させる

　質的研究が何らかの混合手法を用いた研究であるとき、これはとりわけ適切である。混合法に非常に一般的な研究デザインは、光景の全体を子細に描き出すことを目的に、何らかの質的研究から始める。典型的にこのデザインは、研究者が開始時に研究領域について十分知らず、検討すべき仮説を質的な言葉で特定するときに用いられる。このアプローチの目的は研究領域で発見される現象の範囲と、それら現象が相互作用すると思われるしかたを明確にすることである。これによって後で、これらの現象が起こる頻度、影響の程度、それらの間や他の状況との間の最も蓋然性の高い（最も低い）関係性は何かを、量的研究によって確証することが可能となる。しかし、この種のアプローチが量的研究を伴わなければならないということではない。質的研究は頻度やその他の正確な数的評価をすることはできないが、少なくとも、研究しているフィールドにおける最も蓋然性の高い状況や他の現象との関係を確証することができる。

3．研究している現象の決定要因を説明する、モデルを生成する

　この種のアプローチは研究が何らかの政策や実践の要請、あるいは何らかの活動プログラムの評価を目指している場合に、最も適している。開発するモデルは調べている現象の重要な現象のすべての局面と、それらが互いにどう影響し合うかを示すものになるだろう。それは、こうした現象に取り組んで実践を変えたいと願っている人びとに、何を変えることができ、それがどのような影響を及ぼすだろうかについての何らかの考えを与えるだろう。分析の焦点は、このモデルの主要な構成要素（鍵となる現象）を取り出し、それらがどのように互いに影響を及ぼし合うか、そしてそれだけでなく、一定の結果を達成するために、どの方法を採用するかにも置かれるだろう。

4．理論を開発する

　これはグラウンデッドセオリーを用いる研究者に好まれるアプローチであり、上述のモデル生成アプローチと多少とも重なり合う。ここで留意すべき鍵とな

1章　質的研究の特質 ｜ 13

るポイントは、理論には異なるレベルと種類がある、ということである。ゴフマンやフーコー、ブルデューのような大理論を提案する必要はない——もしできたなら素晴らしいが。理論はもっとずっと局所的で、スケールの小さいものでもよい。鍵となる現象に焦点を当てて、人びとの行為にそのすべての種類の影響をどう与えるのかを説明するものであるかもしれない。それは既存の理論の一バージョンで、調査している状況に合わせて変更を加えたものであるかもしれない。質的研究における理論の主要な特徴は、それが何らかの現象や結果を説明する力をもち、通常、調査している参加者には用いられていない専門用語が用いられることである。それは、参加者が何が起こっているのかについて気づいていないということではなく、彼らはそうした用語で語ろうとは思わないし、そのように自分たちの行為を説明しようとはしない、ということである。

　これらのアプローチは互いに相容れないものではなく、実際の分析はこれらの2つ、3つを組み合わせることもあり、また、分析を考える方法のすべて、ということでもない。しかし以上は、前節で論じた方法論と哲学の相違を反映している。とは言っても、特定の方法論的立場ではかならず特定の研究目的に取り組む、ということではない。むしろ、まず第一に、特定の目的に導きやすい、ということである。しかし、質的分析の大きな利点の1つは、柔軟であってよいことであり、最初は（好みやデザインによって）特定の方法論や研究目的から始めても、分析が進み理解が深まるにつれて、別の結果や他の目的が自ずから立ち現れてくる。これは良いことである。これが、分析からオリジナルな、洞察に富んだ、そして有用な結果に至る道なのである。

倫　理

　倫理的な論点は、他のあらゆる研究と同様に質的研究にとって重要である。しかし、その大半は研究計画段階とデータ収集の段階にかかわる。たとえば、十分なインフォームドコンセント*という原則は、調査の参加者は、調査で彼らが何をするのか、調査の間に彼らに何が起こるのか、そして、研究が終わった後に彼らが提供したデータがどうなるのかを正確に知らなければならないということを意味する。参加者に対する調査が始まる前に、彼らにこのことをわ

かってもらっていなければならない。そして彼らはいつでも、調査への参加を取りやめることができ、通常彼らがそれを求めるならば、彼らから収集されたデータを返却もしくは破棄されることについて、知らされなければならない。

しかしながら、質的データとその収集には、倫理的問題を提起するいくつかの特別な側面がある。おそらく最も重要なのは、質的データは通常非常に個別的で個人的であるということである。データを分析し報告するときに、個人を特定するものを統計的集計の背後に隠すことができない。特別な処置がなされなければ、質的データの報告、そして特に回答からの直接の引用は、一般的に特定の参加者と（もしくは）状況を特定するものとなる。時には、特に参加者との合意がある場合には、彼らの現実の身元や彼らが働いている境遇や組織が明らかになっても問題とはならない。しかし、通常はそうはいかない。通常は、調査に参加してくれた人びとの身元を隠すことを一定の期間求められる。2章では、質的研究で求められるトランスクリプトの匿名化*に関するいくつかの観点を議論する。

多くの質的調査が個人的なものであるという性格を持ち、このことは、それが参加者に対して引き起こしうる危害や動揺に調査者は敏感である必要があるということを意味する。重ねて言うが、たいていの場合、この論点はデータ収集の段階で生じる。たとえば、デプスインタビュー調査で、人びとに彼らが通常は取り組まないであろう論点について長く、深く話をしてもらうような場合である。調査者はこのことが参加者にもたらす苦痛を意識し、かつそれに対処できるよう備えておかなければならない。データを分析するまでに、これらの論点について対処がなされていなければならない。それでもなお、データ分析の結果を公表することに関連する論点がまだ残されているかもしれない。これらの論点については、7章でさらに論じることとする。

▰▰▰ **キーポイント**

- 質的データは非常に多様である。しかし、すべての質的データは、人間の意味あるコミュニケーションの一例であるという点において共通性を持つ。便利さの点から、ほとんどのデータは文字情報に変換される（手書きあるいはタイプされる）。しばしば膨大な量となる資料の分析には、2つの特徴が反映されている。1つ目の特徴は、データが大量であ

り、実践的かつ一貫した方法でデータを処理する方法が必要である、ということである。2つ目は、データは解釈される必要がある、ということである。

- 質的データの分析に特有のいくつかの実践上の論点が存在する。これらの論点には、調査対象のサンプリングを決定し、データが収集される以前にデータ分析が開始されることや、データの分析はデータの量を減らすよりもむしろ（少なくとも開始時点では）増やす傾向にあるという事実が含まれる。

- 質的研究は、構成主義的で、帰納的で、個性記述的であるとみなされる傾向がある。つまり、質的研究は、個別事例の独特の特徴に関する新たな説明の解釈にかかわるとみなされる。しかしながら、これはひどい単純化である。多くの質的研究は、人びとや状況の共通点を説明することに関心があり、それを既存の理論や概念を参照しつつ行っている。この限りにおいて、質的研究は法則定立的であり演繹的である。加えて、すべての研究者は、彼らの記述が解釈であるとしても、できる限り誠実かつ正確に、参加者と回答者の観点を表現することが重要であると信じるに足る実在論者としてのあり方に敏感である。

- その個別的で個人的な性質から、質的研究は数々の倫理的論点を提起する。しかしながら、これらのほとんどは、データ分析を開始する前に対処されなければならない。それでもやはり、匿名性が保持されること（そのように保証しているならば）、そして、回答者が、提供したデータがどうなるのかについて知っていることは重要である。

さらに学ぶために

以下の文献は、本章で手短に紹介した論点をより詳しく掘り下げてくれるだろう。

Angrosino, M. (2007) *Doing Ethnographic and Observational Research* (Book 3 of The SAGE Qualitative Research Kit). London: Sage.［アングロシーノ／柴山真琴（訳）(2016)『質的研究のためのエスノグラフィーと観察』（SAGE 質的研究キット3）新曜社］

Barbour, R. (2017) *Doing Focus Groups* (Book 4 of The SAGE Qualitative Research Kit). London: Sage.［バーバー／大橋靖史（訳）（準備中）『質的研究のためのフォーカスグループ』（SAGE 質的研究キット4）新曜社］

Crotty, M. (1998) *The Foundations of Social Research: Meaning and Perspective in the Research Process*. London: Sage.

Flick, U. (2007a) *Designing Qualitative Research* (Book 1 of The SAGE Qualitative Research Kit). London: Sage. ［フリック／鈴木聡志（訳)(2016)『質的研究のデザイン』（SAGE 質的研究キット1）新曜社］

Flick, U. (2017a) *Designing Qualitative Research* (Book 1 of the Qualitative Research Kit, 2nd ed.). London: Sage.

Flick, U., von Kardorff, E. & Steinke, I. (Eds.) (2004) *A Companion to Qualitative Research*. London: Sage. 特に part 3A と4を参照。

Hesse-Biber, S. N. & Leavy, P. (Eds.) (2004) *Approaches to Qualitative Research: A Reader on Theory and Practice*. New York: Oxford University Press. 特に part I 参照。

Howell, K. (2012) *An Introduction to the Philosophy of Methodology*. London: Sage.

Kvale, S. (2007) *Doing Interviews* (Book 2 of The SAGE Qualitative Research Kit). London: Sage. ［クヴァール／能智正博・徳田治子（訳)(2016)『質的研究のための「インター・ビュー」』（SAGE 質的研究キット2）新曜社］

Maxwell, J. A. (2012) *A Realist Approach for Qualitative Research*. London: Sage.

Rapley, T. (2017) *Doing Conversation, Discourse and Document Analysis* (Book 7 of The SAGE Qualitative Research Kit). London: Sage. ［ラプリー／大橋靖史・中坪太久郎・綾城初穂（訳）（2018)『会話分析・ディスコース分析・ドキュメント分析』（SAGE 質的研究キット7）新曜社］

訳者補遺

やまだようこ・麻生武・サトウタツヤ・能智正博・秋田喜代美・矢守克也（編)(2013)『質的心理学ハンドブック』新曜社

2章　データの準備

トランスクリプション
トランスクリプトの作成
トランスクリプトの印刷
インターネットのデータ
メタデータ
アーカイブのための準備

この章の目標

- ほとんどの分析は文字化されたデータを扱うが、それは通常、丁寧に書き起こされ、タイプされたものであることを知る。
- トランスクリプション（書き起こし）の作業は時間がかかり、かつ事前に計画して注意深くなされなければならないことを理解する。トランスクリプションは記録媒体を変更することであり、ある程度の解釈が避けられないからである。
- トランスクリプションの過程とそのレベル、ネーミングの慣例、匿名化、フォーマットに関してなされる決定について理解する。

トランスクリプション

　ほとんどの質的研究者は、そのインタビュー録音、観察、フィールドノーツを整然と書き起こしてタイプし、コピーする。そうするのは、録音を書き起こして作業するほうがずっと簡単だからである。今では録音はほとんどデジタル

19

で行われ、それを再生する大変よいソフトウェアもあるが、それでも、トランスクリプトを読んでいきながら注記したり、考えを書き込んだりしていくほうが、たいていより容易である。これはテクストを読み、再度読み返し、何度も他の箇所を参照しながら分析する過程で、とりわけ重要である。インタビューのトランスクリプトが多くのページにわたっているとき、回答者が重要なコメントをしたと記憶している箇所を探すのは大変である。しかしトランスクリプトをざっと見てゆけば、議論の流れの記憶が、探しているコメントにすばやく行き着かせてくれる。録音や動画ファイルでこれを行うのはずっと大変だし、時間もかかる。

　しかしながら、トランスクリプション*に取りかかる前に、肝に銘じておくべき大きな2つの論点がある。トランスクリプションの作成は多くの時間と労力を要すること、そしてそれは解釈的過程であること、である。トランスクリプションにかかる時間の見積もりは研究者によりけりで、詳しく書き起こす程度とタイプする人の能力による。トランスクリプションにかかる時間は、単純にそのまま書き起こす場合でも、データ収集にかかる時間のおよそ4〜6倍、とよく言われる。これは、特に研究者が単独で自分自身でトランスクリプションをする場合に、その作業が山積することを意味している。質的研究法を用いている多くの博士課程で学ぶ学生なら、フィールドワークの最終段階で、書き起こされるのを待っている音声データやフィールドノーツの「山」が積み重なっていくことに不安になった経験があるだろう。ここで唯一の現実的な助言は、お金を払って誰かに代わりにやってもらうことであるが、そうできないならば、実際には厳しいにしても、「ちょっとずつ、しょっちゅう」書き起こし続けるということである。

　トランスクリプション、特にインタビューのそれは、媒体を変えることであり、正確さ、忠実度、解釈に関する問題が生じる。クヴァール（Kvale, 1988, p.97）は、「トランスクリプションに用心しろ」と警告している。彼は、インタビューの語られた文脈から、文字にタイプされたトランスクリプトに移行する際に危険があると指摘している。たとえば、表面的なコーディング、脱文脈化であり、回答者の詳しい説明の前後にくるものが失われることであり、より大きく、会話が意味していたものが見落とされることである。後述するように、この媒体の変化は、調査者が警戒すべきある種の間違いに関連している。これ

に対処する1つの方法は、トランスクリプトに基づく解釈をチェックするために、記録に戻ることである。録音した音声を聞くことで意味がより明確となり、異なった解釈さえ示唆されるかもしれない。さらに、大半のトランスクリプトはインタビューの語られた側面しか捉えておらず、状況や文脈、ボディランゲージ、そのインタビュー全体の「感覚」が失われているのである。ミシュラー（Mishler, 1991）は、トランスクリプトと写真の間の類似性を指摘している。写真は、1つの、凍結され、枠に切り取られ、プリントされ、編集された、現実のバージョンである。同様のことが、トランスクリプトにも当てはまる。最終的には、問題は、トランスクリプトが正確かどうかではなく、むしろ、それがインタビューのいくつかの側面を捉えるための良い、注意深い試みであるかどうかである。話されたことをいかに書かれた文字情報に変換するかという問題は、常に存在する。文法的に正しく話す人はほとんどいないので、調査者は記録されたことのどのくらいを文字に書き起こす必要があるかを決定する必要がある。後述するように、トランスクリプトは完全に正確とはなりえないと認識せざるを得ないとしても、いくつかの選択肢がある。

　同様のことは、インタビュー、あるいはフィールドワークの間に手書きしたノートをトランスクリプトに移行する際にも生じる。この場合、トランスクリプトにするのは通常、ノートを「文章に書き上げる」過程を含む。これは創造的活動であり、単に機械的に作成し直すことではない。それは、ノートをある種のアイデアや観察として表現することであり、それはまた、データ分析の出発点となるものでもある。これらの論点については、次章で詳しく述べる。

文字化する理由

　研究プロジェクトで収集したすべての、あるいはいかなる情報も、それを分析するためには文字に書き起こされる必要がある。収集あるいは記録されたインタビュー、文章、観察の文書化されたコピーがまったくなくても、あるレベルや形態の分析は非常に生産的に行うことができる。事実、音声あるいは映像の記録から直接分析することを提唱している研究者もいる。もちろんこれは、見聞きした内容についてノートをとり、録音全体を何度も聞くことを意味する。このようにすることで、人びとが何を言ったかという詳細の泥沼にはまり込むことなく、全体的な俯瞰に焦点を当てやすくなる。ある種のタイプの分析、た

とえば、政策研究や応募研究で、状況についてのきわめて明確な理論をもっており、何を探求するのかについてはっきりしていて、データを取捨選択できるといった場合は、これはうまくいく。しかし、ほとんどのアプローチ、とくにディスコース分析や会話分析といった分析方法にとっては、詳細なトランスクリプトが必要不可欠だ。詳細なトランスクリプトは、音声データを注意深く聞き、ノートに記録されている内容を注意深く読むようにさせるし、また、必要に応じて、何度でもコピー可能な読み取りやすい形式を準備できる。トランスクリプトを持つことはまた、チームでの作業をよりしやすくする。チームでは課題を共有しなければならないし、データの解釈について妥当な合意がなければならない。タイプされた原稿であれば、誰もが読むことができ、誰もがコピーを手にすることができる。

インタビューを書き起こす方略

文字に書き起こす際には、さまざまな方法を用いることができる。たとえば、記録の一部だけを書き起こす場合がある。書き起こさない部分は、単にノートをとって、コーディングや分析のために用いることができる。あるいは、音声データや手書きのノートから直接コーティングする場合もある。また、インタビューの記憶や研究日誌から、あるところから回答者がテーマを逸れたので、その部分は無視してよいとわかる場合もある。こういうアプローチは明らかに迅速で、特定の言い回しにとらわれることなく、より大きなテーマに焦点を当てることを可能にする。しかし、これにはいくつかの欠点がある。文字に書き起こされた部分は文脈を失い、それらが本当に意味するものを解釈するのが困難になるかもしれない。さらに、分析を開始した当初に持っていたアイデアにしたがって、文字に書き起こす必要のある部分を決定したとしても、そのアイデアは研究が進んだ後に発展したものとはかなり異なるかもしれない。

名　前

それぞれの発話のたびに（すなわち、インタビュアーの質問に対するそれぞれの回答のたびに、あるいはフォーカスグループでの議論の発話交代のたびに）の冒頭に、大文字で、話者の名前を記すのが慣例である。大文字で記された名前はページの中で目立つだけでなく、検索時に「大文字と小文字の区別」機能

を使用して、インタビュイーが話した内容だけを探したり、インタビューの別の箇所でその名前が出てくる箇所を探したりできる。これは、フォーカスグループのディスカッションの分析では特に役に立つ。名前を用いることで、インタビュイーを覚えやすくなる。通常は、彼らのファーストネームが用いられる。そして、コロンかタブを入れて、実際のテクストを続ける。あるいは、改行してテクストを開始する。もし、膨大な数のインタビューデータを扱う場合には、たとえば「MARY C:」のように、ファーストネームに姓（あるいは姓の最初の文字）を加えて、同じ名前の人物を区別することもある。インタビュアーの発話も同様のやり方で示す。「I:」や「IV:」、「INT:」と冒頭に記す。インタビュアーが数名いてトランスクリプト上で区別する場合には、「I-JHON:」や「I-KATE:」などと記す。すべての名前は正確に一貫性を持って綴られなくてはならない。こうすることで、文書作成ソフトウェアでテクストを匿名化するとき、検索*機能を使えるし、CAQDAS*（computer-assisted qualitative data analysis software）で同じ人物によるすべての発話を見つけ出すことができる。

匿名化

　研究について書く中でトランスクリプトから引用したり、他の研究者がアクセスできるように公共アーカイブにデータを収めたりする場合、いかにしてデータの秘密性*を確保するかを考える必要がある。このため、調査参加者の安全（もし彼らの活動が非合法で違法の場合）と研究者の安全（たとえば、潜伏活動や準軍事的活動のグループを研究している場合）を守るには、人物や場所の名前の匿名化*が行われる。トランスクリプション後、速やかに匿名化した複写（コピー）を作成するのが最も簡単である。しかし、分析の際には、実際の人物名や場所に親しみがあった方がしやすいため、匿名化していないバージョンを用いることが最善の方法だと思うかもしれない。だが、多くの研究者が、分析の早い段階で匿名化すれば、すぐにそのことに慣れると報告している。

　匿名化する際には、変更したり置き換えたりしたすべての名前——人物、場所、組織、会社、製品——のリストを（トランスクリプトとは）ファイルを分けて作成し、安全な場所に保管する。文書作成ソフトウェアでそれぞれの名前を検索し、それを匿名化した名前に置換する。回答者の名前（「Mary」）が他

2章　データの準備　｜　23

の回答者のインタビューにも登場する場合があるかもしれないので、発話者を示すために大文字で記している場合（「MARY」）、通常の表記と大文字にした表記の両方を必ず検索する。通常、空白やアスタリスク、コード番号などよりも、匿名を用いるのが最善策である。人物や場所、組織を特定しうる、より微細だが明白な手がかりが確実に残らないようにするためには、トランスクリプトをさらに注意深く読む必要がある。データ・アーカイブ*にデータを預ける場合、オリジナルの匿名化していないバージョンを、利用に供する匿名化バージョンと一緒に預けて保管する必要があることを覚えておいていただきたい。

トランススクリプションのレベル

トランスクリプションをするという行為は媒体を変化させることであり、したがって、必然的にデータの変形を含むと前述した。録音（あるいは手書きノート）の記録をどこまで捉えることができるかの程度はさまざまであり、研究目的に照らしてどの程度が適切かを決める必要がある。時には、発言を書き起こすだけで十分な場合もある。これは、分析には人びとが何を言ったのかという目立つ事実内容で十分な、政策、組織、評価研究の場合にはしばしば当てはまる。しかしながら、少なくとも回答者の生きる世界についての彼らの解釈に関心のある大半の研究者にとっては、これよりもさらに詳しいトランスクリプションが必要である。彼らは普通のテクストのような、使用されている言葉をよく反映しているトランスクリプションをめざしている。これは、簡単なように見えるが、しかし、この場合にもさまざまな決断が必要となる。連続する発話がうまく構成された文章をなしていることはめったにない。話し手は、書き言葉で用いられる文法上のルールには従わずに、文章の途中で思考の流れを止めたり、しばしば前の思考を再度持ち出したりする。そして、話し言葉には、書き言葉の文章（散文）ではしばしば捉えられない、すべての特徴がある（ボックス2.1 参照）。

ボックス2.1　会話の持つ特徴

- **省略**：たとえば、isn't, aren't, weren't, could've, I'd, she's, he'd, I'm, you're, they've, we'll, don't, haven't, that's, 'cause, something's, who's.

トランスクリプトする人が略さない表記に直すこともある。
- **話し方の癖**：「エー（er）」「ウム（um）」「アーン（erm）」のような癖はしばしば無視されるが、「みたいな」「でさぁ」「そんな」などの癖は、通常トランスクリプションに含められる。
- **休止**：無視されるか、単純に三点（・・・）で表示される。
- **繰り返し**：たとえば、「つまり・・・えっと・・・つまりは・・・つまりそれは本当の問題だっていうことです」は、「つまりそれは本当の問題です」のように単純化して表されることもある。

(Arksey & Knight, 1999, p.146 より援用)

　したがって、回答者の話を「整然と」させたくなるかもしれない。そうすべきかどうかは、研究の目的次第である。整然とした、文法的に正しいトランスクリプトは読みやすく、それゆえに分析しやすい。研究が表現や言語使用の詳細にあまり関心を払っておらず、語られた事実的内容の方に関心があるならば、整然とさせることも受け入れられる。その一方で、回答者が自身をどのように語ったかということは明らかに失われる。その点が研究で重要である場合には、トランスクリプトにそれを捉えるよう試みる必要がある。欠点は、実際のタイピングがより難しくなることである。同様のジレンマが、回答者が強いアクセント、あるいは方言で話す場合にも生じる。ここで大半に共通して行われることは、すべての方言、地域独自の言葉や文法的表現をそのまま残すが、綴りも変化させてアクセントの実際の音まで捉えようとはしないことである。もし、分析を手助けするソフトウェアの検索機能を使用する予定ならば、標準的で一貫した綴りを保つことが重要である（9章 参照）。言葉を一貫した綴りで表していなかった場合、探そうとするすべてのテクストを見つけるのが難しくなる。コンピュータを用いて検索するなら、このことは重要である。ボックス2.2は、異なるトランスクリプションのスタイルの例である。

ボックス2.2　異なるレベルのトランスクリプションの例

- **要点のみ**
「私のコミュニケーションのうちの90パーセントは・・・営業部長とのものです。彼のコミュニケーションのうちの1パーセントが私とのもので

2章　データの準備 | 25

す。私は一歩前進しようとして、準備をしました ･･･ なぜなら彼は ･･･ プロジェクトからプロジェクトへと飛び回っているので ･･･ 今朝はエセックスで、今日の午後はBT（ブリティッシュテレコム）で、しかもまだエセックスの仕事が終わっていないんです。」

（･･･ は省略した発話を示す）

- 逐語
「本当にわかんないんです。彼らは感情をずっと良く表現していいんだって感じました。死別は彼らの宗教と文化の一部なんだって思います。とにかくもっと信心深いんです。私は信心深い家庭の出身じゃないから、そういう面がわかんないんです。」

- 方言を含む逐語
「んだあ ･･･ おら初めて ･･･ おらがまんだ学生で、15歳だったさあ ･･･ んで ･･･ おらの弟が軍隊行ってさ ･･･ おらの母ちゃんと父ちゃんがやりくりできないって言ってさ、おら家に住んでたんだけど ･･･ んで ･･･ わかんねっけど ･･･ なんであん人らおらを追い出しんだか、だけんど、あん人らそないして、おらはいとこ一緒に住んでるってことです。」

- ディスコースレベル
バジール：あなたは今まで(.)彼の執筆に関して<u>個人的</u>に彼を<u>助けた</u>んですか。(0.8)
王　女：多くの人が、hhh((明瞭な喉笛))、自分の人生が陥った<u>苦悩</u>を見ています。(.)そして彼らは彼らが<u>やってきた</u>やり方で助けること(0.2)が支えになると感じておりました。

(Silverman, 1997, p.151 より引用)

事例*によっては、たとえば、談話分析あるいは会話分析を行っているならば、さらに詳細なトランスクリプションが必要となる。自然の発話はしばしば文法的に正しくない（少なくとも、書かれた会話では）というだけでなく、その他の現象にも満ちている。言い淀み、言葉や音節を強調し、他の人の発話と重ねて話し、話していることに意味を付け加えるために声のボリュームやピッチを上げたり下げたりする。もしこれらの特徴を記録する必要があるなら

ば、さまざまなトランスクリプションの慣例に倣うことができる。最も広く用いられているものの1つは、ジェファーソンのシステムである（Atkinson & Heritage, 1984 参照）。シルバーマン（Silverman, 2004, p.367）にも類似のシステムがある（Rapley, 2017; Kvale, 2007; Brinkmann & Kvale, 2017 も参照）。

トランスクリプトの作成

調査者

　誰がトランスクリプトを作成するべきかという選択肢は、通常調査者であるあなたが行うか、お金を支払って誰かにやってもらうかになる。調査者がタイピングが得意でない場合には特に、その作業は単調で退屈なものになるが、それでも調査者自身がトランスクリプトを作成した方がよい利点がある。最も重要なことだが、データの分析を開始する機会となるのである。注意深く音声データを聞き、自分が作成したトランスクリプトを読んだりチェックしたりすることは、その内容について大いに詳しくなるということである。必然的に、データに対する新たな考えが生成され始める。そうではあるが、調査者が通常自分自身でトランスクリプトを作成するのは、他に選択肢がないからである。音声データのタイピストを雇う資金がないか、記録の中身のゆえに、他の誰にも書き起こせないからである。たとえば、インタビューが、高度に専門的な問題にかかわるかもしれないし、あるいは、理解できる人が非常に少数しかいない言語による人類学的研究の事例かもしれない。

　もし、自分自身で録音テープの文字起こしをするならば、できるだけ適切なトランスクリプションマシンを使うようにしよう。質的研究者は通常インタビューをテープ録音するのにカセットを用いるため、口述記録で使用される種類のマイクロカセットではなく、ノーマルなカセットを再生できるプレーヤー[訳注]がよい。トランスクリプションマシンには通常のカセットプレーヤーに勝る2つの機能がある。手を使わずにテープを停止できるフットコントローラーがつ

［訳注］現在ではインタビューはデジタルボイスレコーダー（IC レコーダー）を用いることが主流である。本書で言及されている「テープ」はデジタル化された音声データに置き換えて理解できるだろう。

いており、これはタッチタイプをする場合に非常に有用である。第二に、テープを停止した後に再生を再開する際、テープを少し巻き戻して、停止した少し前から再生が始まる。典型的な巻き戻しの長さは、タイプの速度や正確さ、テープの内容を聞き分けられる難易度に合わせて調整することができる。通常のカセットテーププレーヤーを使っている場合には、テープを止めるたびにテープを少し巻き戻さなければならないので、フラストレーションを感じるだろう。データをデジタル化するならば、トランスクリプションマシンをソフトウェアに取り替えることができる。

　昨今は、ほとんどがインタビューやフォーカスグループを録音するのに、デジタル録音機やデジタルビデオカメラなど、デジタル機材を使用している。高品質のデジタル録音機は安価ではないが、所属学部に貸出機が用意されていることもある。ビデオカメラも同様である。多くの録音機とビデオカメラは着脱可能なメモリーに記録する。録音した機材でも再生できるが、もっとよい再生法は、（カードリーダーや USB ケーブルで）コンピュータに転送することである。しかし最近は、多くの人が録音や録画機能をもつスマートフォンを持っている。スマートフォンのマイクは最良とは言えないが、静かな環境でのシンプルなインタビューには十分な質をもっている。スマートフォンで気をつけなければならないのは、機種によってはメモリー容量が限られていて、しかも外部メモリーを使うことができない場合があることで、必要な録音をするのに十分な空きがあるか確かめる必要がある。多くの場合、これらの機材は MP3 フォーマットで記録する。これは圧縮フォーマットでファイルのサイズが小さくなるが、しかし十分な質を保っている（ポッドキャストでも、典型的にこれが使われている）。ダウンロードアプリを使った録音機やスマートフォンは、無圧縮の WAV 形式で記録することもできる。これは音質が良いが（ほぼ CD のクオリティ）、MP3 ファイルの 10 倍ものファイルサイズになることがある。しかし、質がずっと良く、騒音の多い環境やフォーカスグループの議論を録音する場合には、このフォーマットを使うとよいだろう（もちろん、録音に十分なメモリーがあるか確認すること）。実際問題として、そういった厳しい状況では、高品質のマイクを備えた録音機を使うか、スマートフォンに外付けのマイクを用いるのがベストであろう。

　録音機から直接書き起こそうとはしないこと。まずファイルをコンピュー

タに転送する（これは複写を作ることになり、安全上の理由からも良い）。そして、ファイルを再生するソフトウェアを用いる。いろいろと、安価だったりフリーの、書き起こし作業用の良いソフトウェアがあり、書き起こすとき再生を制御できる。たとえば、録音を聞きながらテキストボックスにタイプしていき、ファンクションキー1つで停止したり再スタートしたりできるソフトウェアがある。デジタル録音の長所は、一瞬に停止でき、再生を再開するとき1語も失われることがないので、巻き戻しの必要がないことである。しかし、自動巻き戻しをセットできるソフトウェアもある。聞き漏らしがないようにするのに、半秒か1秒で十分である。また、書き起こすとき制御が楽なように、発話を短いフレーズに分割してくれるソフトウェアもある。いくつかのソフトウェアは、再生を止めたり再開したりするフットペダル（USBケーブルで接続）を使える。もし録音書き起こしのベテランなら、これは便利で、指をキーボードに置いたまま録音を停止・再開できる。あまり得意でない人のためには、再生速度を遅くしながらピッチが下がらない機能もある。したがって音声は正常だが、ぐっとゆっくり再生される。これは、正確なトランスクリプションを作成するのにたいへん有効だろう。トランスクリプト・ソフトウェアは、WindowsでもMacでも使用できるExpress Scribe（フリーウェア）、F4 Transkript、F5 Transkriptなどがある。CAQDASのいくつかも、トランクリプション機能を提供している。

音声データのタイピスト

　もし可能なら、文字起こしをする人を雇うことは、特に、音声データが理解しやすく、あるいは文字化するノートや書類が容易に読める場合には、良い選択である。雇うタイピストが研究主題やインタビューの文脈について何がしでも知識があれば、ベストである。タイピストには、求めるトランスクリプションのレベルがどのような種類のものかをきちんと知らせるようにする。また、求める形式にきちんと沿っているか、作業の早い段階でチェックする。なんとしても避けたいのは、必要がない、非常に詳細なトランスクリプションに多大の出費をすることである。雇った人が誰であれ、間違いを取り除くため、記録あるいは元のテクストに照らして文字化された文書全体をチェックする必要がある。しかしながら、このことは、必ずしも時間の浪費とはならない。繰り返

しになるが、トランスクリプトを読むこと（そして録音を聞くこと）は、分析を開始する機会となるだろう。

OCRと音声認識ソフトウェア

　近年、文字化の過程を手助けする2つの新しいテクノロジーが利用できるようになった。紙にタイプあるいは印刷された文書であれば、電子化されたコピーが必要な場合、スキャナーで読み取って光学式文字認識（OCR）ソフトウェアが使えるだろう。オリジナルの紙コピーの質が良く、クーリエのような標準的なフォントが用いられているなら、OCRソフトウェアで、紙のコピーから文書作成ソフトウェア用のファイルをうまく作成できる。文書のレイアウト、フォントなどが分析に関連することはめったにないから、プレーンテキストで保存するようにする。

　質的研究者によって時々用いられているもっと最近のテクノロジーに、音声認識ソフトウェアがある。これは音声を特別な高性能マイクで録り、文書作成ソフトウェアのファイルに変換するものである。このソフトウェアは自然な発話に用いることができ、イギリス英語、東南アジア英語、インド英語などの英語や、スペイン語などのいくつかの英語以外の言語にも対応可能である。しかしながら、これは、ある特定の使用者の音声を認識するようソフトウェアを訓練する必要があり、また非常に高音質を必要とする。これらの理由から、このソフトウェアは、インタビューの回答者や、特にフォーカスグループの記録には直接使用できない。しかしながら、何人かの進取的な研究者は、カセットデッキをヘッドフォンで聞きながらテープを再生し、フレーズごとに休止して、同時通訳のようなやり方で、それを音声認識ソフトウェアに話して認識させている。正確さは変動するが、概して最初のトランスクリプションの草稿としては十分であり、テープの音声と合っているか確認すればよい。いずれの音声認識ソフトウェアも高性能なコンピュータを必要とする。動作するか、コンピュータを買う前にチェックしよう。

正確さ

　トランスクリプションの方法——OCR、音声認識ソフトウェア、あるいは人間のタイピスト——にかかわらず、オリジナルのデータと突き合わせてチェッ

クする必要がある。さまざまな理由で間違いが起こる。まず、単純なタイプミスによる誤字・脱字などである。これらの間違いの大半は、ほとんどの文書作成ソフトウェアに内蔵されているスペルチェック機能や文法間違いチェック機能によって見つけることができる。だが、ほとんどの場合、文法に適っていないとしても、回答者が語ったことを正確に記録したいと研究者は望むだろう。また別の、しばしばより油断ならない間違いが起こる。トランスクライバー（文字起こしする人）の、テープの内容の聞き間違いである。時として、この種の間違いは、騒がしい場所で録音されていたり、録音機材のノイズが紛れていたりして、語っている内容が聞き取りづらくなるために生じる。人間同士が対面しての会話では、そのような雑音が非常にうまくフィルタリングされるが、録音ではそのようにならず、背景音から音声を聞き取ることがより難しい経験となる。しかし、音声がより良い場合でさえ、トランスクライバーがあることを聞き取ったのに回答者が何か他のことを語っているという場合がかなりある。発言を正確に聞き取るということは、理解と解釈を含む。時として、音声が正確に聞き取られても、解釈が間違うことがある。ちょうどイギリスのコメディアン、ロニー・バーカーの古典的なコメディで演じられる「フォーキャンドルズ（four candles）」と「フォークハンドルズ（fork handles）」で混乱する場面のように。けれども、実際に話された内容とは何か違う内容が聞き取られるのは、たいてい解釈の過程で起こる。表2.1は、貿易組合の活動についてのインタビューの録音テープを文字化したカナダ人の研究者による解釈上の間違いの例をリスト化している。

　これらの間違いを最小化するためにさまざまなことができる。できるだけ高音質の記録であることが間違いを防ぐ。そのためには良い機材を使おう。しかし、音質によらず、常に聞き取ったことの理解と解釈をする必要がある。ここで間違いを減らす最善の方法は、トランスクライバーが文字起こししているデータの文脈や研究主題を理解し、話し手のアクセントや抑揚やリズムに慣れる手段を講じることである。この意味で、トランスクライバーは、研究主題についてよく知るためのトレーニングを受ける必要があるかもしれない。これは、調査者自身がトランスクリプションをすることの最大の強みの1つである。インタビューの文脈を知っているし、研究主題に詳しいはずであるのだから。

　また、文章のスペルチェックをするために文書作成ソフトウェアを使うべき

表 2.1 トランスクリプションの間違いの例

トランスクライバーがタイプしたフレーズ	回答者の実際の発言

不正確な解釈による間違い

reflective bargaining （思慮深い交渉）	collective bargaining （集団交渉）
the various （多様なもの）	those areas （その辺り）
leading （主導的な）	relating （関連する）
certain kinds of ways of understanding （ある種の理解のしかた）	surface kinds of way of undestanding （表面的なたぐいの理解のしかた）
and our （… とわれわれの）	and/or （および／あるいは）
generally （一般的には）	gender lines （ジェンダーの線引き）
mixed service （雑多なサービス）	lip service （お世辞）
overrated （過大評価された）	overriden （乗せすぎ）
accepted committee （承認された委員会）	executive committee （執行委員会）
denying neglect （ネグレクトの拒否）	benign neglect （慇懃な無視）

意味が反対となる間違い

ever meant to （これまで意味していた）	never meant to （決して意味しなかった）
it just makes sense （まさに意味をなす）	it doesn't make sense （意味をなさない）
there isn't a provision for day care （デイケアの規定がない）	there is a provision for day care （デイケアの規定がある）
formal （公的な）	informal （非公式の）
there's one thing I can add （追加できることが 1 つある）	there's nothing I can add （追加できることは何もない）
there's more discernible actions （より見分けやすい動きがある）	there aren't discernible factions （見分けのつかない派閥はない）

（Carl Cuneo からの e メールより引用。1994 年 6 月、QUALRS-L Listserv）

である。一般的な言葉を正しく綴るだけでなく、固有名詞や方言、ジャーゴンなども一貫した綴りになっているかどうかチェックする。これは、分析を手助けするソフトウェアを用いる場合に、検索＊機能を使用できることを意味する。そうすれば、他の綴り方が混じる心配をする必要がない。

トランスクリプトの印刷

すべての分析を処理するためにCAQDASを使う場合であっても、トランスクリプトを印刷したくなるだろう。プリントした方が分析をチェックしやすいし、回答者にトランスクリプトをチェックしてもらうために見せることができるし、また印刷されたコピーで何らかの分析をしたいかもしれない。この段階で決定すべきことは、主要な分析、あるいは分析の最終的な記録（特にコーディング）を保存するために、CAQDASを用いるかどうかである。もしどちらにも用いるつもりならば、CAQDASにトランスクリプトを取り込む際に、印刷とコンピュータのスクリーンに現れる表示を確実に同じにするべきである。そうすれば、トランスクリプトに書き込んだどの記述も、ソフトウェアに移すことがより簡単になる。この場合、トランスクリプトをCAQDASに取り込み、その印刷機能を用いるのが最も良い方法である。

もしCAQDASを使用しないのであれば、文書作成ソフトウェアから直接印刷することができる。その際、以下の3点を考慮すべきである。

1. **行番号**。トランスクリプトに行番号をつけたいならば（いくつかのアプローチではこれを勧めている。たとえば、複数人で参照するため）、ソフトウェアをそのように設定して使用する。ほとんどの文書作成ソフトウェアに自動的に行番号をつけるオプションがあるので、手作業で行う必要はない（たとえば、マイクロソフト社の「Word 2016」の場合、「レイアウト」→「ページ設定」→「その他」→「行番号」→「行番号追加」のチェックボックス →「OK」ボタンの順で設定できる。行番号は「表示」が印刷レイアウトの場合にのみ現れる）。もしCAQDASを使用しているなら、そこで行番号を挿入できる。研究プロジェクトのファイルを取り込む前に、文書作成ソフトウェアで行番号を入れてはいけない。

2. **余白**。注釈をつけたりコーディングのアイデアを示したりするために、ページの余白は広くとろう。ほとんどの人は右側に広い余白をとる。余白は文書作成ソフトウェアで設定する（「Word 2016」の場合は、「レイアウト」→「余白」→「ユーザー設定の余白」で自由に設定できる）。

3. **行間**。文章の行間を 2 行空き（あるいは 1.5 行空き）にする。こうすると、テキストデータに下線を引いたり、コメントを書いたり、丸で囲ったりするための空間ができる（「Word 2016」の場合、「デザイン」→「段落の間隔」で設定できる。1.5 行にするときは、「ユーザー設定の段落間隔」で設定する）。

インターネットのデータ

トランスクリプションに関連する問題のほとんどを回避する方法は、インターネットを介してデータを収集することである。E メール、ウェブページ、チャットルームの会話、商用ニュースのアーカイブスなど、インターネットで収集可能なすべての文章データは、すでに電子化されている。トランスクリプションの必要がない。大半の e メールは今なおプレーンテキスト形式である。したがって、メッセージをそのまま保存するだけで、何の問題も生じない。しかしながら、情報にヘッダー情報をつけることも重要である。そうすれば、メッセージの差出人、宛先、送信日、内容がわかる。同じ話題に関する複数のメッセージからなる e メールのスレッドは、時系列になっている。同じスレッドのすべてのメッセージを同じファイルに入れることで、時系列を維持して分析できる。

ウェブページの場合は、異なる問題が生じる。もちろん、ページのアドレスである URL だけセーブしておいて、それを分析したいときにブラウザに呼び出すこともできる。しかし、分析をしている間にそのページが変更されるかもしれない（それが議論しているグループなら、新しい議論が加わっていくだろう）。あるいは、無くなるかもしれない。そこで、そのページを訪れたときにスナップショットをとっておくことも考えられる。ウェブページはプレーンテキストではなく、HTML 形式で書かれているため、ウェブブラウザでフォーマット化された形式で表示でき、画像、音声、動画などのさまざまなマルチ

メディアの要素を含んでいる。ウェブページの文字データが必要なのか——その場合はページをプレーンテキストで保存する（必要箇所を選択してマウスを右クリック → 「コピー」）、マルチメディアの要素を含んだウェブページ（あるいはウェブアーカイブス）で保存するのかを決める必要がある。ウェブページ、あるいはウェブアーカイブとして保存するときは、それを分析するために開くときに、ウェブブラウザが必要である。

　ほとんどの CAQDAS のソフトウェアは、テキストファイルを取り込んでコーディングすることができる。しかし、ブラウザでは表示できる HTML ファイルを表示できない。ウェブのデータを CAQDAS に取り込みたければ、ページを PDF ファイルで保存する必要がある（これは印刷ダイアログのオプションであることが多い）。これによりウェブページのほとんどの画像要素を保持できるが、音声や映像の要素は保存できない（もっとも、生のウェブのバージョンへのリンクは保存できる）。ほとんどの CAQDAS は PDF ファイルを読むことができ、コーディングも可能である。CAQDAS の 1 つ NVivo は、インターネット・エクスプローラーとクロームのプラグインをもち、ウェブページを PDF ファイルでキャプチャーしたり、ツイッターのメッセージをデータベースフォーマットで取り込むことができる。

　分析したいウェブページ全体を PDF で CAQDAS に取り込んだとしても、その中のハイパーリンクは失われる。ウェブページはまた、一般的に他のウェブページへのハイパーリンクを含んでいる。相互テクスト性、つまり文書間のつながりや相互連関の優れた例である。したがって、ウェブページの意味がそのページの内容だけで示されるのか、あるいは、ハイパーリンクされたいくつかの、あるいはすべてのページを含める必要があるのかは、議論の余地があるところである。ウェブアーカイブスとしてサイトを保存することは 1 つの選択肢かもしれない。しかし、これでは外部のウェブサイトにある関連するハイパーリンクのすべてを扱うことはできないかもしれず、また CAQDAS を用いることも難しい。

　商用ニュースのアーカイブスから素材を選ぶなどのいくつかの場合には、そのファイルをプレーンテキストに変換したとしても、関連のない余計な素材を除去するために、何らかの加工やフィルタリングをする必要があるかもしれない。情報を選択するプロセスは、十分に選択的というわけではないかもしれな

い。シールが遭遇した次のような例がある（Seale, 2000）。Cancer（癌）についての論説を商用ニュースのアーカイブで検索した際に、シールが見つけた多くの論説は占星術と星座のCancer（かに座）に関するもので、彼が関心を持っていた病気についてではなかったのである。

メタデータ

簡単に言えば、メタデータとは「データについてのデータ」のことである。データを準備する文脈で考慮すべき、メタデータの2つの重要な形式がある。1つ目は、インタビュー、ノートなど、参加者や内容の概要などの出所を記録した情報である。2つ目は、調査の実施の詳細や回答者の略歴情報など、アーカイブ化するために必要な詳細情報である。

文書の出所に関する情報は、要約あるいはカバーシート（かつてトランスクリプションにタイプライターを使用していたころ、そのようなデータは本体とは分けて用紙の最初のページや表紙に記載されたことから、このように呼ばれる）に記される。文書を電子化する（文書作成ソフトウェアのファイルにする）ならば、ファイルの冒頭にこの情報を記すだけでよい。典型的な内容を、ボックス2.3に列挙した。

ボックス2.3　メタデータ文書の典型的内容

文書の概要を記す形式あるいは文書の記述

典型的には、インタビューについての情報を要約し、（適宜）以下の内容を含める。

- インタビューの日付
- 回答者の伝記的詳細
- インタビューのテーマと状況
- インタビュアーの名前
- インタビューに関連するフィールドノーツの情報源
- 関連する文書（たとえば、前後に実施したインタビュー）
- 分析の最初のアイデア
- インタビューされた人物の仮名とその他の匿名化にかかわる照合情報

アーカイブのための準備

ケースによっては、データをアーカイブに保管したいと考えるかもしれない。そうすれば、他者があなたの研究を用いたり、再分析したりすることが可能になる。イギリスでは、UK Data Service があり、このことについて助言してくれる。ウェブサイト http://www.ukdataservice.ac.uk/deposit-data には、必要な情報に関する詳細なアドバイスが載っている。前述したように、トランスクリプトの匿名化が必要になるが、通常アーカイブスは、匿名化されていないオリジナルのデータと、匿名化のしかたの詳細を共に要請する。データの二次利用者は、調査者が行った匿名性を維持する義務がある。資料が特にセンシティブな内容の場合、一定期間資料の公開を止めたり、アクセスを制限したりすることができる。

通常、アーカイブは、調査者が使用したすべての多様な付随資料も要請する。これには、先ほど述べたカバーシートの文書やフィールドノーツ、他の収集した文書や印刷物、さらには回答者のサンプリング方法やインタビュースケジュールなどの詳細が含まれる。これらすべての資料をアーカイブ保管にふさわしい状態にするには時間と労力を要するかもしれない。自分のデータをアーカイブに保管するよう要望された場合には（ESRC（Economic and Social Research Council）が資金提供したプロジェクトなど）、そのための資金が提供される（Rapley, 2017）。

整理する

質的分析では、多くのデータ（トランスクリプト、画像、映像、文書、などなど）を扱わなければならないというだけでなく、分析のプロセスそれ自体がさらに多くの文書を生み出す（コーディングしたトランスクリプト、メモ、調査日記、文書の要約、などなど）。そこで、すべての材料を整理し管理する何らかの方法が必要になる。昨今では、プロジェクトのすべての材料を管理するのに好まれるのは、間違いなく CAQDAS の使用である。ATLAS.ti、MAXQDA、NVivo、QDA Miner のようなソフトウェアは、分析を支援する

2章　データの準備　｜　37

機能を有するだけでなく、持っている材料、作り出す材料のすべてをいつでも呼び出せるように保持して支援するようデザインされている。こうしたソフトウェアを使えば、プロジェクトのすべての文書を1箇所に保持し、それらを意味のあるしかたで構成し、適切なメタデータを加えるよう促してくれる。

　しかし、CAQDAS を使わなければならないということではない。それらのソフトウェアを使えない環境だったり、プロジェクトが小規模だったり、ソフトウェアの使い方を学ぶ時間がなかったりするなら、PC と紙で分析を行える（もちろん、PC がなかった時代には、研究者は紙だけを使っていた）。データ処理と分析のすべてを PC で行っていることが多いであろうが、今日といえども、デジタルでないかたちでしか入手できない本や報告、文書がある。しかしそれらについてのノートをとり、PC に保存できる。ボックス 2.4 は、管理する必要のある文書のいくつかをリストしている。

ボックス 2.4　　管理を要するデータと文書

- フィールドノーツ
- インタビューのトランスクリプト（および音声／映像記録）
- フォーカスグループのトランスクリプト（および音声／映像記録）
- インタビュー、フォーカスグループ、などなどの表紙文書
- 文書（組織／管理文書、ウェブサイトを含む）
- メディア文書とソーシャルメディア文書（ニュースの切り抜き、ツイート、などなど）
- 倫理関連文書（署名した同意文書、情報シート、などなど）
- 手紙と e メール（許可、打ち合わせ、などなど）
- 調査への回答（記入された質問紙、スプレッドシートなど）
- 組織図、一覧、などなど
- 調査日記
- メモやその他の分析のために書いたもの
- 政策文書、政府報告、などなど
- 分析にもとづいて書いた報告と論文
- 関連する学術文献（最近は多くの PDF がある）と、それら文献についてのノート

PC で整理するもっともシンプルな方法は、フォルダを利用することである。たとえば、研究の事例ごとにフォルダを設けておく。さらには、たぶん、訪問した場所のそれぞれについてもフォルダがあるだろう。たとえば事例が学校教師で、学校を訪問場所として観察と教師へのインタビューを行ったなら、いつデータが収集されたかを記録するよう、それぞれのフォルダ名に日付を含めるのが合理的だろう。これは、データ収集を複数回行う場合には特に重要である。また、収集した文書（組織関連の文書も含む）のフォルダ、（もし混合方法による調査を行っているなら）調査データのフォルダもあるだろう。CAQDAS は、プロジェクトファイル内で同様の整理が可能である。

　プロジェクトのためにレビューしている文献についての全ノートのフォルダもあるだろう。その中で、ノートをテーマ別に構成するのが理に適っている。そこで、文献の主要なテーマ別のフォルダがあるだろう。

　次章では、分析の一部として行う書くことについて、そのあらゆる種類を取り上げて論じる。ここでも、それらを組織立てて保存しなければならない。PC 上のファイルはみな、その作成時と変更を加えたときの日付をもつ。しかし、ノートを手書きしたり手書きで調査日記をつけているなら、書いたり付け加えたりするときに日付データを記入するようにする。どの順序で着想や考えを得たのかを見るときに役立つだけでなく、そういう文書は分析の思考の監査証跡（audit trail；7 章参照）の一部を形成することができる。また、頻繁に他に箇所を参照をすることになるだろう（このインタビュイーが働いている学校の校長は誰だろうか。昨年この営業担当者が扱っていた取引先はどこだったろうか）。そこで、そのような関連文書（インタビューのトランスクリプト）についてのデータを含めたり、ボックス 2.3 の文書の概要のような文書を別個に作成することは理に適っている。

　フォルダとファイルについての以上の議論はすべて、融通性のあるものである。分析上の要請の変化と解釈の展開に応じて、変更し、再整理し、修正していく。文書のフォルダ構造が、分析を展開させていく鍵となる方法を反映していることに気づくこともあるかもしれない。たとえば、メモをテーマ別に名づけたフォルダに保存しているなら、それらフォルダの名前が、分析を書き上げる構造化を示唆していると気づくかもしれない。しかし、何はさておいても、すべてを PC のデスクトップに置いておけば、いつでもアクセスでき、全部ど

2 章　データの準備　39

こにあるか覚えておけると考える間違いをおかしてはならない。数週間はその
とおりかもしれないが、1年とまでいかずとも数ヵ月後には、そして30回目
のインタビューのころには、PCのデスクトップにはただ混乱あるのみである。

▬▬▬ キーポイント

- 大半の質的データは（文書作成ソフトウェアなどで）文書化される。手
  書きのノート、音声データ、あるいは映像記録よりも、印字されたコ
  ピーの方が作業しやすいからある。しかしながら、トランスクリプショ
  ンは媒体を変化させるので、一定程度データの変形や解釈を含むことに
  なる。
- そのため、使用するトランスクリプションのレベルを決める必要がある。
  すべての休止、強調、抑揚の変化、重複的発話を文字化するか、すべて
  の言葉を文字化するか、あるいは、研究目的に照らして、それほど詳細
  ではなくても十分だろうか、ということを決める必要がある。
- いつでも、調査者自らが書き起こすのが一番良い。その研究主題をよく
  知っているので、間違いが少ないだろう。さらには、そうすることは、
  分析について考え始める機会ともなる。今ではOCRや音声認識ソフト
  ウェアなどの新たなテクノロジーが登場し、作業はより簡単になってい
  る。しかしながら、資金があるならば、トランスクライバーにお金を
  払って作業してもらうこともできる。
- いずれの方法を用いるにせよ、トランスクリプションの正確さが重要で
  ある。自分やトランスクライバーのタイプ入力をチェックする必要があ
  る。意味が根本から変わってしまうような間違いが、いとも簡単に生じ
  る。
- 膨大なトランスクリプションを回避する1つの方法は、インターネット
  からデータを収集することである。Eメール、チャットルーム、ウェブ
  ページ、ブログなどからのデータは、他の誰かがすでにタイプ入力して
  くれている。しかしながら、データを、分析に必要な形態やCAQDAS
  が必要とする形態に変換する、何らかの加工は必要である。
- 質的分析は多くの異なる種類のデータを用い、分析の間に多くの書きも
  のや文書を作り出す。そこで、すべての材料をきちんと、必要なときに

すぐに見つけられるように、しかるべき場所に整理し保持する必要がある。

さらに学ぶために

以下の文献は、本章で手短に紹介した論点をより詳しく掘り下げてくれるだろう。

Bird, C. M. (2005) 'How I stopped dreading and learned to love transcription', *Qualitative Inquiry, 11*(2): 226-248.

Kvale, S. (2007) *Doing Interviews* (Book 2 of The SAGE Qualitative Research Kit). London: Sage. ［クヴァール／能智正博・徳田治子（訳）(2016)『質的研究のための「インター・ビュー」』（SAGE 質的研究キット2）新曜社］

Park, J. & Zeanah, A.E. (2005) 'An evaluation of voice recognition software for use in interview-based research: a research note', *Qualitative Research, 5*(2): 245-251.

Poland, B. D. (2001) 'Transcription quality', in J. F. Gubrium & J. A. Holstein (Eds.), *Handbook of Interview Research: Context and Method*. Thousand Oaks, CA: Sage, pp.629-649.

Rapley, T. (2017) *Doing Conversation, Discourse and Document Analysis* (Book 7 of The SAGE Qualitative Research Kit). London: Sage. ［ラプリー／大橋靖史・中坪太久郎・綾城初穂（訳）(2018)『会話分析・ディスコース分析・ドキュメント分析』（SAGE 質的研究キット7）新曜社］

Salmons, J. (2016) *Doing Qualitative Research Online*. London: Sage.

訳者補遺

能智正博 (2011)『臨床心理学をまなぶ6：質的研究法』東京大学出版会

3章　書く

研究日誌
フィールドノーツ
メモ
研究レポートを書く

この章の目標

- 分析の一部としての書くことの役割を理解する。
- 質的分析で一般的に用いられている３種類の書き物（研究日誌、フィールドノーツ、メモ）について知る。
- 分析的思考を促すそれらの役割について、さらに理解する。
- 研究プロジェクトを通じて書くことの必要性を理解する。そうすれば、最終的なレポートや論文を書くときには、すでに書いてきたことの多くをただまとめ上げればよい。

　研究方法の方向性が何であれ、質的分析について書くすべての著者は、アイデアを書き留めたり、フィールドノーツを収集したり、研究報告を作成したりといった、書くことの重要性には同意する。分析の過程全体を通して、収集したデータについて書くことに代わる方法はないし、データが何を示唆しているのか、それらをどう分析できるか、どのような解釈が可能かといったアイデアを発展させる方法として、書くこと以上のものはない。したがって、次の２つの理由から、この章は本書の序盤に置かれている。

43

1. 書くことすべてを、「まとめ」と呼ばれる段階まで持ち越すのは良い考えではない。できるだけ早く書き始めよう。データ収集と分析の作業をしながら書くことは、アイデアや直感をはっきりさせる後押しをするだろう。もっとも、これらのアイデアや直感は、研究プロジェクトが進行するにつれて、かなり変化するだろう。時間を理由にして書くのはノートだけにしたくなるかもしれないが、アイデアをノートに書き留めただけにしておくのは避けた方がよい。できるだけ速やかにデータに遡って、それらをナラティヴとして「まとめる」ようにしよう。文書作成ソフトウェアやCAQDASに取り込めれば望ましい。走り書きしたことも、同様にする。以下の理由からである。

   • ざっと書き留めたときには意味をなしていたノートも、何年もと言わずとも何か月か経つと、意味がわからなくなるかもしれない。

   • 書くことは考えることである。表現しようとする内容を書く前に、まずそれが頭の中で明確になっている必要があると信じるのは自然だが、しかしたいていの場合、真実は逆である。明確なアイデアを持っていると考えるかもしれないが、確かにそのアイデアを持っていると（あるいは、悲しいことに、時には持っていないと）言えるのは、書いたときだけである。アイデアを伝えようとすることは、どれほど明確に理解しているか、アイデアがどれほど一貫しているかを試す優れたテストである。書くことは、その理想的な方法である。表3.1は、書くことの良い実践を示している。

2. 非常に現実的な意味で、研究上のノートを書くことと、研究の最終的なナラティヴによる説明を書くことは、特に質的研究においては、それ自体が分析の中心的部分である。質的研究の分析の多くが、解釈にかかわる。何が起こったのか、物事が何を意味しているのか、それらはなぜ生じたのかを理解しなくてはならない。取っ掛かりは、多くの言葉、写真、音声、映像である。これらすべてに意味があるが、それらは解釈され、再度表現される必要がある。そしてそれは、回答者や情報提供者、調査の状況に忠実であり、同時に、研究の読み手に情報を提供し、物事を説明するようになされなければならない。

表 3.1　2 つの黄金律

（a）早めに、かつちょくちょく書く。

（b）ちゃんと書こうとせず、とにかく書く。

「早めにかつちょくちょく書く」というルールが有効な理由

1. 書けば書くほど、書くことが楽になる。

2. 毎日書けば、書くことが習慣になる。

3. ちょっとずつ断片的に書いても、積もり積もれば長大になる。記述を小さな断片に分けてみよう。X について 100 語、Y について 200 語書いて、それらをファイルに保管しよう。それらは積み上がってゆく。

4. 書かないままでいればいるほど、その作業は苦痛になる。

「ちゃんと書こうとせず、とにかく書く」というルールが有効な理由

1. 紙に書かれなければ、誰もその間違いを正す手助けができない。草稿を書いて、それを人に見てもらって、また草稿を書こう。

2. 草稿を書くことは、考えを明確化するための非常に重要な段階である。

3. 序章でなくて、4 章や、付録や結論や方法でもよいので、頭の中で最も明確な部分から書き始めよう。

4. 草稿は、他では行えない方法で、「それ」が（まだ）正しくない箇所を明らかにする。

（Delamont et al., 1997, p.121 より援用）

研究日誌

　多くの調査者は反省的な研究日誌や作業日誌をつけている。これらの日誌には、アイデア、同僚研究者との議論、研究過程それ自体に関する気づき、その他の研究プロジェクトやデータ分析全体に関する事柄が記録される。あらゆる成長段階にあるあらゆる調査者にとって、日誌をつけることは良いことである。ある調査者にとっては、日誌は非常に個人的な文書であり、研究を通しての自らの「旅」の反映となる。別の調査者にとっては、もっと幅広い内容の文書となり、よりいっそうフィールドワーク日誌や調査日誌と呼ばれるようなものとなる。それらは、データ収集や思索の方向性、分析に関するアイデアや着想に

3 章　書く　｜　45

関する日々の注釈を含む。日記の形式（大きな、1日1ページの日記帳）、ルーズリーフ式の日誌、あるいは —— 私の好みで言えば —— 厚く綴じた冊子などを用いることができる。日誌には、以下のような事柄を記録しよう。

- 何をしたか。どこで、どのように、なぜそれを行ったかを、日付、できれば時間経過も（これを記録すると時間管理を改善できる）。
- 何を読んだか（分析に対してと同時に論文のレビューにも寄与する記録として）。
- 接触の記録。調査にかかわっている人びとや出来事あるいは状況、その接触における主要なテーマあるいは論点、それによって生じた新たな直感、新たな接触が向かう新たな問いに関する記録。
- 収集したデータの内容、それらをどう処理したか、その結果。
- 特定の成果、行き詰まり、驚き（たとえば、混乱したエピソードが突然明快になったときや、ある特定の理論が分析対象の状況を説明する手助けになるとやっとわかったとき）。
- 起こっている出来事に対して考えたことや感じたこと —— フィールドにおいてと分析作業の両方で（たとえば、分析が辻褄合わせであったり無理強いであったりすると感じるか、研究している状況において適切な理解を行っていない側面があると感じるか）。
- 研究に関連するかもしれない、頭に浮かんだすべての考え（特に、文献を読んだときに生じる新しい直感や、研究に関連するかもしれないと気づく助けになったニュースからの直感）。
- その他調査者に影響を与えるものすべて。特に、データ収集や分析の今後の方向性についての考え。

(Cryer, 2000, p.99; Miles & Huberman, 1994, pp.50-54 より援用)

フィールドノーツ

フィールドノーツ*は、調査と同時進行で記されるノートである（Angrosino, 2007 参照）。それらは部分的には（誰と、何を、なぜ、いつ、どこで、などを思い出すのを手助けする）備忘録である。調査対象の人びとが発し

たり行ったりしたキーワードやフレーズや行動を記録するために、まだフィールドにいる時点で、あるいはフィールドから戻ってすぐに、記される。フィールドノーツは、特にエスノグラフィー*や参与観察*と関連して用いられる。それらの研究手法において、フィールドノーツはデータ収集の主要な手法である。フィールドノーツを書き、解釈したり、表現し直したりし、最終的な報告書を書き上げるのに用い、あるいは報告の例として使用することは、エスノグラフィーにおけるデータ分析の中核的な過程である。フィールドノーツには重要ないくつかの特徴がある。

- それらは、計画されたものではなく、構造化されてもいない。それらは通常開放的で制限がなく、自由で、しばしばきちんとしておらず、乱雑である。
- それらは、出来事それ自体ではなく、出来事の表現であり、それに説明を加えるものである。したがって、それはその世界についての解釈である。フィールドノーツを書くには、選択的でなければならない。研究やその状況に参与する人びとにとって意味のある事柄を識別しなくてはならない。
- それらは、人びとが言ったり行ったりしたことの記述であるが、しかしそれらは事実の単なる記録ではない。その説明は現実の単なる「鏡」ではない。エマーソンらが言うように、「説明的な記述は特定の目的や関与の具体的な表現であり、かつそれらを反映しており、それは解釈と意味生成の積極的な過程を含むのである」(Emerson et al., 2001, p.353)。
- 結局のところ、とりわけ書き上げていくと、それらは記述の集積、コーパスとして積み上がり、質的分析の基礎を形成し、報告の事例を提供するものとなる。

　フィールドノーツは通常エスノグラフィーと関連しているが．ざっと書き留めたノートもまた、フォーカスグループやインタビューなど他の研究アプローチを用いる調査者によって集積されるかもしれない。こうした調査者は、しばしば、データ収集の経験についてノートをとる。たとえば、インタビューを実施している人は、インタビュー時の状態（インタビュアーと回答者以外の同席者、実施場所、調査者がリラックスしていたか、あるいは何らかの理由で急い

3章　書く　｜　47

でいたり注意が散漫だったりしたか）についてや、あらゆる妨害（子どもが突然飛び込んでくる、火災報知器が鳴る、電話が鳴るなど）についてノートをとるだろう。調査者の中には、ボイスレコーダーの記録を完全には信頼しておらず、発言やその他の目立った情報（ジェスチャー、ボディランゲージ、表情、物腰）についてノートをとる。インタビューを録音する調査者に共通の経験は、レコーダーのスイッチを切った後で、回答者が録音時よりももっとたくさんの、時に内密で暴露的な情報を語ることである。このような情報を記録するには、調査者は発言を覚えて、ともかく記録を書ける最初の機会（回答者と別れて自動車の運転席に座って、バス停の後ろで、など）に書き留めなくてはならない。

フィールドノーツを書く

記憶から言葉や出来事が消え去る前に、できるだけ早くフィールドノーツを書く必要がある。この書く過程が実際には、質的研究の最初のステップなのである。フィールドノーツを書くには、次の2点を区別する必要がある。

- 起こったことを記録する。つまり物事の推移を記述する。
- 物事の推移に関する自分自身の行為、質問、省察を記録する。

これらのノートを分けるべきかどうかに関しては、多少の議論がある。ある調査者は、一次データと、注釈、省察、分析的アイデアなどを分けようとする。たとえば、グラウンデッドセオリー*（4章 参照）の開発者たちは、インタビューのような一次データと、メモとしてとっておく注釈と分析を厳密に分けるべきであるとしている。メモについては後述する（Glaser & Strauss, 1967; Flick, 2017d 参照）。他の調査者は、フィールドノーツの一次データでさえ価値から自由ではなく、分析者の世界の見方を反映したバイアス*や観点や理論が組み込まれているのであることを認識して、それらを区別することにはあまり気をもまない。このことにどのくらい厳密になるかは、この論点に関する立場によって異なる。それでも、この区別を覚えておき、記述はさまざまな程度に解釈の産物であることを認識することは有用である。

後者の観点は、通常、調査の構成主義的な哲学に関連しているが、エスノグラファーの間で共有されているアプローチも反映している。エスノグラファー

は、記述における客観性を無条件に主張することはできないと認識している。このことは、調査者は正当な根拠なしに権威者の声を発することに慎重でなければならないというだけでなく、その記述は研究対象についての彼ら自身の経験や感覚や感情のような主観的な要因を含むことができる、おそらくは含むべきであることを意味している。ヴァン・マーネン（Van Maanen, 1988）は、エスノグラフィーにおいて調査知見を呈示する３つの基本的な形式を区別している。それをボックス 3.1 にまとめた。これらは、社会科学の大半の領域において非常に多様なアプローチが可能であることをよく示しているが、その中でも、「実在論者の物語」は、これまでも今も、最も普及しているアプローチである。しかしながら、ヴァン・マーネンが認めているように、しばしば、その主要な内容において、実在論者の物語にも、告白的あるいは印象主義的な部分が含まれている。

ボックス 3.1　ヴァン・マーネンによるフィールドの物語の形式

実在論者の物語

　観察は、事実として報告されるか、回答者やテクストからの引用によって文書化される。研究対象は典型的あるいは一般的には、日常生活とそのルーチンの具体的な詳細という形式で呈示される。研究対象となっている人びとの観点や信念が強調される。時に、その報告は、「全能の解釈者」（Van Maanen, 1988, p.51）の立場に立とうとする。著者は、文章からはほぼ完全に存在が消えており、主観的な観点を超えて、自己反省と懐疑の欠けた実際的なやり方で、より幅広い、より一般的で、より理論的な解釈を呈示する。

告白的物語

　より個人化された説明である。著者の観点が明らかにされ、調査や解釈において彼らが果たした役割が議論される。著者の観点が論点として、「フィールドに参与し」、データを収集する中で出会う問題といった方法論的論点として扱われる。記述は、個人的な告白と方法論的な告白を明確に分ける。収集されたデータに根ざした説明とともに呈示された自然さが、生じたことがいかに２つの文化の間の出会いであるかを示すのに用いられる。

印象主義的物語

　これらは、しばしば目立つ物語を中心に時系列で構成され、出来事をドラマチックに詳しく述べる形式をとる。覚えていることに関連するすべての詳細を含めることによって、調査者のしたことを聞き、見、経験しているという感覚を作り出そうとする試みがある。小説のように、書き手は、読み手がフィールドにいるかのように感じるようにする。ナラティヴはしばしば、話された通りの会話や断片的な知識による特徴づけ、ドラマチックな操作といった慣習に沿って用いられる。

（Van Maanen, 1988 より援用）

フィールドノーツを書くための方略

　フィールドノーツを書くにあたって、いくつか共通する方略がある。自分に合うものはできるだけ用いよう。

- **著者自身の文**。ノートは公式な文書ではないので、それらは偏っていたりあけっぴろげであったりして構わない。それを誰も見ない。目にするのは書き手だけである。特に、情報提供者が見ることはないであろうから、率直に書けばよい。
- **事実記録**（inscription）と**逐語記録**（transcription）。出来事と活動の描写（事実記録）と情報提供者自身の言葉と対話（逐語記録）を含めよう。
- **回想と整列**。物事を時系列に並べよう。重要なターニングポイントや重大な出来事を用い、関心事項に関して体系的に整理しよう。後づけの論理（後で学んだことからわかったこと）で書いても良いし、ドラマチックな表現（そのとき知っていたことだけを書き、物語が進展することで驚きが生じる）で書いてもよい。
- **活動と対話のレトリック***的表現**。詳細なイメージを用いて物事のスナップショットとなるようなスケッチを書こう。あるいは、時間とともに動いていく活動や、時にクライマックスに向けて進んでいく物語を書こう。これは、十分にリアルな登場人物を持ちながら、小説とは違って強力にドラマチックな論理は持たず、現実の生活のように、目的なく展開するフィールドノーツ物語になるかもしれない。

- **立ち位置**。回答者との距離を決める必要がある。自らかかわる共感的な立ち位置をとるのか、中立的で利害関係のない立ち位置をとるのか。
- **視点**。フィールドノーツを、一人称（私がこれを行った、私がそれを見た）の視点、三人称の視点（彼女はそれを行った、彼らはそれを一緒に行った。彼はこう言った）、あるいはそれらが混じり合った視点のうち、いずれで書くか。
- **感情**。出来事あるいは調査一般に対する自分の感情や気分の説明も含めて書くかもしれない。これらは有用でありうる。なぜならば、それらは情報提供者の感情や気分を映し出し、後の分析の手がかりとなり、バイアスや偏見を見つけ出すことに使えるからである。

　これらすべてが、それについてあまりに考えることが多いと思えるなら、あなたは熟達者なのだということを思い起こそう。デンジンが述べるように、あなたはそこに居たのである。

　　テクスト中に与えられたもの、書かれたことは、記憶とフィールドノーツから成り立ち、それらから作られている。この順序で書くこと、それを強力に刻印し直し、経験を再創造して書くことは、それ自体が力と権威をまとうことになる。他の誰でもなく、この著者が、このようなしかたで生きている世界の新たな一隅を読者にもたらすことができたのだ。(Denzin, 2004, p.454)

メ　モ

　グラウンデッドセオリーの著者たちは、質的分析を実行する方法としてのメモ*の使用を普及させた。メモは、研究主題のコーディングのアイデアや分析的枠組みを一般的に発展させる際の、理論化と解説の方法とみなされてきた。それらは本質的に、データセットに関する研究者自身にとっての（あるいは、研究チームの他の人に対する）覚え書きである。グラウンデッドセオリーの創始者の1人であるグレイザーは、メモを以下のように定義している。

　　…（メモとは）コードとそれらの関係について分析者がコーディングし

3章　書く　51

ながら気づいたことを、理論化しながら書き上げたものである ･･･ それは、
1センテンスであることも、1段落をなすことも、あるいは数ページになる
こともある ･･･ それは、データに基づく分析者の一時的な観念と、おそらく
はちょっとした概念的な精緻化とを網羅したものである。

(Glaser, 1978, pp.83-84)

　前述したように、グラウンデッドセオリーでは、一次ドキュメント（インタ
ビューのトランスクリプト、フィールドノーツ、収集された文書など）と、メモ
に記された分析的アイデアをはっきりと区別しておくように提唱されることが
多い。その理由は部分的には、データに根ざしている必要性によるものであり、
何がデータで何があなたのコメントなのかを知る必要があるからである。さら
に、当初考えられたように、メモはデータのコーディングに関するものである。
コーディングについては次章でより詳しく論じるが、それは本質的に、研究主
題に関する考えを例示している（フィールドノーツやインタビューの）一節を
取り出し、それらにラベル、つまりコードをつけるプロセスである。メモは
コードについての分析的アイデアであり、コーディングに際してそれを明確に
し、方向性をもたらす。しかしそれはまた、コーディングから報告への次のス
テップも形成する。メモはしばしば、最終的な研究報告に含まれるであろうア
イデアや発展的議論を含んでいる。
　他の分析者のメモの使用のしかたは、より柔軟である。グレイザーとストラ
ウス（Glaser & Strauss, 1967）にならって、リチャードソンは、ノートを4つ
のカテゴリーに組織化することを提案している（これはまた、これらをフィー
ルドノーツに統合したり、研究日誌にこれらの考えを書いたりする場合にも使
うことができる）。括弧内の文字を使って、それぞれのページに印をつけよう。
そのカテゴリーは以下のものである。

・**観察ノート**（ON）。あなたが見たり、聞いたり、感じたり、味わったりし
　たものについて、できるだけ具体的に詳しく。
・**方法論ノート**（MN）。「データ」を収集した方法について自分自身に向け
　て書く。誰と話したか、何を身に付けていたか、いつ電話したかなど。
・**理論的ノート**（TN）。直感、仮説、関連、他の解釈、自分が行ったり、考

えたり、見たりしていることについての批判。

・**個人的ノート**（PN）。調査や話した人物についての自分の感情、疑い、楽しみ。

（Richardson, 2004, p.489 より援用）

　データ収集の開始から研究レポートの完成まで、調査を通じてメモが書かれるべきである。ひらめきがやってきたとき、いつもメモを書くことを優先する。一度書き始めたら、続けよう。メモの長さは問題ではない。メモは後で必要に応じて修正したり、分割したりできる。フィールドノーツのように、メモは調査者の目にしか触れない。したがって、率直に書くことができ、文章を洗練させる必要はない。メモは概念的レベルで書くようにし、一般的概念の例とする場合を除いては、個人的な特徴については避けるようにする。事例分析をする際にはこのことに厳密に従うことはできないかもしれないが、概念的レベルで事例についての注釈を書くようにしよう。ボックス 3.2 は、メモに何が書かれうるかをまとめている。

ボックス 3.2　メモの用途

1. **コードについての新しいアイデア**。これは、回答者が話した何かによって突然ひらめくかもしれない。複数人で参照する手助けとなるような、便利なコードリストを持っておこう。

2. **ひらめいた直感**。ひらめいた直感や推測したこと、データ中の証拠によって支持されたことを示す。あるいは、後で立ち戻って、単なる直感が実際に証拠によって支持されるかどうか考えるかもしれない（そうなるかもしれないし、そうならないかもしれない）。

3. **総合的考察**（たとえば、以前の反省的所感の）。しばしばこれは、1 つあるいはそれ以上のメモや（あるいは）コードの定義をまとめ上げる。ここで鍵となる活動は、複数のコードや状況、あるいは事例を比較することである。

4. **調査者間の対話として**。メモは共同研究者と分析のアイデアを共有する良い方法である。メモに名前と日付を記せば、誰がいつ書いたかわかる。

3章　書く | 53

5. データの質を問うために。回答者が何かに関して全面的にオープンでない、あるいは論点となる事柄について語るには適任ではない、すなわち、また聞きの情報を語っていると感じるかもしれない。

6. 当初の分析枠組みを問うために。既存のコードが実際に意味をなすかどうかという問いを生じさせるような、既存のコードに対するメモを書くかもしれない。複数のコードについてのメモが似ているようであれば、それらを合成することを考えよう。これはしばしば、複数のコードが実際には同じものについてであることを示している。

7. 事例について困惑したり驚いたりすることは何だろうか？ 質的な文書を検証する鍵となる技術は、何が驚きであるのを見つけることができることである。時として、文脈に馴染みすぎているために、何が驚くべきことなのかが見つけられなかったり、あるいはさらによくあることだが、単純に見落としてしまう。

8. 他のメモに対する異なる仮説として。これは、研究プロジェクトに参加している人びとの間の一種の内的な対話、あるいは1人で研究している場合には、自分自身との内的対話である。

9. 明確なアイデアを持ってはいないが、それを見つけようともがいている場合。メモによって何かに向かっていると考えるかもしれない。そういうとき、メモを書くことが、論点が何であるか整理する手助けとなるだろう。いつでも後で書いたことに戻ってきて、翌日に冷たい光の下で、まだ意味をなすかどうか見ることができる。

10. 一般的なテーマあるいは比喩を生み出すために。これは、より統合的あるいは全体的な活動である。分析のどこかで、多様な論点をまとめ上げる試みをスタートさせる必要が出てくるだろう。

(Gibbs, 2002, pp.88-89 より援用)

研究レポートを書く

　研究プロジェクトを通して文章を書いていて、日誌をつけ、メモを書くことを続けているならば、最終的な研究レポートを書くという課題にひるむ気持ちもずっと減るだろう。すでに多くの文章、おそらくはレポートの一部となるいくつかの章全体になるほどの文章を書いているだろう。だがたとえそうであっ

ても、最終的な研究レポートを書くという課題は、気持ちが萎えるように思えるものである。しかしながら、1章から書き始める必要はない。最も書きやすい章や節から書き始めればよい。そうすれば、書き始めて進めるのはあまり難しいことではなくなる。書けば書くほど、研究プロジェクトについて良い感情を抱き、これから書く残りの部分についてより自信を持つことができ、より明快に書くことができる。

　書きたいことのリストや概要から書き始め、アイデアを発展させながらリストや概要を文章化していく著者たちもいる。他の著者たちは、彼らの研究の目的や目標の表明から書き始め、そこから書き進めるのが最も良いとしている。書くときに、一度に1文ずつ書いてそれを推敲してから次の文章を書くことを好む人もいれば、対照的に、自由に書くことを好む人もいる。彼らはできるだけ早く全体を書いて、その後で戻って文章を整える。私が知っているある教授は、同時に複数の部分を書くことを好む。彼はある部分を1時間かけて書いて、次に他の部分を1、2時間かけて書く。私はそのようなやり方はしない。今書いている部分に焦点を当てるだけでも十分大変だと思う。どの書き方でも、自分に合っている方を選べばよい。書くことを止めさえしなければ、その時々に自分に合った書き方ならば何でもよい。

研究レポートの構成

　すべてのバラバラの考えが1つの一貫した「物語」になるように構成する必要がある。そのような構成は、しばしば研究レポートの章や節として現れてくるだろう。たとえば、最も単純な場合には、各節を研究の1つのエピソードにして、時系列に沿って説明するかもしれないし、各節で1つの事例について論じて、事例ごとの説明を与えるかもしれない。表3.2は、その他の構成を示したものである。

焦　点

　研究レポートを構成するもう1つの鍵は、その焦点である。研究レポートに取りかかるときには、焦点が不明瞭であるかもしれないが、しかし分析と記述を進めるにつれて、だんだんと絞られてくる。「本研究の目的は・・・である」という文章を完成させることができるころには、自分が焦点を掴んでいるとが

表 3.2　質的研究レポートの構成

1. 一連の個々の事例研究。その後に、事例間の差異と共通点が議論される。

2. 取り出された主要なテーマをめぐって構成された説明。必要に応じて、それぞれの
   トランスクリプト（あるいはその他のテクスト）から、例を引いて説明する。

3. 知見の研究主題に沿った提示。主要なテーマをそれぞれ説明するために、異なる個
   人の事例研究が用いられる。

(King, 1998 より援用)

わかるだろう。共同研究者や友人と研究について語ることは、何が焦点であるべきかを認識する助けになるかもしれない。なぜならば、共同研究者や友人たちにそれを説明するには、説明が拠って立つ中心的なアイデアを明らかにする必要があるからである。

　分析の焦点がどの程度回答者自身の関心から生じた概念に基づくべきか、あるいは社会科学の理論や概念にどのくらい知識を得ているべきかについては意見が分かれるが、グラウンデッドセオリーの著者たちは、焦点を定めることが研究方法の重要な部分であるとしてきた。それは、コーディングや分析のある時点で、ナラティヴと概念的記述が織り合わされる中核的な、あるいは中心的となるコアカテゴリーが生成されると考えるからである。グラウンデッドセオリーの創始者の１人であるグレイザーは、コアカテゴリーは収集されたデータの中から発見可能であり、かつ収集されたデータにしっかりと根ざしていなければならないと信じていた。それは、中心的で、何度も現れる概念的存在であり、実際的に、豊かに、他のカテゴリーと結びついており、大きな分析力を備えている。それは、「研究している状況に関与している人びとにとって意味があり、問題となる」行動のパターンにおけるバリエーションの大半を説明するものである（Glaser, 1978, p.93）。シャーマズ（Charmaz, 1990）のように、より構成主義的な志向を持つ人びとは、分析を生成する何かとみなすことを好む。シャーマズにとって、コアカテゴリーは、研究者がデータに持ち込む何かである。それは解釈の過程の結果であって、発見されるためにそこに存在していた単なる何かではない。このことによって分析をすることがより難しくなり、中心的なカテゴリーの候補が明らかになる前に、分析にはある程度の時間とコーディングのかなりの進展を要することになる。

どのような視点を持とうとも、重要なのは、この中心的なアイデアあるいはカテゴリーが説明のための力を持つということである。すでに取り出した他の研究主題に関するアイデアのうち、大半とはいかなくともその多くは、それに関連していたり、それによって説明されたりしうる。つまり、関連する行動、行為、言語、経験におけるバリエーションの多くは、それを参照することで説明できる。それは、矛盾する事例や他の事例を説明することさえできる（それに伴う付加的な要因を参照する必要はあるけれども）。

書き直し

ベッカーは、学部生の多くが陥りがちな書く際の悪い習慣の１つは、最初の草稿がそのまま最終稿だと考えることだと指摘している。社会科学における書くことに関する著作の中で（Becker, 2007）、彼は、きちんとした最終的な研究レポートを書くためにはどのくらいの書き直しや編集をし、簡潔に引き締める必要があるかを例示している。書き直すことの目的は、文章をより明確にし、読みやすくし、文章の流れをスムーズにするために表現し直すことである。このことの最も重要な側面の１つは、余分な素材を削除することである。必要のない反復を見つけ、それを削除する。ボックス3.3.のリストは、文章を書き直す際のガイドラインをいくつかリスト化したものである。

ボックス3.3　最初の草稿を修正するためのガイドライン

1. 文章全体を読み直して、自分に尋ねる。
   - 自分は何を言おうとしているのか？
   - 誰に対して書かれた文章なのか？
   - どう変えれば、文章がより明確になり、文章の流れがスムーズになるか？
2. 考慮するであろう全体的、あるいは大きな変化（たとえば、節を書き直す）。
   - 文章の部分を並べ替える。
   - 節を書き直す。
   - 例を足したり、重複している例を削除する。
   - より良い例に代える。

3章　書く　57

- ごちゃごちゃしている部分を消す。
3. 考慮するであろう小さな文章の修正。
   - 言い回しをより単純にする。
   - 節をより短くする。
   - 段落をより短くする。
   - 受動態よりも能動態にする。
   - 否定形の構文を肯定形に書きかえる。
   - 一連の事柄を順序立てて書く。
   - （ここのように）一連の事柄に番号をつけ、行を空けたり、ページをリストにしたりする。
4. さらに全体的に修正をしたいかどうか見極めるために、修正した文章全体を読む。
5. 最後に、最初の修正からある程度時間を置いて（たとえば24時間）、これら全体の作業手順を繰り返し、また、最初の文章を見ずにその作業を行う。

　経験に関係なく、すべての著者は他者からのフィードバックから何がしか得るものがある。自分自身の言葉から距離をとることはとても難しい。自分自身の言葉は自分にとって馴染みすぎている。そこで、草稿を読んでくれる友人や同僚を持とう。読んでもらうのには、研究トピックについて多少とも知識のある人の方が望ましい。自分が求めるフィードバックの種類を彼らに伝えておくとよい。草稿が長すぎるなら、どの部分を削ることができるか？　想定する読者に対して文章のスタイルは適切か？（スタイルよりもむしろ）内容の正確さと細部のチェックが必要だろうか？　どんなフィードバックを求めているか読み手に伝えておけば、あなたの求めがどの部分を削ることができるかというときには、読み手が細かい誤字脱字を探すために時間を浪費することはないだろう。きちんとした最初の草稿の前に、読み手からフィードバックを得ようとしてはいけない。しかし同時に、彼らが目を通す原稿は、必ずしもよく練り上げられていなくてもよい。文章を書き直し、改善できるならば、問題はない。ベッカーが述べているように、「重要なのは最後の原稿だけである」（Becker, 2007, p.21）。

スタイル

　伝統的に、研究レポートや論文などのスタイルは、専門的で無味乾燥なものであった。受動態と過去形で基本的なストーリーが提示されてきた。回答者自身の言葉は用いられるが、限られており、通常は例証的な引用でのみ用いられてきた。これは、社会科学者に支配的な、科学的で実在論的なスタンスを反映している。研究は、社会的現実の基底にある真実の性質を明らかにするものであり、それについて書かれたものは、簡潔で率直で客観的な方法で、その現実を表現するのである。

　しかしながら近年、このような視点には問題があるという気づきが、人類学に端を発して急速に他の学問にも広がってきた。その問題は、権威、客観性、リフレクシヴィティ*のような論点に集中してきた。権威とは、研究者は物事が現実にどうであるかについて、研究に関与している人びとの説明を飛び越して説明することができるが、実際にはそれは関与している人びとに理解されず、受け入れられもしないかもしれないという暗黙の主張である。その分析に結びついている特質が、客観性の主張と、偏見や不公平性からの自由である。リフレクシヴィティは、知識の構成における研究者の役割についての自覚と自認である。これらの問題の基底にあるのは、すべての質的研究は解釈を含み、研究者は自分が用いる方法、作り上げる社会的世界の知識に対する価値、先入観や決定についてリフレクシヴである必要があるという認識である（7章 参照）。

　これは、社会科学の調査が実行される方法、特に、社会科学の研究が書かれる方法に、幅広い影響を及ぼした。1つの結果は、社会科学の著作に期待される基準を押し広げ、ある場合には、対話やディベートのような根本的に異なるレポートの形式が実験的に試みられた。それは質的分析を報告する可能なスタイルの幅についての自覚の高まりを生んだ。この一例として、ヴァン・マーネンが提唱した、エスノグラフィーの知見の3つの表現形式がある。それらについてはボックス 3.1 に要約してある。

　研究結果をどう表現するか、実験的試みをしたくなるかもしれない。しかし注意しなければならない。読者は、通常、あるジャンルやスタイルに沿った文章を期待する。たとえば、コミュニティ研究のレポート、人類学のモノグラフ、評価レポート、科学論文、人気雑誌の記事などである。学術雑誌の論文にも、また学部の卒業論文や博士論文にも、共通の形式がある。序−先行研究の

3章　書く　｜　59

概観-研究計画／方法-結果／分析-議論-結論、という形式である。

　質的研究では、その結果と議論の表現はしばしばもっと混ざり合っているが、しかしこの全体的な構成は大変広まっている。分析を書くときに、自分の研究フィールドにおける記述の伝統とスタイルを自覚し、自分の文章をどう他者の文章と関連させるかを明確にすることが重要である――仮に支配的な形式で書くことを拒むとしてもである。したがって、自分の研究を届けたい人びとを知り、意識する必要がある。彼らは、読むものの内容とその書かれ方に一連の期待を抱いている。これらの読み手の中で重要な鍵となるのは、学会誌論文の査読者や、学位論文の審査委員である。彼らの期待を無視するならば、危険を覚悟しなければならない。

■■■　キーポイント

- 少なくとも記述はデータについて考えることの本質的な一部であるから、分析の終盤まですべての書く作業をしないということのないようにすることが重要である。書くことは思考を明確にし、他者と共有してフィードバックを得る助けとなる。すべての直感、アイデア、ノート、反省、活動などを研究日誌につけることは、良いアイデアである。
- フィールドノーツは、「フィールドに」いたときに何が起こったのかの記録である。しかしながら、それらは単なる描写ではなく、避けがたく解釈を含むものであり、しばしば、調査者の経験、感情、先入観や印象も含む。
- メモは分析を進める際の自分自身のための覚え書きである。フィールドノーツのように、観察、方法論的アイデア、理論的アイデアを含むが、より個人的な反省も含むことができる。メモは、現れてくる分析的アイデアを記録したり、共有したりする方法である。
- ある段階で、研究についてのレポートを書く必要がある。これには研究日誌やフィールドノーツやメモに記録してきた多くのアイデアや例を含めることができるが、それは焦点を持つ必要がある。それは、多くの出来事、状況、行為、その他の論じられる現象を説明する際の、中核となるアイデアや研究主題を必要とする。

さらに学ぶために

以下の文献には、覚え書きを書くことやレポート作成について、さらに詳細に論じられ、示唆されている。

Angrosino, M. (2007) *Doing Ethnographic and Observational Research* (Book 3 of The SAGE Qualitative Research Kit). London: Sage.［アングロシーノ／柴山真琴（訳）(2016)『質的研究のためのエスノグラフィーと観察』（SAGE 質的研究キット3）新曜社］

Becker, H. S. (2007) *Writing for Social Scientists: How to Start and Finish Your Thesis, Book or Article* (2nd ed.). Chicago: University of Chicago Press.［初版の訳に、ベッカー & リチャーズ／佐野敏行（訳）(1996)『論文の技法』講談社学術文庫がある］

Emerson, R. M., Fretz, R. I. & Shaw, L. L. (1995) *Writing Ethnographic Fieldnotes*. Chicago: University of Chicago Press.［エマーソン・フレッツ・ショウ／佐藤郁哉・好井裕明・山田富秋（訳）(1998)『方法としてのフィールドノート：現地取材から物語作成まで』新曜社］

Wolcott, H. F. (2001) *Writing Up Qualitative Research* (2nd ed.). Newbury Park, CA: Sage.

訳者補遺

佐藤郁哉 (1984)『暴走族のエスノグラフィー：モードの叛乱と文化の呪縛』新曜社

佐藤郁哉 (2002)『フィールドワークの技法：問いを育てる、仮説をきたえる』新曜社

柴山真琴 (2006)『子どもエスノグラフィー入門：技法の基礎から活用まで』新曜社

麻生武 (2009)『「見る」と「書く」の出会い：フィールド観察学入門』新曜社

4章　主題コーディングとカテゴリー化

コードとコーディング

コーディングの手順

データ駆動か、コンセプト駆動か？

何にコードつけるか

コードによるテクストの取り出し

グラウンデッドセオリー

コーディングのタイプと方法

この章の目標

- 質的分析におけるコーディングの中心的役割を理解する。
- 1つの例の緻密な吟味から、単に記述的ではない分析的で理論的なコードを生成することの重要性を理解する。
- 記述から分析に移行する際に利用できる2つのテクニック（絶えざる比較と1行ごとのコーディング）について知る。

コードとコーディング

コーディングは、分析しているデータが何に関するものであるのかを定義することである。それは、何らかの意味で、同じ理論的、あるいは記述的データを例示している、テクストの1つあるいは複数の節、あるいは写真の一部など他のデータの内容を取り出し、記録する作業を含む。通常、いくつかの節が取り出され、それらはその考えについての名前と結びつけられる。それがコー

63

ド*である。つまり、同じ事柄に関する、あるいは同じ事柄を例示するすべて
のテクストその他は、同じ名前でコーディングされる。コーディングは、その
テクストのテーマについてのアイデアの枠組みを確立するために、テクストを
索引づけたりカテゴリー化したりすることである（これらの用語に関する議論
は、ボックス 4.1 を参照）。このようにコーディングすることで、次の 2 つの分
析形態が可能になる。

1. 同一のラベルでコーディングされたすべてのテクストを検索して、同一
   の現象、アイデア、説明、あるいは活動のすべての例を結びつけること
   ができる。この形式の検索は、データを管理したり組織化したりするた
   めの非常に有用な方法であり、これによって研究者は構造化された方法
   でデータを検証することができる。
2. 特にコードが階層化されている場合には、複数のコード（やコーディン
   グされたテクスト）間の関係や、個々の事例の比較のような、さらなる
   分析的問いを検証するために、コードのリストを用いることができる。
   これについては 6 章で検討する。

ボックス 4.1　　コード、インデックス、カテゴリーあるいはテーマ

　初めてコードに出会ったとき、コードという考えがミステリアスに思える
かもしれない。おそらくまず、秘密のコードや暗号のことを考えるだろう。
コンピュータのコードやプログラミングとの関連を思い浮かべる人もいるか
もしれない。ここで用いるのは、秘密でもなければプログラミングとも関係
ない。コードは単純に、テクストや調査ノートについての、あなたの考えを
組織化する方法である。

　質的分析について書く人は、コードやコーディングについて語るための
多様な用語を使用する。インデックス、テーマ、カテゴリーといった用語
が用いられる。それぞれの用語はコーディングの重要な側面を反映している。
リッチーとルイスは、本のインデックス（索引）が本の中の語句に言及して
いるように、コードがテクスト中の同じテーマに関する 1 つあるいは複数の
節に言及しているという意味で、「インデックス」という用語が好ましいと
している（Ritchie, Lewis, McNaughton Nicholls, & Ormton, 2014）。現象学的分

析では、コードの代わりに「テーマ」という用語が用いられている（Smith, 1995; King, 1998）。この用語も、テクストの節をその人の世界の経験を明らかにするテーマに関する考えと結びつけることにかかわる何らかのスピリットを捉えている。デイ（Dey, 1993）は、コーディングのもう 1 つの側面を示す「カテゴリー」という用語を用いる。テクストの節に名前をつけるのは恣意的なことではなく、テクストの内容をカテゴリー化する意図的で綿密な過程を含む。コーディングとは、テクスト中に物事の異なる例が存在することだけでなく、物事の異なる**タイプ**が存在することへの言及でもあることを認識することである。

　これらにさらに混乱を加えるように、量的研究者は、調査の質問への答えに数字を割り振ったり、オープンエンド式の質問の答えをカテゴリー化したりするときに、「コーディング」という用語を用いる。後者は、一種の質的コーディングと見えるが、通常カテゴリー化された回答を計数するために用いられる。それは、質的研究者の主要な動機ではない。

　質的分析から得られた構造化されたコードのリストとその適用のルール（それらの定義）は、コーディングの枠組みと呼ばれることがある。これもまた混乱をもたらすのだが、というのも、量的研究者は、調査の回答を計数できるように、異なる回答にどの数値を与えるかのリストを、同じ用語で呼んでいるからである。そのため、私はこの用語を避けている。「テーマによる枠組み」（Ritchie et al., 2014）や「テンプレート」（King & Brooke, 2017）といった用語を用いている研究者もいる。ここでは、多くの分析者によって用いられている「コードリスト」や「コードブック」という用語にだけ言及する。「ブック」という言葉は、単なるリスト以上のずっしりした何かを示唆しており、実際にそれは良い実践であって、単なるリスト以上のものを持つべきである。コードブックは、コーディングされたいずれのトランスクリプトとも分けておくべきものである。それは、もし適切なら、階層的に配列した、現在の、完全なコードのリストを含むだけでなく、それぞれの定義と、それまでに書いてきたコーディング計画についてのすべてのメモや分析ノートも含むべきである。

コーディングはトランスクリプトを用いると最も簡単である。音声記録や映像記録や未整理のフィールドノーツから直接コーディングすることもできるが、これを行うことは簡単でないし、必要に応じてコーディングされた記録やノー

4 章　主題コーディングとカテゴリー化　65

トの節を検索することも容易ではない。実際、たいていの場合、その目的に特化した分析用のソフトウェアを用いて電子化されたテキストファイルでコーディングすることが最も良い方法である。これは 8 章で検討するが、ここでは紙のトランスクリプト、あるいは文書作成ソフトウェアで実施可能なテクニックを説明しよう。筆者自身は、紙ベースと CAQDAS ベースの両方の方法を用いている。紙を用いるとある種の創造性や柔軟性がもたらされ、アクセスしやすくなる。これは分析の初期段階では重要である。その後、分析を続けるために、コーディングのアイデアを研究プロジェクトの電子版へと移行させる。紙だけ、あるいはソフトウェアだけ、あるいはその両方の場合も、たじろぐには及ばない。しっかり準備さえすれば（作業のための印刷コピーを作る前に、ソフトウェアにデータを読み込ませるなど）、そうしたいと思ったとき、紙からソフトウェアへの移行を阻むものはない。もちろん、ソフトウェアを使わなければならないということはまったくない。20 世紀の大半、質的分析を行った人びとはソフトウェアを使っていなかったか、使えなかった。質的研究による古典的研究のほとんどは、電子機器の助けなしに行われたのである。

コードの定義

コードは、テクストとその解釈について考えるための焦点を形成する。実際にコーディングされたテクストは、単にそのコードの 1 つの側面にすぎない。この理由から、できるだけ早い段階で、作り出したそれぞれのコードに関する覚え書きを書いておくことが重要である。前の章で述べたように、メモを書くことは、分析的思考の展開を記録する重要な方法である。メモの重要な機能は、コードの性質とその背後にある思考を書き留めることであり、コードがどのように適用されるべきで、どのような種類のテクストや画像などがそのコードに結びつけられるべきかを説明することである。そのような記録をつけることは、次の 2 つの理由から重要である。

1. それは一貫した方法でコードを用いる助けになる。そのコードがつけられたすべてのテクストを読み直さずとも、新しいテクストが実際にそのコードでコーディングされるべきかを決定できる。
2. チームで作業している場合、自分が作ったコードを他のメンバーが用い

るために共有することができる。他メンバーも同じようにすれば、それらを使える。チームの中で複数のメンバーがコーディングする場合、複数の人間が類似したコーディングのアイデアを作り出すだろう。コードについてメモをとることで、実際にそうしたコードが同一かどうかがわかる。

コードに関するメモは1つか複数の電子ファイルに保存するか（そうすれば簡単に編集したり、印刷したりできる）、詳細を記録するための大きなファイリングカードを使う。記録すべき典型的なものを以下にあげる。

- トランスクリプトに印をつけたりコーディングしたりするために使う、コードのラベルや名前。
- 誰がコーディングしたか――研究者の名前。1人で研究している場合には必要ない。
- コーディングがなされたり、それが変更されたりした日時。
- コードの定義。そのコードが言及する分析的アイデアの記述と、コードが信頼できるものであることを保証する方法――言い換えると、体系的に一貫して用いるための方法。
- コードに関して考えたその他のあらゆる覚え書き。たとえば、他のコードとどのように関連しているのかというアイデアや、ここでコーディングされたテクストが実際には2つのコードに分かれるかもしれないという直感（その他のアイデアについてはボックス3.2を参照）。

コーディングの手順

初心者がコーディングを始めるにあたって最も難しいことの1つは、テクストのまとまりを取り出して、単に記述的ではなく、理論的で分析的なしかたでそのテクストが表しているコードが何かを見出すことである。これには、注意深くテクストを読み、それが何についてであるかを決定する必要がある。視覚アートの用語に、「集中して視ること（intensive seeing）」があるが、これは、平凡でありきたりなことさえ含めて、見ることができるすべての物に緻密な注

4章　主題コーディングとカテゴリー化 | 67

意を払うことに言及して用いられる。同様に、コーディングの際にも「集中して読むこと」が求められる。シャーマズは、この集中した読みを行う場合に問われる基本的な問いをあげている。これらは、コーディングを始めるにあたって助けになるだろう。

- 何が起こっているのか？
- 人びとは何をしているのか？
- その人物は何を言っているのか？
- 何がこれらの行為や意見を当然のこととしているのか？
- どのような構造や文脈がこれらの行為や意見を支持、維持、妨害、あるいは変化させているのか？

(Charmaz, 2003, pp.94-95)

1つの例

この最初の段階を説明するために、以下の例について考えてみよう。これは、認知症の人びとの介護者についての研究のうちの、アルツハイマー病の妻を世話しているバリーとのインタビューからの抜粋である。インタビュアーはバリーに、「あなたにとって重要な何かを楽しむことをあきらめたことがありますか？」と尋ねたところである。これに対して、彼はこう答えた。

1　バリー
2　まぁ、僕が本当にあきらめたたった1つのことは…まぁ、ダンスに
3　行っていたことだね。まぁ、彼女は今じゃ踊れないし、それだと
4　自分1人で行かなきゃいけないし、本当にそれだけですね。それから、
5　僕らはスポーツセンターのボウリングに行ってたんだよ。だけど、
6　もちろん今じゃトランプになりましたけど。それで、僕らはボウリングには
7　行かなくなりました。だけど、やりくりして彼女をカルチャークラブに、
8　たまの土曜日にはダンスをしに行くこともあります。彼女は座って音楽を
9　聞いていて、2、3時間そこにいて、それで十分楽しんでいます。だか

　　　　　ら、

10　もし都合がいい週末があれば、僕は彼女を連れて車で出かけます。

叙　述

　あるレベルにおいては、この回答は非常にシンプルである。2〜5行目でバリーは、彼が妻と一緒に楽しんでいたことの2つの例、ダンスとボウリングをあげている。そして、促されることなく、今もなお一緒にしている2つのこと、カルチャークラブのダンスに行くこととドライブすることをあげている。そこでまず思い浮かぶアイデアは、2〜4行目を「ダンス」、4〜6行目を「ボウリング」、7〜9行目を「カルチャークラブでのダンス」、9〜10行目を「一緒にドライブ」、とそれぞれコードづけすることである。そのようなコーディングは、多くの介護者へのインタビューを分析していて、あきらめた活動と今もなお一緒に行っている活動を検討し、それらの活動を夫婦間で比較したいという場合には役立つだろう。そして、そのような活動につけられたコードからすべてのテクストを検索すれば、それらに関して人びとが語った内容をリスト化したり、比較したりすることができるだろう。

カテゴリー化

　しかしながら、そのようなコーディングは単純な記述である。通常述べられた事柄をカテゴリー化するもっと良い方法があり、バリーのテクストの中には他のことも示されている。分析では、記述から離れて、特に回答者の言葉を用いることから離れて、もっとカテゴリー的、分析的、理論的なレベルのコーディングを行う必要がある。たとえば、ダンスとボウリングについてのテクストを、一緒に「やめてしまった共同の活動」というコードに分類できる。そして、カルチャークラブのダンスとドライブに関するテクストは、一緒に「継続している共同の活動」というコードに分類できる。他のインタビューでも同様にすれば、夫婦がすることをあきらめたことに関するすべてのテクストを検索し、それらに共通点があるかどうかを見ることができる。こうすることで、テクストのカテゴリー化を始めたと言える。

分析的コード

　分析的コードについて考えると、テクストをコーディングする他の方法が示唆される。ダンスもボウリングも、共にある程度熟練した動きを要する身体活動である。明らかに、妻はそれを失ったので、2～7行目は「身体的協調の喪失」というコードをつけることができる。このコードは、単にバリーの描写を繰り返しているだけの最初のコードよりは、多少分析的である。バリーは身体的協調の喪失について語ってはいないが、彼の語る内容の中に、それは示唆されている。当然ながら、注意する必要がある。これは解釈であって、この場合、その根拠はごくわずかでしかない。バリーのインタビューの中の同様の例と、おそらくは妻の病気について彼が語る内容の中の他の根拠を探す必要がある。

　このテクストについて気づくもう1つのことは、かつて夫婦で一緒にしていたことについて語る際は「僕ら」という言葉を用いているのに、現在一緒にしていることについて語る際には「僕」という言葉に変えていることである。これはもう一対の分析的コードを示唆している。カップルである感覚を伴う共同の活動に関するコードと、介護者がパートナーのために行っていることに関するコードである。これらは「共にあること」と「相手のためにすること」というふうにコーディングされるかもしれない。留意すべきことは、これらのコードは単に出来事をコードにしたのではなく、むしろ、これらのことについてバリーが考えたり、概念化したりしているしかたを示唆しているのである。

　コードの候補になるかもしれない発話について他に気づくであろうことは、バリーが2行目と3行目で「まぁ（Well）」を修辞的に用いていることである。彼はそれをここで3回言っている。これは、あきらめ、後悔、あるいは喪失を意味しているのだろうか？　ここでも、そのような短い発話からでは明らかではない。しかし、それを当座「あきらめ」とコーディングして、後で、「あきらめ」とコーディングしたバリーの他のテクストと一貫しているかどうかを見ることができる。バリー自身は、今もなおダンスに行っていると語っていることは興味深い。この「まぁ（Well）」の使用と、それが彼が言及した最初の事柄であるということのもう1つ別の解釈は、ダンスは彼と妻がカップルとして一緒に行っていた重要事だったということである。したがって、それはカップルの中核、あるいは中心的活動であり、カップルとしての人生にとって中心的であったと考えられるかもしれない。ここでも、同様に定義される活動が存在

するかどうか、これが介護者の間の何らかの相違を特徴づけるかどうかを知るために、他の介護者についても検討することが役に立つ。おそらく、このように定義される活動は、あまりアルツハイマー病の影響を受けていない介護者と、その影響を受けている介護者とは異なるだろう。

つまり、バリーによって語られた発話をコーディングするために用いられるコードには、次のようなものがある。

- 叙述的コード：「ダンス」「ボウリング」「カルチャークラブでのダンス」「一緒のドライブ」。
- カテゴリー　：「やめてしまった共同の活動」「継続している共同の活動」。
- 分析的コード：「身体的協調の喪失」「共にあること」「相手のためにすること」「あきらめ」「中核的な活動」

もちろん、このような短い発話の一節をコーディングするために、これらすべてのコードを使おうとすることはないだろう。ここでは、回答者の言葉に近い叙述的コーディング*からカテゴリー化へ、そしてより分析的、理論的コードに移行するための方法を説明するために、これらを用いた。また、この短いテクストの中で、それぞれのコードを1回しか使っていないことに留意してほしい。通常は、同じコードでコーディングされうる箇所がないか、残りのテクスト全体を探すし、また他の回答者にも同様にすることになる。

これらの研究主題に関するコードをどのように発展させるか、またどのコードに焦点化するかは、研究の目的次第である。多くの場合、研究は研究資金を提供する財団と、研究内容に対するそれらとの合意によって進められる。たとえば、もしアルツハイマー病に苦しむ人びとに対する研究に対して、介護者にサービスを提供する団体から資金を提供されたならば、「相手のためにすること」や「共同の活動」というテーマに焦点を当てることになるだろう。その一方で、夫婦に関する社会科学の博士号をとるための研究をしている場合には、「中核的活動」や「共にあること」に焦点を当てることになるかもしれない。

コーディングする

紙を用いる場合、コーディングは、余白にコードの名前を書き込んだり、テ

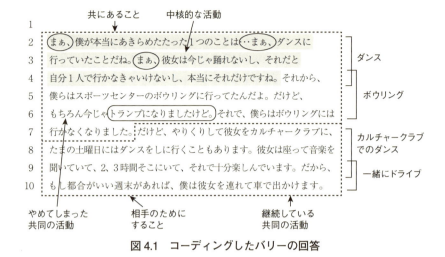

図 4.1 コーディングしたバリーの回答

クストに色をつけたり（余白に印をつけたり、蛍光ペンを使ったり）して行われる。図 4.1 は、トランスクリプト上にこれらのコードを記すいくつかの方法を示している。枠囲みに関連する名前を付し（矢印で示した）、影をつけ（たとえば、蛍光ペンを使う）、関連するコードの名前を書き込んである。右側の余白には、ブラケット（角型括弧）でコードした行を示している。感情を表現した言葉や聞きなれない用語、比喩や強調のための言葉など、いくつかのキーワードや用語は丸で囲んだり、蛍光ペンで色をつけたりしている。

データ駆動か、コンセプト駆動か？

　コードブックにコードを構成する作業は、分析的プロセスである。それは概念的図式を構築することである。上述した例では、コードはデータから引き出され、データに根ざしていたが、収集したデータをまず参照することなしにコードブックを作成することも可能である。

概念駆動型のコーディング
　コードが表すカテゴリーや概念は、研究文献、先行研究、インタビュースケジュールの中のトピック、進行中の出来事についての直感などから生まれるか

もしれない。**アプリオリ・コーディング**として知られるアプローチでは、まず最初にデータをコーディングするために、データを使わずに、コードブックにまとまったコードを作成することが可能である。スペンサーやリッチーらはそのような見方をとって、フレームワーク分析を推奨している（Spencer, Ritchie, O'Connor, Morrell, & Ormston, 2014）。フレームワーク分析では、テクストにコードを当てはめる前に、研究者が鍵となる重要な研究主題に関するアイデアのリストを作成することを奨励している。これらのリストは、学術論文や先行する調査から得ることができるが、しかしまた、少なくともいくつかのトランスクリプトやフィールドノーツなど他の文書や、フォーカスグループのインタビューや、印刷物に目を通すことによっても生み出せる。キングとブルックス（King & Brooks, 2017）も類似の見方をしている。彼らは、最初のいくつかの事例を精査することに並んで、類似のアイデアの源泉をよりどころにして、見込みのあるコードを階層的に配置したテンプレートを構成することを推奨している。キングとブルックスのテンプレート分析でもフレームワーク分析でも、コーディングは、この最初のリストにあるコードを例示するひとまとまりのテクストを取り出すことからなる。しかしながら、彼ら全員が、テクストの中からカテゴリー化する新しい考えや方法が見つかるのに伴って、研究者は分析中にコードのリストを修正する必要があると認識している。

データ駆動型のコーディング

予めコードのリストを持って作業を始めることの反対は、何もなしで始めることである。このアプローチは通常、オープン・コーディング*（この章で後に議論する）と呼ばれる。おそらく、オープンマインドでその作業に取り組むからである。もちろん、完全に何のアイデアもなしにコーディングを始める人はいない。調査者は社会的世界の観察者であり、同じ世界の一部でもある。われわれは皆、何が起こっていると期待するかについての考えを持っている。そして社会学者として、われわれは、理論的考えや実証的研究の結果として、他の人びと以上にそうした考えを持っている。にもかかわらず、できるだけ先入観を持たずにこの作業を試みることができる。ただテクストを読むことから始め、起こっていることを引き出そうと努めるのである。そのようなアプローチは、グラウンデッドセオリー*の提唱者たち（Charmaz, 2014;

4章　主題コーディングとカテゴリー化　｜　73

Glaser, 1992; Glaser & Strauss, 1967; Strauss, 1987; Corbin & Strauss, 2015; Flick, 2017d 参照）に採用されている。また、多くの現象学者によっても「括弧入れ（bracketing）」の概念——現象についての前提、偏見、仮定的な考えを脇に置くこと——の概念に採用されている（Giorgi & Giorgi, 2003; Maso, 2001; Moustakas, 1994）。しかし、彼らでさえも、完全な「タブラ・ラサ（白紙）」アプローチは非現実的だと認めている。要するに、できるだけ、データから何が起こっているのかを引き出そうとし、既存の理論に基づく解釈を押しつけないように努めるべきなのである。

　コードを生成するためのこれら2つのアプローチは、排他的なものではない。大半の調査者は、分析の過程でアイデアの源泉としての両者の間を行き来する。データの検討の前に、あるいはそれとは別にコードを生成する可能性は、ある程度は、研究者の気質や知識、理論的素養を反映するだろう。もし研究プロジェクトが、明確な理論的枠組みを持つ文脈の中で定義されているならば、必要とするであろう生成可能なコードについて良いアイデアを持ちやすいと言える。これは、研究全体を通してコードがそっくりそのままの状態であり続けるというのではない。少なくともそれが、テクストを読むときに見つけ出したいある種の現象についての出発点を与えてくれるということである。ここで留意すべき点は、構成した最初のコードにあまり縛られすぎてはいけないということである。

何にコードをつけるか

　これまで議論してきたコーディングの例は非常に短く、1つの文脈——認知症の人びとをケアすること——に限定されている。他のトピックに関するインタビューや覚え書きや記録ではどうだろうか？　他にどんな種類の事柄がコーディングされうるだろうか？　その答えは、ある程度、行おうとしている分析の種類に依存する。現象学、ディスコース分析、会話分析のような、いくつかの学問分野や理論的アプローチでは、検討するテクストの中のある種の現象に特別な注意を払うことが求められる。

　幸いなことに、説明的アプローチや解釈学的アプローチのみならず政策と応用のための調査や評価研究を含めて、大半の非常に幅広いタイプの質的研究で

は、研究者がテクストの中に見つけ出そうとすることが多い現象には共通の基盤が存在する。いくつかの典型的な例を表 4.1 にあげた。著者が異なれば異なる点が強調されるだろうが、しかしこの表のアイデアの多くは、テクストのどんな分析にも役立つだろう。

この表の例の多くは、どちらかと言えば叙述的であることに留意してほしい。その理由は、具体的な例の方が現象を説明しやすいからである。しかしながら、前述したように、叙述、特に単純に回答者が使っている言葉で言い表されているような叙述から、より一般的で分析的なカテゴリーへと移行する必要がある。たとえば、「スポーツクラブに入会する」とコードをつけるよりもむしろ、「友人を作るための活動」や「良好な体調を保つための参加」、あるいは「健康な人物としてのアイデンティティ」というふうにコードをつけるかもしれない。これらのコードは、その出来事のより一般的な意義に言及しているのである。

また、これらの例の多くは、動名詞で与えられており、誰かが何かをしている事を示していることにも注意してほしい。このコーディングにおける動名詞への着目と使用の強調は、シャーマズ（Charmaz, 2014）のようなグラウンデッドセオリーの研究者によって奨励されている。動名詞への着目と使用は、単純な記述的コード（通常、ものに名づける名詞を用いてなされる）から離れて、人びとの行為、活動、方法、行動への焦点化に向かうもう 1 つの方法である。

コードによるテクストの取り出し

これまでコーディングについて、主にテクストの内容を分析する方法として議論してきた。しかしながら、コーディングにはもう 1 つ、重要な目的がある。それは、テーマに関連するテクストの部分を組織的に取り出すことを可能にすることである。取り出しは単純に、同様にコーディングしたすべてのデータをひとまとめにし、調べることを言う。これは、以下のいくつかの理由による。

- 同じ方法でコーディングされたすべてのテクストを素早く集めることができ、それを通して読んで、コードの核となる内容を知ることができる。
- 事例の中で、コードのテーマとなるアイデアがどのように変化したか、あ

表 4.1　何にコードづけが可能か？（例付き）

1. 特定の行為、行動——人びとが行ったり、言ったりすること。
   質問を避ける。友達の意見を聞く。

2. 出来事——これらは通常、信念、1 回限りの出来事や誰かが行ったことである。回答者が、それらを物語として語ることは珍しくない。
   仕事の面接で落とされる。ホームレス宿泊所に入る。夫の浮気を見つける。スポーツクラブに入会する。

3. 活動——これらは、行為よりも長い期間にわたり、しばしば特定の状況で生じ、何人かの人が関わっているかもしれない。
   ダンスに行く。トレーニングコースを受ける。認知症のパートナーの入浴や着替えを手伝う。バーで働く。

4. 方略、実践、あるいは策略——何らかの目標をめざす活動。
   口コミで仕事を探す。経済的理由で離婚する。生活する場所を手に入れるために誰かとつながる。

5. 状況——人びとが経験したり、組織の中に見られる一般的状態。
   断念。たとえば、「私の年齢では仕事を見つけるのが難しい」。仕事を済ますために残業する。

6. 意味——かなり多くの質的分析の中核にある、広い範囲の現象。意味と解釈は、回答者の活動を方向づける重要な部分である。
   (a) 回答者が世界を理解するために用いている概念は何か？　彼らの活動を導く規範、価値、規則などは何か？
   点検や人工的補助器具、予め準備した防護や予行演習なしで登ることを表現する、ロッククライマーの間の「初見クライミング」という考えは、これがクライミングのより優れた方法であるという意味を含んでいる。
   (b) 回答者にとってそれが持つ意味や意義は何か？　彼らはどのように出来事を構成しているのか？　彼らの感情は何か？
   非難、たとえば、「彼の手紙で私は責められているような気分になった」。
   (c) 人びとが置かれている状況を理解するために用いているシンボルは何か？
   物、出来事、人物、役割、環境、装備を彼らは何と名づけているか？
   配達のワゴン車は「古バス」と呼ばれている（愛情を込めて、あるいは軽蔑して）。教えることは「教室での仕事」と呼ばれていた（運営の仕事ではなく、炭鉱で働くかのように）。

7. 参加——人びとのある場面への関与あるいは斟酌。
   新しい仕事への適応。たとえば、「今の自分の発言する内容に注意しなくてはいけないとわかる。なぜなら私は物事が完成する前にそれについて知っているから」。

（次ページへつづく）

8. 関係あるいは相互作用 —— 人びとの間で、同時的にそうみなされた。
　家族を楽しむ。たとえば、「… 彼らは 26 歳と 21 歳で、その年齢の大半の男子は結婚しているけれど、しかし私の家族は違う。彼らは家に帰ってくることが好きで、家に泊まる友人もいる。私もそれが好きだ」。

9. 条件あるいは制約 —— 行動や活動を制限する出来事や活動、物事の前兆あるいは原因。
　（解雇に先立つ）会社の市場喪失。（経済的困窮に先立つ）離婚。

10. 結果 —— もし … であったら起きること。
　経験によって仕事を得る。たとえば、「したがって、おわかりのように、資格がなくても、数か月の経験があれば職に就くことができます」。

11. 場面 —— 研究対象の出来事の全体的文脈。
　ホームレスのための宿泊所。職業訓練学校。デイケアセンター。

12. リフレクシヴ —— データを生成する介入の過程における調査者の役割。
　共感の表出。たとえば、「そのような状況は、お辛いですよね」。

(Strauss, 1987; Bogdan & Biklen, 1992; Mason, 1996 より援用)

るいはそれが他の要因からどのように影響されているかを検証できる。
• そのコードで表されたカテゴリー化あるいはテーマについてのアイデアが、事例ごとに、場面ごとに、あるいは出来事ごとに、どのように変化しているかを探究できる。

　そのような検索の活動は、分析や、分析的・理論的方法を発展させる助けになるだろう。たとえば、複数の事例で用いられているどちらかと言えば叙述的コードをつけたテクストを読むことによって、何らかのより深い、より分析的な関連を発見するかもしれない。その後、このアイデアを示すために、コードの名前を変えたり、その定義を書き直したりすることができる。あるいは、新しいコードを作って、それに関連するテクストにコードをつけることもできる。

検索の実際
　これを行うためにテクストを検索するには、コーディングされたトランスクリプトにいくつかの実践的な手法を採用する必要がある。これらすべての種類の検索は、CAQDAS を使用すれば最も簡単に行える。そのやり方は 8 章で論

4章　主題コーディングとカテゴリー化 | 77

じる。もし、紙を使っているならば、以下の2つのことをする必要がある。

1. 同一のコードが付されたすべてのテクストを一箇所に集める。コードを付したトランスクリプトのコピーを作る。そうすれば、その紙を切ってコードごとにその抜粋を別々の紙挟みや封筒やファイルに保管できる。もし文書作成ソフトウェアを使うならば、コピー＆ペーストのやり方でテクストをコードごとに異なるファイルに入れれば、同様の作業となる。
2. それぞれの抜粋（紙片あるいは電子的にカット＆ペーストしたテクスト）にタグやラベルをつける。そうすれば、その元になる文書がどれかがわかる（もし、行番号をつけるならば、元の文書のどの辺りかを知らせてくれるだろう。しかしながら、文書作成ソフトウェアでカット＆ペーストした場合には、コピー上では行番号が保持されないことに注意。この場合は、出典のタグと共に、オリジナルの行番号への参照をつけるのが最も簡単である）。もし、ほんの少しの文書しかない場合には、どの文書かを示すために、それぞれの抜粋の一番上に単にいくつかイニシャルをつければよい。しかし、膨大な数の文書や回答者を抱えている場合には、ナンバリングシステムが助けとなる。回答者を同定するだけでなく、一定の基本的な略歴情報（年齢グループ、性別、地位）を示す一続きの文字や数字からなるタグが、元のテクストの出所を同定する助けになる。たとえば、「BBm68R」のようなタグづけによってバリー・ベントロー（BB = Barry Bentlow）、男性（m = male）、68歳、退職者（R = retired）のインタビューだと示すことができる。それぞれの抜粋や紙片の一番上にこのタグをつける。

　このようにしてあるコードがつけられたテクストの検索結果は、どんなものでもコードについてのメモと一緒に保存しなくてはならない。そうすれば、検索したすべての抜粋を通じてコードの定義が確実に意味をなすようにできる。もし意味をなさないならば、いくつかテクストのコードをつけ直したり、コードの定義を変えたりすることが必要になる。また、メモの中に記録した何らかの分析的アイデアが検索したテクストを説明しているかどうかチェックしたり、検索したテクストを検討した後にメモにさらに書き込んだりすることもできる。

取り出した文字列による分析の展開

データをすべてコーディングするまで、コーディングしたテクストを取り出すのを待つ必要はない。

1. コーディングしたものが、コードの名前や記述と一致しているかをチェックする。もし一致していないなら、2つの（あるいはそれ以上の）現象に、実際に同じコードをつけたかもしれないことを示している。ときどきこれが起こるのは、コードの使い方が、テクストをコーディングしていくうちに最初の考えと異なってくるからである。そのような場合、取り出したテクストを分割し、2つ（あるいはそれ以上）の別のコードで再コーディングすべきである。

2. 取り出したテクストのパターンを見る。内容は同じことについてであっても、回答者のそれについての異なる見解、あるいはそれに対してとった異なる行為や方法の例が含まれているかもしれない。たとえば、マーケティング調査で、人びとがどの新車を買うと決めるかについてのテクストをコーディングしたとする。しかし、人びとは非常に異なったしかたでこれを行い、ある人はディーラーを訪れて試乗するが、友人と訪れてアドバイスや推薦をもらう人もおり、ウェブのレビューを見る人もおり、雑誌を買って購買者のアドバイスを参考にする人もいる、とわかった。もし紙で（あるいは文書作成ソフトウェアで）分析を行っているなら、人びとがとる異なる方法を示す一連の新しいコードでテクストを再コーディングできる。CAQDASを使用しているなら、元のコーディングは残したまま、見出した新しい行為、方法などをとらえるために新しいコードを作って、テクストに適用することができる。後で見出したことを吟味するために、CAQDASの検索ツールや問い合わせツールで、これらの新しいコードや元々のコードを用いることができる。

3. コードをつけたテクストの中にこうした異なる方法や行為を見つけるにつれて、回答者についての他の事実、彼らの仕事、ジェンダー、年齢、インタビューや観察などの別の時点で彼らが述べたり行ったりした他のこととの間の関連にも、気づくことになるかもしれない。これは、先に述べたように、なぜ取り出したデータがどの例のものかを常に記録する

4章　主題コーディングとカテゴリー化 | 79

ことが重要な理由である。そのような関連がありそうだと思われたなら、メモをとる（忘れる前に）。6章で表を用いて、そうしたアイデアを展開しチェックする方法について論じるつもりである。

4. 1人の回答者（あるいは1つの場面、1つの組織、などなど。事例をどう組織化するかによる）のデータの中に、コーディングした中での変動に気づくかもしれない。これは時間とともに、歳をとり経験を積んだことに伴う変動かもしれない。または、バージョン2、あるいはそれ以上といったもので、状況や場面に応じた回答者の異なる反応であるかもしれない。たとえば、人びとの健康維持について調べているなら、人生を通して、友人が変化し家族への責任が変化するにつれて、行う活動やスポーツが変化することがわかるかもしれない。

5. 月並みなことと通常でないことを探す。取り出したコーディングされたテクストのトピックについて、多くの回答者が似たようなことを言っているだろう。質的研究はデータについて数的判断をすることに非常に慎重であるべきであるが（とりわけ、使用する標本が統計的に代表的であることはほとんどない）、共通する現象や大多数の回答者が同じことをしているとわかったなら、これは重要であり、おそらく、そうした種類の活動がより一般的に共通しているという事実を反映している。この発見、そのような共通する行動の記述、そして説明は、研究結果の鍵となる部分であるだろう。他方で、通常ではない、ユニークな現象も探すべきである。そうした外れ値、あるいは通常ではない現象もまた、説明を要する。人びとや経験の状況に、異なることをさせた何があるのだろうか。こうしたまれな例を子細に検討することによって、なぜ他の大部分の人たちとは異なる反応をしているのかが明らかになるかもしれない。さらに重要なのは、大多数の人たちの行為についての説明にも示唆を与えるかもしれない。他のほとんどの人びとにない、あるいはある、何かの欠如や存在を浮き彫りにするからである。

グラウンデッドセオリー

コーディングに用いられる最も一般的なアプローチの1つは、グラウンデッ

ドセオリー*である（Flick, 2017d も参照）。このアプローチは、多様な社会科学の分野で幅広く用いられており、大半のCAQDASのデザインの背後にこれがある。その中心的な焦点は、データから新たな理論的アイデアや仮説を帰納的に生成することにあり、事前に明示された理論を検証するという考えとは対照をなしている。新しい理論がデータから「生成し」、そのデータに支持される限りにおいて、それらはデータに根ざしている（grounded）と言われる。これらの新しいアイデアを既存の理論と関連づける必要があるのは、分析のより後の段階になってからである。コービンとストラウス（Corbin & Strauss, 2015）によるグラウンデッドセオリーの非常に明快な説明の中で、彼らは、データに根ざした分析をするための、多くの特段のアイデアやテクニックについて述べている。それには次のようなものがある。

オープン・コーディング

これは、比較したり、質問したりすることによってテクストを検証する段階のコーディングである。ストラウスとコービンはまた、テクストの単なる記述であるようなラベルをつけるのを避けることが重要だと指摘している。理論的あるいは分析的なコードを作ることに挑戦し、考案する必要がある。実際のテクストは常に、より一般的な現象の一例であり、コードのタイトルはこのより一般的なアイデアを示すべきである。これはコーディングの確固たる部分である。テクストをフレーズごとに読みながら、一貫して次の問いを問い続けなくてはならない。誰が、いつ、どこで、何を、どのように、どのくらい、なぜ、などなど。このことは、テクストの背後にある理論的論点に対して注意を怠らないように仕向け、かつテクストのより深い理論的次元に対して敏感にさせるようデザインされている。

絶えざる比較

表面的なテクストの背後にあるであろうことを理解する助けのために構成しえる、いくつかの対比がある。これらの対比あるいは比較の背後にある考えは、そのテクストとその内容に特徴的なことを引き出そうと試みることである。その物事に慣れ親しみすぎてしまうと、何が重要なのか見落としてしまいがちなものである。コーディングの作業をしているすべての時間において、比較す

ることを考えよう。これは、絶えざる比較*という方法として言及されるものの1つの側面である（Glaser & Strauss, 1967）。ここでコービンとストラウス（2015）が提案しているテクニックの例をいくつかあげよう。

　語、句、文の分析　重要と思われる語や句を1つ取り上げ、可能性のあるその意味のすべてをリストにする。ここではどの意味が当てはまるか、テクストを検討する。以前は明らかではなかった新しい意味を発見するかもしれない。

　フリップフロップ・テクニック　当の問題のディメンションにおける極端と極端を比較する。たとえば、もし就職活動では年齢が問題だと述べているならば、これを、ちょうど就職活動に入ったばかりの若い人や、職業生活の終わりに近づいている人と対比させてみよう。そうすると、年齢とスキルの相互作用といった、以前には考えなかったディメンションや論点を発見するかもしれない。年長の人びとは新しいスキルを欠いているかもしれないが、しかし若い人びとは一般的な働くためのスキルを欠いているかもしれない。

　組織的比較　2つの現象のすべてのディメンションを探索するために、「もし～なら」という一連の問いを問うてみよう。彼らはどのように異なっているのか、彼らはどのように異なる反応をするか？　これらは、すでにあるものを認識するよう刺激する試みである。たとえば、次のようなことができる。

- もし、状況、出来事の生じた順番、人びとの性格、場所、場面などが異なっていたらどうなっていたか、と問う。
- その出来事は他の出来事とどのように似ていて、どのように似ていないか、と問う。
- テクストの内容に関するアイデアを刺激する試みとして、鍵となる要素を取り上げて自由に連想したり、異なる順番でテクストを読んだりする。

　遠く離れた比較　検証している概念の中の1つの要素を取り上げて、その概念のいくつかの特徴を共有する他の現象のうち、最もかけ離れた、あるいは異なる例について考えよう。それから、それらが元のテクストに何らかの光を

当てるかどうかを見るために、両方の現象のその他すべての要素を調べる。たとえば、ホームレスの男性と腕を切断した男性とを比較できる。両者とも喪失に苦しんでいる。手足のない人びとはスティグマを経験する。ホームレスにとってもそれは同じだろうか？　スティグマを経験している人びとは、公共の場所を避けたり（隠れたり）、他者の問題としてそれをやり過ごしたりなどして、そのことに対処する。ホームレスも同じようにするだろうか？　またそれとは別に、運の悪さを話すホームレスと不運が重なることを話すギャンブラーとを比較できるかもしれない。ギャンブラーは、彼らが出来事をコントロールできる程度を過大評価する。家を探している人も同じだろうか？　これらのケースにおいて、比較のポイントは、元のアイデアに関するディメンションや内容、側面を形成するより多くのコードを生成することである。

危険信号に敏感になる　「決してない」「いつも」「そういうことはありえない」のようなフレーズに敏感になろう。これらのフレーズは、もっと子細に見るべきだという信号である。実際にその通りだといういうことはめったにない。それは通常、そういうことは起こるべきではない、ということを意味している。実際にそのような状況が生じたら何が起こるのかを見つけ出す必要がある。

これらすべては、テクストの内容についてより創造的に、より深く考えることを奨励する良い方法である。しかし、これらの想像的な種類の比較に加えて、他の種類の比較も行うことが重要である。たとえば、たった今コードをつけたテクストと、以前にコードをつけた他のテクスト、あるいは同様の方法でコードをつけた別のテクストとを比較するべきである。

1行ごとのコーディング

コーディングの最初のステップとして、多くのグラウンデッドセオリーの研究者によって推奨されているアプローチに、1行ごとのコーディングがある。これは、トランスクリプト全体に対して、テクストの1行1行に――たとえそれが完全な文章になっていないとしても――名前あるいはコードをつけることである。このアイデアは、データに沿いながら、分析的に考えることを余儀なくさせる。コーディングのみならずあらゆる種類の質的分析に伴う危険の1つ

4章　主題コーディングとカテゴリー化 | 83

は、調査者が構成するコードや分析枠組みの中に調査者自身の動機や価値、偏見が入りこむことである。調査者が慎重さに欠ける場合、その分析は、回答者の視点よりも、調査者自身の偏見や先入観をより緊密に反映しているかもしれない。1行ごとのコーディングの利点の1つは、回答者が実際に語った内容に緻密な注意を払わざるを得ないため、調査者の経験や調査者が抱いている何らかの理論的仮定ではなく、回答者の世界における経験を反映するコードを生成せざるを得なくなることである。一方で、1行ごとのコーディングは、回答者の世界の見方を単純に受け入れるべきであるという意味ではない。前述したように、時に調査者の解釈と、調査協力者の解釈が異なる場合であっても、コーディングではより分析的で理論的であるように試みるのである。コーディングは、トランスクリプトの中のデータに根ざしているべきであるが、しかし、このことは、それが回答者のものの見方を単純に反映するということを意味するものではない。1行ずつデータを見ることは、「ネイティヴになること」、すなわち、回答者の世界の見方を受け入れることを止めることである。彼らの世界の見方を反映する必要はあるが、それを受け入れる必要はないのである。

　1行ごとのコーディングを説明するために、図4.2の短い抜粋について考えてみよう。これは、サムというホームレスの男性のもっと長いインタビューの一部である（105行で、私が［　］で「期間」と入れていることに注意。これはサムの言葉ではないが、しかし、「長い関係」という言葉によって彼が意味していることを明確にしている）。図4.2の例は、最初の1行ごとのコーディングの一部を示している。これらのコードの一部はまだどちらかと言えば記述的であるが、しかし、それらはサムが語っている行動や彼なりの世界の見方を反映している。また、それらは、比較のため、残りのトランスクリプトを検証するよう促すものとなっている。1行ごとのコーディングは、まさに取りかかりの方法であり、その次のステップは、このコーディングを発展させ、洗練することである。

　コードは次ページのようにグループに分けることができる。

89	インタビュアー	
90	あなたは何年も宿泊所に滞在していたのですか？	
91	サム	
92	いや、えーと、でも、僕はいつも転々として…学校を卒業してからね。僕は	放浪者のライフスタイル
93	いつもパートナーがいて、えーと、いつもそんなふうで。パートナーシップは	パートナーシップ／関係
94	長い期間でパートナーがいないってことはなかったんだ。	長期間の関係
95	それで、そんなに悪くはなかった。何年も何年も、人と一緒に暮らしてきたんだ。	受け入れ可能なパートナーシップ。共用の宿泊所
96	だけど、僕が家庭とかそんなものを持ってたとき、わかるでしょ、僕は	家庭
97	15歳で家を出てんだけど、それ以来父さんや母さんと暮らすために	自立を選択する
98	家に戻ることはなかったんだ。僕は、友達の家のソファーに寝そべったり、	自分を自立していると特徴づける
99	負担をかけたりするのが好きじゃないタイプなんだ。それで、	他人を頼らない
100	実際、うん、僕が家庭とか持ってたら、出て行って車の中で寝るよ、	家庭
101	時には何日も続けてね。だけど本当に、これは最初なんだ、	車で眠る
102	誰からも離れて、1人で生活したね。	宿泊所は1人で住むところ
103	僕はずっとホームレスだったし、自分で住まいを持ったことは一度もない。	決して我が家で暮らさない
104	他人に頼ったりするのが好きじゃない種類の人間の1人	自分の家を持ったことがない
105	なんだ。僕の問題は、長い［期間］関係を持つことなんだ。僕は	自分を依存的でないと見ている
106	付き合っているときは簡単に友達になれる。友達がたくさんできる。だけど、	関係を持つことが問題
107	彼らはその環境での友達で、新しい場所に移って、何が起こるかっていうと	簡単に友人ができる
108	彼女とは別れてしまうんだ。頭がいかれてしまって、そして、	地域限定の友人
109	他の誰かと一緒にいるのを見たりするのが嫌になるんだ。	破綻。精神的苦痛
110	それで、僕はその地域を離れて、	嫉妬
111	他の地域に移るんだ。それで、最初からもういちど	再出発
112	やりなおってわけ。そういうことなんだ。	地域を去る。回避

図 4.2　1行ごとのコーディングを示すインタビューの抜粋

4章　主題コーディングとカテゴリー化 ∣ 85

関係－終結		関係－タイプ
家庭	嫉妬	パートナーシップ／関係
問題のある関係	地域を去る	長期的関係
車で眠る	回避	受け入れ可能なパートナーシップ
破綻	再出発	
精神的苦痛		

宿泊施設
共用の宿泊所
放浪者のライフスタイル
宿泊所は1人で住むところ
自分の家を持ったことがない

友情
簡単に友人ができる
地域限定の友人

自己認知
自立を選択する
自分を自立していると特徴づける
他人を頼らない
自分を依存的でないと見ている

　いくつかの重複するコードは省き、1つないし2つの名前を明快にした。すべてのこのグループ分けは、類似するコードを一緒にしたものである。このグループ分けと元のトランスクリプトを見て、コードの改良に着手できるだろう。たとえば、関係の終結に関するコードがたくさんある。サムにとっては、彼が「家庭」と呼ぶものに続く関係の終結は、明らかに彼が家を離れてホームレスになったことに密接につながっている。「家庭」のコードは、グレイザーとストラウス（1967）がインビボ・コード（in vivo code）として言及したものである。これは、参加者自身によって、彼らの世界を組織化し概念化するために用いられた概念である。けれども、これらは、単に回答者の言葉ではなく、概念であることに注意しよう。サムの事例では、「家庭」は明らかに、その当時の彼のパートナーとの何らかの言い争いやけんかを指している。彼のこの言葉の使い方は、それ自体が当惑させられるものである。それは、「家庭内（ドメスティック）バイオレンス」や「家庭内騒動」のような警察や法律の用語を暗示している。インタビューの後半でサムが刑務所に入っていたことを告げたことをふまえると、これらの破綻が警察と法律組織を巻き込んだものだったのかもしれないと思われる。さらに、彼の破綻はまた、その地域から出て行かざるを

得ないと感じるほどの、嫉妬などの強い何らかの感情を伴っていた。108行目で「頭がいかれてしまって」という比喩を使っていることに注目しよう。再び、インタビューの後半で、彼はある時期精神病院でどう過ごして、その苦痛が過酷であったかを説明している。このコーディングに示されるサムの世界の見方のもう1つの鍵となる重要な側面は、彼の自己認知である。繰り返し、彼は明らかに、他者を頼るのでも、友達を食い物にするのでもない、自立した存在として自分自身を描写することに腐心している。このことがその通りかどうは別の問題だが、しかし彼は明らかに彼自身をこのように見ており、インタビューでも、このことを重要だと考えていることが示されている。

この最初の1行ごとのコーディングの次のステップは、実際のコードを洗練し、それらを再整理して階層づけることである。コードを洗練するのには、2つの目的がある。まず、他の方法でコーディングした方が良いかどうかを見るために、テクストを見直す必要が出てくるだろう。たとえば、より長いテクストに異なるコードを用いてコーディングして、同じトランスクリプトや他のトランスクリプトにこの新しいコードを使ってコーディングする必要のある例が他にあるかどうかを見るのである。それはまた、図4.1の例で論じたように、最初の記述的なコードをより分析的なコードにする機会となる。コードを再整理して階層づけることについては、6章で論じる。

コーディングのタイプと方法

この章のはじめの方で、コーディングの3つのレベルについて述べた。叙述、カテゴリー化、分析的コーディングである。何人かの他の著者たちも同様の区別をしている。たとえばストラウスとコービン（1990）は、非常に読みやすいグラウンデッドセオリーの説明の中で、コーディングを3つの段階に分けている。

1. **オープン・コーディング***。関連するカテゴリーを見つけるために、テクストをリフレクシヴに読む段階。
2. **アクシャル・コーディング***。カテゴリーを精錬し、発展させ、関連づけ、相互に連結させる段階。

3. **セレクティブ・コーディング***。理論の中の他のすべてのカテゴリーを1つの物語へと結びつける「コアカテゴリー」あるいは中心的カテゴリーを取り出し、他のカテゴリーと関連させる段階。

　ほとんどの場合、これは分析が進み、より分析的になり、理論的概念的なテーマについての考えが前進していることを例証し、分析している現象の中核にあるアイデアに焦点化しつつあり、起こってきたアイデアの中で、その現象が状況の説明において中心的な役割をもつことを示すためになされる。

　おそらく最も長大なコーディングのタイプないし方法のリストは、サルダナ（Saldaña, 2016）によるものである。彼は 33 のコーディング法をあげているが（2016, p.68）、それらを 3 つのレベルにまとめている。最上レベルとして彼は 26 の第一のコーディングサイクルの方法と 6 つの第二のコーディングサイクルの方法を区別している（両方のカテゴリーにまたがる中間が 1 つある）。第一のコーディングサイクルの方法の中に、7 つの第二レベルのコーディングのサブカテゴリーを同定している。文法的方法、基本的方法、感情的方法、文芸的・言語的方法、探索的方法、手続き的方法、データのテーマ化（それ自体が方法）。第三レベルのコーディング方法のいくつか、たとえばサルダナが概念コーディングと呼ぶ分析的コーディング、叙述的コーディング（両方とも基本的方法）についてはすでに述べた。インビボ・コーディング（基本的方法）とマグニチュード・コーディング（文法的方法）などの他の方法については、6章で論じる。サルダナが論じた他のタイプは、コーディングの方法ではなく、実際にはコーディングされている異なる現象に言及している。それらのうちの、ドラマツルギー・コーディングやナラティヴ・コーディング（両方とも文芸的・言語的方法）については、次章で検討する。しかし他の感情コーディングと価値コーディング（両方とも情動的コーディング）は、前掲の表 4.1 にあげた種類の現象を反映している。サルダナが認めているように、分析上の要請に適するコーディング・アプローチの選択は、方法論的視点、使用する方法、問うているリサーチクエスチョン次第である。すべてのタイプを使うべきとか、循環すべきとか、順次行うべきということは予期されていない。研究のアプローチとトピックに適したものを使えばよい。しかしながら、サルダナの第一サイクルと第二サイクルの区別を反映して、多くの論者が、開始時に使うコー

ディングのタイプは、プロジェクトの後半になるにつれて用いるコードやテーマとは異なると認めている。本章で論じた（そして5章で論じる）コーディングのタイプは、すべて第一サイクルのコーディング方法であるが、6章でこの問題に立ち返って、いくつかの第二サイクルの方法についても見ることにする。

▄▄▄ キーポイント

- コーディングは、多くのタイプの質的研究にとって基盤となる分析過程である。それは、テクストの1つあるいはそれ以上の節を、何らかの研究主題に関連する考えを例示し、あるコードで結びつけられるものとして同定して取り出す作業から成る。それは、研究主題の考えの短縮された参照となる。コーディングした後は、同様にコーディングされたテクストを取り出して、それらを事例によってどう異なるか比較したり、あるいは異なる方法でコーディングされたテクストと比較したりすることができる。

- コーディングの最重要事項の1つは、それらができるだけ分析的かつ理論的であることを確実にすることである。単に記述的で、回答者の世界の見方で言い表されたコードから離れて、データを理論的あるいは分析的に説明する方法を新たに提案するコードに移行しなくてはならない。

- ある分析者たちにとっては、コーディングの過程は、新たなコードを創造し、それを用いて、データの新たな分析的かつ理論的な理解を生み出す過程である。彼らは、できるだけ、データに既存の枠組みを用いることを避けるように提案する。他方、仮定を完全に排除することは不可能であると信じる分析者は、現行の分析的思考を反映する既存のコードの枠組みやテンプレートから始めることを提案する。

- グラウンデッドセオリーは、コーディングアプローチの重要な例である。そのアプローチは、コーディングするためにテクストの一節を探す方法や、それらが表しているアイデアを取り出す方法についてのいくつか良い提案をしている。これはつまるところ、絶えざる比較を行うことの推奨となる。同様にコード化された節を互いに比較したり、異なるコードを互いに比較したり、ある事例におけるコーディングを他の事例におけるコーディングと比較したりすることが推奨される。新しいコードの生

4章　主題コーディングとカテゴリー化 ｜ 89

成を助けるグラウンデッドセオリー提唱者が提案する特定のテクニック
が、1行ごとのコーディングである。このアプローチは創造的でありう
るけれども、見出したコーディングが回答者の世界の見方を単に受け入
れるものではないということである必要がある。

さらに学ぶために

　以下の3つの文献は、本章で手短に紹介した論点をより詳しく掘り下げている。

Charmaz, K. (2014) *Constructing Grounded Theory* (2nd ed.). New Delhi: Sage.

Mason, J. (2002) *Qualitative Researching* (2nd ed.). London: Sage.

Saldaña, J. (2016) *The Coding Manual for Qualitative Researchers*. London: Sage.

訳者補遺

佐藤郁哉 (2008)『質的データ分析法：原理・方法・実践』新曜社

木下康仁 (2007)『ライブ講義M-GTA 実践的質的研究法：修正版グラウンデッド・セ
　オリー・アプローチのすべて』弘文堂

戈木クレイグヒル滋子 (2016)『グラウンデッド・セオリー・アプローチ 改訂版：理
　論を生みだすまで』新曜社

5章　伝記、ナラティヴ、言説的要素の分析

ナラティヴ
ナラティヴの情報源
ナラティヴの機能
ナラティヴとライフヒストリー
実際の分析作業
ナラティヴのジャンルあるいは構造
ディスコース・アプローチ

この章の目標

- ナラティヴ、物語、伝記の分析が質的研究に何を加えたかを知る。
- ナラティヴの情報源と機能について理解する。
- ライフヒストリーあるいは伝記に特有の内容やテーマを理解する。
- ナラティヴの例を調べることによって、一連の実践的な分析アプローチの一般的な特徴を分析の文脈の中で理解する。
- ナラティヴの構造について理解を深める。
- ディスコースの性質を理解する。
- ディスコース分析におけるディスコース・レパートリーの役割、主体の位置、支配的ディスコース、そして装置や制度の役割を認識する。

ナラティヴ

語り、あるいは物語を語ることは、人びとが彼らの世界についての理解

を組織する基本的な方法の1つである（Flick, 2007a, 2017a, b; Kvale, 2007; Brinkmann & Kvale, 2017）。物語の中で、人は過去の経験に彼ら自身にとっての意味づけを行い、他者とその経験を共有する。そのため、ナラティヴの題材、内容、スタイル、文脈、語り方の注意深い分析は、人びとが生きる人生や地域や文化における重要な出来事が持つ意味に対する人びとの理解を明らかにするのである。

　ほとんどの物語は、特にそれらがより長いインタビューあるいは対話の一部である場合、単なる例として表現されることがある。次のような物語、

> 　私がちゃんと時間を守れないことは認めます。しかし、時々遅れることが、最終的にはうまくいくんです。私がちょっとだけ電車の時間に遅れてしまって電車に間に合わないと思ったことを思い出します。しかし実際は、1本前の電車がとても遅れていたので私はそれに乗れたんです。それで時間を取り戻せて、会議で多くの人が驚いたんです。結局私は早く到着したんです。

ではなく、回答者はこのように答えることもできただろう。

> 　時々、出発が遅くなっても、遅延していた1本前の電車に乗れれば、結局は早く到着します。

あるいは、

> 　遅れることは良くないです。しかし、時にはそれでうまくいくんです。

　物語としてこれを語ることで、何が付け加えられるのだろうか？

- （特定の物語から推測されえる）一般的な論点に対する証拠を提供する。
- 一般論を個別化する。「私は〜を経験した」という語りは、その証拠を補強するとともに、その人物について、彼らが何を感じ、世界をどのように評価し、経験しているのかについて、何がしかを告げるのである。ナラティヴや物語や伝記*を分析することによって、人びとが用いている修辞

的装置と、彼らがその経験や個人的知識を表現したり、その文脈を説明したりする方法を検討することができる。

- 経験が、時間の枠組みに入れ込まれる。それは時系列に配列されている。このことは、われわれの世界に関する経験にずっと近づく。時系列であるということは、経験に対して時間的一貫性を持つということである。
- 回答者によって与えられた自己描写や伝記の諸側面に対する証拠として作用する。それは回答者に声をもたらす。それは、われわれに、人びとがそのアイデンティティを構成し、支える方法を真剣に扱うよう促す。なぜなら、語りを通して、人びとはわれわれに、彼らが自分をどのような種類の人間だと考えているか、あるいはどのような人間だとわれわれに考えてほしいかを告げているからである。結果的に、われわれは普段は表現されることがなく、真剣に取り上げられることのない人びとに焦点を当てるだろう。
- 劇的で修辞的な力を持つ（ボックス5.1 参照）。聞き手にとっては、それはより理解しやすく、一般論よりもより納得でき、説得力がある。

ボックス5.1　修　辞

　修辞とは、読み手を楽しませたり納得させたりするために、効果的に話したり、言葉を用いたりすることである。公共生活における成功の手段として修辞を学ぶことが賞賛されていた古代ギリシャで、修辞は生まれた。修辞は、コミュニケーションの方法や手段を検討するものであり、単なる形式あるいはうわべ（「単なる修辞」）だけを重んずるとして批判されてきた。このテーマに関するアリストレスの著作には、修辞的な議論の形式の体系化について書かれており、これは後の世紀になって非常に発展した。それには、たとえば、よく知られた修辞的質問が含まれる——答えを求めて質問するのではなく、質問することで相手を非難することさえできると強調する修辞的効果のための質問（「あなたには何回言わなきゃならないんですか？」）。内容ではなく形式に焦点を当てているという批判にもかかわらず、修辞は実際には、人がどのようにそれを言うのかということと同じくらい、人は何を言い得るのかにも関心を払う。実際、修辞の基本的な前提は、意味から手段を分けることができないということである。何かについての**言い方**は、言っている**内容**と

5章　伝記、ナラティヴ、言説的要素の分析　│　93

同じくらい意味を伝達するのである。

　上述のリストは、ナラティヴと伝記による調査によって何が質的研究に加えられてきたかを説明している。それはどちらも、人びとが自分たちが行っていることをどのように思っているのかに注目し、また、彼らが彼ら自身をどのように描きたいと望んでいるか、彼らの行為や生活をどのように説明するかを知る方法となる。共有された表現、共有された語彙、比喩は、社会集団が彼ら自身をどのように見ているか、彼らの経験をどのように説明するかについて、多くのことを教えてくれるのである（ボックス5.2参照）。

ボックス5.2　比喩と説明

比　喩

　比喩とは、修辞的な装置の一種として、心象を用いることである。通常、ある何かを意味する言葉あるいは語句が、他の何かを指し示すために用いられる。つまり、暗黙の比較をしているのである。たとえば、「トラブルの海」（海の広大さや海での嵐のように、いたるところにトラブルがある）、「高速車線の生活」（自動車道路の高速車線にいるような速い、慌ただしい生活）、あるいは「お金の中に溺れる」（お金がありすぎる）、というように。比喩はわれわれが世界を概念化する日常的で慣習的な方法のうちの、主要で不可欠な一部であり、また、われわれの日常の行動は、経験に対する比喩的な理解を反映している。通常の具体的な記述はめったに比喩的ではないが、しかしひとたび抽象的なことや感情について語り出すと、比喩的な理解が典型となる。

　われわれの大半は、多くの場合、われわれが生きている環境や文化を反映した、よく使われる比喩を使う。研究者として、われわれは、比喩がどのように構成されるか、それらはどのように使われているか、他者はそれをどのように理解しているかを研究することができる。時として、比喩を用いることなしには自身を表現することが難しかったり、言わんとしていることに感情的な含みがあって、比喩的に言う方が伝えやすかったりといった理由で、比喩が使われる。他の場合としては、比喩は共有された一般的な言い回しの例ということがある。一方で、場合によっては特定の比喩の使用が、回答者が所属している狭い集団で共有されている考えや概念を反映していて、それらは特定の文化的領域に特徴的であることもある。

> **説　明**
>
> 　説明についての検討は、少なくともミルズ（Mills, 1940）の仕事に遡ることができる。彼は説明を、動機についての語彙を含むとした。そして説明はまた、オースティン（Austin, 1962）が「言葉を用いて物事を行う」と言及したことの例でもある。説明を与えることは、人びとがその活動や状況について説明し、正当化し、弁解し、合理化しなどなどを試みるナラティヴ特有の用法である。説明には典型的な2つのタイプがある。1つは弁解で、人びとはそれにより、疑わしい活動や振る舞いを和らげたり軽減したりしようとし、おそらく事故だった、不可抗力だった、情報が欠如していたなどとアピールする。もう1つは正当化で、人びとはそれにより、疑わしい活動や振る舞いを中立化したりそれに肯定的な価値を与えようとしたりする。

ナラティヴの情報源

　多様な情報源からのテクストに、ナラティヴ分析*をすることが可能である。主たる情報源はインタビューである。予め決められた一連の質問や、準備されたテーマのリストに沿って行うよりもむしろ、インタビューイーに単純に彼らの物語を語るよう促すことができる。その人に、人生における何らかのターニングポイントでの経験を詳しく述べるように尋ねれば、ナラティヴをうまく引き出せるだろう。これまでに調査されてきた典型的な例としては、離婚、宗教の改宗、転職、出産、命にかかわる病気になることなどがある。インタビューだけが、ナラティヴ分析の情報源なのではない。（実践的、倫理的障害を乗り越えたとして）自然に生じる会話を用いることができるし、フォーカスグループや、赤裸々な自叙伝を含んだあらゆる種類の文書や書かれたものが情報源となる。場合によっては、インタビューのナラティヴの解釈を支持したり豊かにしたりするために、文書の情報源に言及することも十分にあるだろう。

ナラティヴの機能

　ナラティヴは経験を伝える非常に一般的で自然な方法である。なぜ人びとはインタビューの重要な瞬間にナラティヴを用いたり、物語を語ったりするのか

5章　伝記、ナラティヴ、言説的要素の分析　｜　95

ということに注意を払うことで、彼らにとって何が重要なテーマであるのかの洞察を得ることができ、さらなる研究のためのアイデアの示唆も得られる。ナラティヴの共通の機能には、以下のものが含まれる。

- 個人的な経験の物語において、**ニュースや情報を伝達すること**。これはおそらく、物語の最も一般的な使われ方であり、われわれのすべての会話はそのような話にあふれている。
- 毎日のルーチンが崩壊したときの対処の方法を与えるなど、**心理学的必要を満たすこと**。これらには、個人や家族の問題、経済的危機、健康の悪化、雇用の変化、あるいは離婚や暴力などとりわけ不安定でトラウマとなる期間、出来事が含まれる。われわれは、崩壊の後に秩序の感覚を回復する必要があると共通に認識しているし、矛盾する事柄を何とか意味づけようとする。この秩序をもたらす過程を、リクール（Ricoeur, 1984）は「筋書き化（emplotment）」と呼んだ。これは、一連の出来事を筋立てすることを指す。出来事の連鎖は長い場合もあれば短い場合もあるが、人びとにとっては、それにナラティヴの形式を与えようと試みることが重要なのである。そのような物語に用いられる言語の分析は、語り手が感じていることについて多くを明らかにすることができる。
- **集団が問題を定義づけたり、それに対する集団的立場をはっきりさせたりするのを助けること**。何人かの人びとがある出来事を経験した場合に、彼らのナラティヴは、共有する経験を表現する共通の物語となりうる。一例として、ゲイやレズビアンの人びとが語るカミングアウトの物語がある。
- **説得すること**（たとえば、裁判の証人や、セールスマン）。これらの例では、ナラティヴの修辞的な力を用いて、その報告により大きな信頼性*をもたらすと感じられるやり方で振る舞う。
- **良いイメージを表したり、信頼性を与えたりすること**。ここでの典型的な例は、当初信じられていなかったのに信頼を勝ち取ったり、特定の知識や技能が目標を達成する上で重要であったりする場合である。自分の立場がどの程度一般的で普通であるかを示す物語を語ることによって、信頼性を確立しようとする場合もあるかもしれない。
- たとえば、寓話やことわざや教訓的・神話的な物語を通して、**経験の社会**

的伝達を担うこと。回答者は、調査者に対しても彼らの仲間に対しても、良い行いと悪い行いを示すためにそれらを用いる。それらは倫理的あるいは教訓的な側面を持つ。この典型的な例は、彼らの組織の事故や災害について詳細を述べる訓話である。そのような物語は、何を行うべきではないか、あるいはどのようであってはいけないかということの集合的リマインダーとして作用する。教訓的な話は通常は他者に関するものであるが、その話が語り手についてのものである場合には、それが逆境を克服した例や人生の重要なターニングポイントに関するものだからということがしばしばある。多くの場合、教訓的な話は文化的遺産や組織的文化を受け渡していく1つの方法である。ただし、これらの機能は、教訓的な話以外の他の物語によっても達成できる。例としては、残酷な物語や組織における教訓的な寓話、無能力の寓話（医療的な環境下で、行うべきではないことの警告を与える話）、学童の口承による文化、都市伝説、小売業の団体内の消費者などの「顧客」や、医学校における患者や医学生に関する物語がある。

- 自己についての考えを構成することと、アイデンティティを確立し維持すること。これは上述した教訓的な話や文化的物語のたぐいによって、社会的レベルで達成されうる。そのような共有された物語は、特にその集団内にいる者にとっては、サブグループやサブカルチャーを定義することができるものとなる。しばしば、そのグループの重要な物語を聞かされて、そのグループに引き入れられることがある。しかし物語は、個人レベルでアイデンティティを確立するためにも用いられうる。物語は、語り手の内的現実を外の世界に対して示し、しばしば語ることによってそれが語り手自身に明確になる。われわれは語る物語によって自身を知ったり、発見したりし、他者に対してわれわれ自身を明らかにする。マクアダムスは次のように述べている。「もしあなたが私のことを知りたければ、あなたは私の物語を知らねばならない。なぜならば、私の物語が私を定義するからだ。そして、私が私自身を知り、私自身の人生の意味について洞察を得たければ、私もまた私自身の物語を知るようにならねばならない」（McAdams, 1993, p.11）。

すべての物語がこのリストに示したすべての機能を果たすわけではない。し

5章　伝記、ナラティヴ、言説的要素の分析　97

かし、物語は少なくともこれらの機能のうちの1つ、たいていはいくつかの機能を持つだろう。ナラティヴの機能の決定に注意を払うことによって、語り手が彼ら自身をどのように描写し、彼らの経験がどのようなものであり、何に関心があるのかが明らかとなる。

ナラティヴとライフヒストリー

ナラティヴの重要な例は、自伝やライフヒストリー*である。人びとは彼ら自身について語る際に自発的にナラティヴを用い、そのディスコースには短い物語が含まれるが、自伝やライフヒストリーは通常、特定の要請の結果である。データは、インタビュー、伝記、自伝、ライフヒストリーインタビュー、個人的な手紙、日記などから得られる。

人生全体を説明しようとするとき、回答者は通常、彼らの経歴と記憶を秩序づけて、重要な出来事に特徴づけられた、一連の時系列のナラティヴにする——これが、ナラティヴの筋書き化である。これらは、その人が特定の一連の経験をどのように枠づけし、意味づけているかを示すことができる。この典型的な例には、人びとが成功を測るしかたや、困難を乗り越えるしかた、何を良い実践、悪い実践と考えるかや、成功と失敗の説明などがある。

伝記的内容

人びとがライフヒストリーを語る際に用いる一般的なアプローチは、「それはどのように起こったのか」、あるいは「私はどのようにして今日に至ったのか」を語ることである。これにはいくつかの重要な特徴がある。

- ほぼ大半の伝記は時系列である。これは、物語のすべての部分が厳密に生じた順になっているという意味ではない。時として、人びとは重要な出来事や経験のあった「中間」から伝記を始めることもある。しかしながら、一般的には、出来事はそれが生じた順番に想起される。
- 人びとは通常、重要な出来事と重要な社会的行為者——彼らの物語の登場人物——をはっきりさせる。それは彼らに差異を生み出した出来事や人物であり、それがなければ、今現在そうであるところの人間ではなかっただ

ろう。

- 重要な出来事の特別の例として、ターニングポイント、あるいはデンジン（Denzin, 1989）が「エピファニー＊（epiphany）」と呼ぶものがある。エピファニーとは、その人物に痕跡を残す出来事のことである。これは、その人の目から見ると、彼らを異なる人物にした何らかのものであり、しばしば「これらの出来事が起こる前は、私はこういうことをしていた（その種の人間だった）が、今や私は違うことをする（あるいは、私はそのような人物である）」というような言葉でそれを述べる。重要な出来事や人物は、人びとがその人生をどのように考えているのか、それが彼らにとってどんな意味を持つのかを示す良い指標である。
- ライフヒストリーの他の共通する特徴として、計画、幸運、その他の影響がある。しばしば、出来事や人びとは、次のような言葉で論じられる——出会って幸運だった人びと、彼らに影響を与えた人物（たとえば、パートナー、配偶者、メンター）、あるいは待ち望んでいた出来事（たとえば、結婚する、家族を持つ）。そのような出会いは、マクアダムス（McAdams, 1993）が「個人的神話」と呼ぶものの一部となる。

ライフヒストリーは通常テーマ＊を持ち、上述した特徴とともに、通常のしかたでコーディングする（前章で述べた）ことができる。テーマは、人びとの経験によって非常に幅広く異なり、その人物の伝記の1つの段階にだけ当てはまるかもしれない。時に、テーマは、その不在によって重要な意味を持つ。探究されるべき物事の種類を、ボックス5.3に列挙した。

> **ボックス 5.3**　よくあるライフヒストリーのテーマ
>
> - 人間関係の物語——一貫して他者に言及する。彼らは人びととともに、人びとに対して何をしたか、あるいは人びとが彼らに対して何をしたかに関する物語。対照的に、活動の大半が回答者単独で行われている物語もある。活動の記述とともに、他者の名前や「彼」「彼女」「彼ら」という代名詞の使用を探そう。あるいは、活動に伴う「私」という代名詞を探そう。
> - 所属と分離——アイデンティティが問題である人びとにとって重要である

5章　伝記、ナラティヴ、言説的要素の分析　│　99

かもしれない2つの対照的なテーマがある。私は誰なのかというアイデンティティは、多くの人びとにとって、彼らが独身から人間関係を形成し、家族を持ち、やがて彼らの子どもが独立することに適応する過程で、論点となりうる。アイデンティティという論点はまた、軍隊に入隊したり、修道女になったり、有給の仕事を退職したりするなど、人びとがその行動において根本的な変化を経験する場合にも生じる。

- 近接、遠隔、移動の経験──このテーマはしばしば、(社会的に、地理的に)非常に移動の多い生活の文脈の中で表現される。そのようなナラティヴが期待される典型的な経験は、移民や、(たとえば結婚によって)ある社会階層から別の社会階層に移動した人びとの物語である。しかしまた、家族や地域や生い立ちの束縛とみなすものから離脱しようと試みている人びとにとってのテーマでもある。

- 経歴についての考え──これは、職業上の役割や、親、子ども、患者といった他の社会的役割のことかもしれない。これはしばしば、人生の中心的な概念である。その例には、兵士、聖職者、看護師、教師、ジャーナリストなど、仕事を天職とみなしている人びとが含まれる。また、自分が行っていることについて、彼ら自身を「私はフルタイムの母親」と定義づける人や、事故や生命を脅かす病気や長期にわたる監禁による麻痺のような、彼らの人生が乗っ取られるような何かを経験している人も含まれる。

- 異性(レズビアンやゲイの人にとっては同性)との親密な関係──それについて語られるのと同じく、議論の不在が重要な意味を持つ。

- 後の活動の決定要因としての人生初期への焦点化──これは、私が私であるあり方を決めたものである。これは説明の形式をとったナラティヴである。人びとはしばしば、彼らの人生のより早い段階で生じた出来事によって、現在の物事のあり方──彼らがどんな仕事をしているか、彼らはどのような種類の人物であるか、彼らの人間関係はどのような種類であるか──を説明しようと試みる。

実際の分析作業

1. ナラティヴの構造と内容に精通するように、トランスクリプトを何度も読み返す。以下の内容を探す。
   - 出来事──起こったこと。

- 経験——イメージ、感情、反応、意味。

- 説明、釈明、弁解。

- ナラティヴ——出来事の語りの言語的、修辞的形式。語り手と聞き手（研究者）との相互作用のあり方、時間的連鎖、筋書き化、心象を含む。

上にあげたような、共通する内容とテーマの例を探す。

2. 物語の始まり、中盤、終わりのような重要な特徴を決める、短く書いた要約を準備する。

3. テーマにかかわるアイデアや構造上のポイントを記すために、トランスクリプトの右側の余白を使う。テーマ間の変遷を探す。たとえば、専門職の訓練から初期の職業キャリアへの移行というような、異なる種類の移行に関するテクストを検討することができる。自伝の特定の段階で用いられた特別なテーマを表しているテクストを見つける。たとえば、ライフヒストリーのある時点でのみ、回答者は親密な関係について言及しているか？

4. 持っているアイデアに関するノートやメモをとり、人びとがその活動を説明する箇所を強調したり、物語の全体的構造を示したりするためにそれらを用いる。語り手による内容、気分、評価の点からテーマに矛盾すると思われるエピソードがあるかどうかを見る。ある論点に対して語り手が取り得る特別な態度の1つは、それに言及し損ねることである。

5. 埋め込まれた小さな物語や副次的な筋に全部、（ペンや鉛筆で）印をつける。要素間の結びつきを示すために、矢印を用いる。

6. 感情的言葉や心象、比喩の使用、語り手の感情を示す文章に蛍光マーカーで印をつけたり、丸で囲む。

7. テーマに関する考えにコードをつけ、コーディングの枠組みを発展させる。「子ども時代」「専門職の訓練」「初期の職業キャリア」「結婚」「親子関係」「徴兵」「経営」「転職」「退職」といった、かなり明白で幅広いコードを用いることで十分かもしれない。

8. 分析の後半になってから、ナラティヴについて発展させた考えと、より幅広い理論的文献とを結びつけることを開始する。

9. 事例ごとの比較を行う（たとえば、研究主題に関して）。1つの研究の中で扱えるライフヒストリーはほんの少しであるというのはよくあること

である。にもかかわらず、いくつか事例ごとの比較を行うことによって
多くのことが明らかになるだろう。全員が関与していたある出来事につ
いての参加者たちの異なる視点を比較する場合もあれば、彼らの人生に
おける類似する移行を人びとがどのように経験しているかを比較するこ
ともできる。

1つの例 ── マリーの別離の物語

　これは、夫と別れた女性たちの経験に関する研究の一部として行われたイン
タビューである。この事例の中で、マリーは人生全体の自伝を語ってはおらず、
夫が彼女の元を去った時点から始まっている。彼女は、主に時系列で、その
ときと続くその後の9年間に起こったことの物語を語った。インタビューのト
ランスクリプトは一連の物語や場面からなっており、出来事の何らかの説明と、
マリーの気分や感情の状態に関する何らかの記述が散りばめられている。イン
タビューはかなり長く（6,000語以上）、ここでは多くの詳細に割く紙幅はない。
しかしながら、そのテクストを要約し、この章で議論しているいくつかの考え
をマリーのインタビューがどのように例示しているかを以下に示すことにする。

　始まり　マリーは1963年に結婚し、1994年、彼女が51歳のときに夫と別
れた。彼女には3人の娘（夫と別れた当時、そのうちの1人は結婚していた）
と1人の息子の、合わせて4人の子どもがいる。マリーは、その説明を、夫が
突然去った日の物語から始める。彼女は、この出来事がいかに何の前触れもな
く起こったか、そしてそれ以前の夫との関係において、夫が彼女から離れた
がっていることを示すようなことは何もなかったということを説明しようとし
ている。彼女の夫が彼のものすべてを持っていってしまったという息子の物語
や、数日後に彼が残していった家の鍵を見つけたという彼女自身の物語など、
いつくかの副次的な物語でこのテーマを裏付けている。彼女にとって最初の論
点は、非難である。彼女の夫が残した手紙は、この別離について彼女が非難
されているという印象をもたらした。マリーは次のように語っている。

　　それ（その手紙）は、おまえ、おまえ、おまえ、って具合で、私は本当に
　　それに対処することができませんでした。なぜって、私は本当に恐ろしい人

102

間で、そのせいでこんなことが起こったんだって考えたからなんです。

マリーは、いかに別離について自分に非があると感じたか、いかにショックを受けたかだけでなく——「私は家にいられませんでした。食べられなくなりました。何もできなくなって、本当に動けなくなってしまったんです」——しかしまた、彼女の夫の去り方がいかに突然で、予想だにしないもので、奇妙なものであったかも強調した。彼女はインタビューの中で、この出来事を描写する際に何度か「奇怪な」という言葉を使った。また、その当時感じた感情を描写しようとして、異なる比喩を使っている箇所もいくつかある。そのうちの1つで、彼女は次のように言う。

　・・・それはとてもショックでした。耳の中でがんがん鳴っているようだったのを思い出します。ずっと、とても寒くて、それは本当に奇怪だったのでそれを実際観察していました。それから寒くなった後に、熱が体を昇ってやってきて、耳から、頭のてっぺんを通って出て行くみたいでした。

このナラティヴの後半で、彼女は非常に視覚的な想像があったと認めた。彼女は次のように言っている。

　私は、部屋の隅に背中を押しつけられて、手で支えていて、その隅がだんだん開いていく恐ろしい感情を味わいました。それから私は落ち始めて、それは・・・あぁ、神様。壁を支えていて止めるのは私の手だけだったので、本当に恐ろしかったです。私は落ちてしまうことはありませんでしたが、でも何かが私の中にいて、「落ちてしまったら、二度と戻ってこれない」と告げたんです。そう、私はまるで精神的に崩壊したみたいに、その淵でよろめいているように感じました。それは、私には、後にある部屋の隅に穴が開いているみたいだったんです。その穴に落ちていたら、私は本当に、本当に病んでしまったでしょう。本当に、私が立っていられたのは、壁にしがみついていたからなんです。

自分の感情や経験について、誰もがこれほど視覚的な想像をして、そのイ

5章　伝記、ナラティヴ、言説的要素の分析　103

メージを表現できるわけではない。しかし、このような部分は、この人物にとってこれらの出来事の経験がどのようなものであったかについて、非常に良い洞察を与えてくれる。

中盤　マリーの事例では、後半は、より自立したアイデンティティへと向かう物語における、移行の部分でもある。まず彼女は、彼女の夫が他の女性と浮気していたことをどのように見つけたかを詳しく語った。このことは、彼女が感じた罪悪感とショックを幾分か取り除いた。その次に、彼女は、悩みながら、娘の家に泊まって、ベッドが足りないので孫娘と一緒のベッドに寝ていたときに起こったエピファニー*について述べた。孫娘はおねしょをしておむつを濡らし、それが彼女の方にも漏れてきた。

> それは、私が何とか立ち直り始めたときだったと思います … 私は何かをやらねばならず、そして私ができなかったのは、かつての私のようにやっていって、いつもそうだったのと同じ人物でいることだったんです …

結末　次に彼女は、どのようにいつかの資格をとり、新たなキャリアを手に入れたかを語った。彼女は独身者のための社交クラブにも入り、いくつかの新しい、継続的な関係を持つことになった。そして、彼女は経済的事情を整え、ついには、経済的な状況が好転したときに、夫と離婚した。

マリーの説明に欠けていたものは何だろうか？　もちろん、現れていない主な声は、彼女の夫と、彼女の子どもの声である。われわれは起こったことに関するマリーの記憶だけを得たにすぎない。したがって、そのナラティヴは彼女の視点からのものであり、彼女が現時点で思い出せる内容である。物語の多くは、彼女の感情が強烈で、正当化されるものであり、理解可能なものであることを聞き手に示すことにかかわっている。彼女が述べた小さい物語のすべてが、おそらく以前に思い出されて、これまで何度も他の聞き手に語られているということが十分ありうることを心に留めておこう。何度も語られ直すことで、洗練され、繰り返し思い出され、作り直されてきた。それによって、物語の形式が変化し、特定の聞き手に沿うように作り上げられる。このような説明の共同

構築は、夫が彼女の元を去る兆候を何も示さなかったということを再度断言するためにいくつかの関連する物語を語った後で、若い女性のインタビュアーが思わず次のように言った行為の中に見て取れる。

　　振り返ってみて、あなたにとって何が起ころうとしているのか、印となるものが何かあったと思いますか？　それともまったく・・・

すると、マリーはこう言ってインタビュアーを遮った。

　　まったく、まったく、本当にそれは突然だったんです。

　それから、マリーは２つの物語を語った。１つは彼女の夫が去る前に、去るということの何のそぶりも示さず彼がいかに平静であったかを繰り返すものだった。もう１つの物語は、彼が現在一緒に住んでいる女性を見つけ出したことについてだった。

　マリーは、彼女の視点から見た出来事を語るために物語を用いた。彼女は、起きたことについてわれわれを納得させるために、それらの物語を用いた。彼女は、彼女の感情や気分を説明するために、それらの物語を用いた。そして彼女は、夫との別離による感情的、経済的なトラウマをどのように克服したのかを示すために、いたるところでナラティヴを用いた。そして、ある「エピファニー」の後、現在では自分自身を経済的に保証され、感情的に安定し、自立した個人とみなすまでにどうやって彼女自身を立て直したのかを示すために、ナラティヴを用いた。これは、起こったことに対して彼女が現在与えている意味である。

ナラティヴのジャンルあるいは構造

　伝記のテーマにかかわる内容を検証するのと同じく、人びとの物語のナラティヴ構造を調べることができる。少なくとも中世以前の古代から認識されてきたように、物語には始まりと、中盤と結末があり（マリーの物語でこの区切りを用いた）、論理がある。出来事は単純に時系列に配置されているのではな

5 章　伝記、ナラティヴ、言説的要素の分析　│　105

く、それらは因果的な連続性を持ち、1つの出来事が不可避的に次の出来事を導く。人びとが語る物語は、筋書きを持つものとして扱うことができ、演劇のようにカテゴリー分けすることができる。表5.1は、演劇的なテーマに基づく物語の4つの分類を示している。表中ではコードが割り振られるであろう用語に、下線を引いた。

　マリーのナラティヴは、ぴったりロマンスの形式に当てはまる。それは、多くの不安や、経済的な不安定、夫との別れのショックから始まるが、すぐさま自身のために新しい人生をどのようにかたちづくったかを述べ始めた。彼女は訓練を受け、新しい職業を得て、社交クラブに入り、持続する不安を克服する方法を発展させ、1人で暮らすことに折り合いをつけるようになった。夫の年金から最大の経済的利益を得るため、離婚訴訟に踏み切った。彼女はこれらの変化を次のように認識している。

　　　悲しいのは、彼が出て行ってしまったということが、実際今では喜ばしいっていうことです。それを乗り越えるのに何年もかかったんですから、まったく奇怪に聞こえますよね。でも、私と私のライフスタイルの変化は、今ではとても大きなものです。そうです、元に戻ることは、できないんです。

　ライフストーリーは進んでいく。その物語が良い方に進むか悪い方に進むかによって、前進したり後退したりする。または、「筋」に変化がない場合には、物語にも変化がない。物事が着実に前進するならば、物語は上昇していると言える。マリーの物語は明らかに上昇している。物事がだんだんと悪くなっているならば、物語は下降している。物事が良い方から悪い方へ、あるいはその逆になるにつれて、物語は上昇してから下降するかもしれないし、下降してから上昇するかもしれない。

　物語のもう1つのよく知られた分類は、アーサー・フランクがその著書『傷ついた物語の語り手（*The Wounded Storyteller*)』（Frank, 1995）で示したものである。フランクは、病いを抱える人びとによって語られた物語を検証した。彼は次のように述べている。「物語は、彼女の人生において彼女がどこにいるのか、これからどこに行くのかという感覚に対して病いが与えたダメージを回復させるためにある。物語は地図を書き直し、新しい人生を見つける方法なの

表 5.1　物語の演劇的分類

ロマンス	主人公は、彼／彼女の**目標**に近づく過程の中で一連の**困難**に直面し、**最終**的に栄光をつかむ。
コメディ	目標は社会的秩序の回復にあり、主人公は、秩序を脅かす危険を克服するために必須の社会的スキルを身に付けていなくてはならない。
悲　劇	主人公は、悪の力に敗北し、社会から追放される。
風　刺	社会的覇権を持つものに対する皮肉な見方。

である」（Frank, 1995, p.53）。

　フランクは、物語を 3 つの典型的なタイプに分類した。

1. **再構成のナラティヴ**。これは医者やその他の医療専門家によって最も好まれる物語である。健康が回復してきたことが強調され、良くなってきた場合に「私」が強調される。そのようなナラティヴはしばしば、3 つの変化をする。それらは身体的な苦痛や社会的不履行とともに始まる（「私は働けない」、「家族の面倒をみられない」）。2 つ目の変化は、行われることが求められる治療に焦点が当てられることである。最終的に、治療がなされ、語り手は身体的な快適さと社会的義務がどのように取り戻されたかを述べる。これらはしばしば、患者によって語られるよりも、患者について語られる物語である。その理由は少なからず、患者は語り手となることがほとんどないからである。患者とは単純に「薬を飲んで」、健康にならなければならない存在なのである。

2. **混沌のナラティヴ**。これは、実際には物語ではない。ナラティヴが進んでいくことも継起もほとんど見られず、単に悪い事柄が羅列されており、語り手がそれらの事柄にほとんど打ちのめされていて、事態が良くなることはない。典型的な（医療に関するものではない）例は、第二次世界大戦下の強制収容所を生き延びた人びとが語ったホロコーストの物語である。その物語は、コントロールの喪失や欠如を示している。医療にはどうすることもできないのである。これらは、他者が聞きたがるような物語ではなく、「人間の精神のレジリエンス」といった良い結末を差し出す

ことを妨害する物語である。フランクが述べているように、近代性（その良い例は科学的医療である）は混沌を是認することはできない。近代性とは、望ましい結末を持たなくてはならないからである。

3. **探究のナラティヴ**。これは語り手の物語である。語り手が物事をコントロールしている。語り手は彼らがどのように病いに「立ち向かい」、その経験から何かを得るために、それをどのように用いようと努めたかを語る。これは、自助グループの参加者によって語られる物語に非常に一般的である。その物語は、出発（症状が認識される）、通過儀礼（その人が経験する精神的、身体的、社会的な苦しみ。しばしば、病いによって妨害された人生の一部との関連で語られる）、帰還（語り手はもはや病人ではないが、今なおその経験によって特徴づけられている）からなる旅のようなものである。そのような物語は、フランクが宣言（マニフェスト）として言及する内容を含むだろう。語り手は、経験に対する新しい声、新しい洞察を得て、他者にそれを考慮に入れるように望む。

　これらの分類は、先にあげた演劇的な形式と重複する。たとえば、探究のナラティヴは、ロマンスやコメディの形式となるかもしれない。さらに、ホロコーストの物語に言及することで示唆したように、そのような分類は、病いだけでなく、他のトラウマにも適用される。たとえば、裁判、難民、失職、別離の物語などである。実際、探究のナラティヴが示唆している多くの要素をマリーの物語に見出せるだろう。

　このようなナラティヴの構造の類型学は、以下のようにいくつかの方法で用いることができる。

1. それらは、人びとが語っている出来事を描写する方法に注意を払うために用いることができる。たとえば、マリーの事例では、彼女は今や自分自身を、経済的、情緒的不安に対処する方法を見つけた、強く、自立した女性とみなしている。これは常に次の問いを引き起こす。なぜ人びとは、自身をそのように描写することを選んだのだろうか？　この問いは、時として伝記の内容を検証することによって答えを得ることができ、時として答えが得られないこともある。さらに、ナラティヴのあるタイプ

を選択することは、特定の論点を省いたり、軽視したりすることを要求するかもしれない。たとえば、マリーは、物語の中で、現在彼女が一緒に生活している新しいパートナーにはほとんど言及していない。おそらくそれは、彼女の夫が彼女を置き去りにしたために彼女が失ってしまった関係を何とか再建したという事実よりも、彼女が克服した困難を強調したかったがためであろう。

2. いくつかの伝記を検証しているのならば、そこで発見された構造は、事例を通して比較するために用いることができる。検証している論点（たとえば、別離に至ること）に関してすべての人が語ることは、同じ構造を持つ物語であるかもしれない。このことは、人びとがどのように別離に至る経験をしているのかということについて、何がしかを明らかにするかもしれない。その一方で、物語が異なる構造を持っている場合には、これらの違いは他の、個人的、社会的、あるいは組織的な論点に関連しているかもしれない。これらは、最終的な分析でその重要性が証明されるかもしれない。

ナラティヴの要素

　何人かの研究者は、インタビューを含む、人びとの日常のディスコースに持ち込まれる物語の種類に焦点を当ててきた。単純な始まり、中盤、結末という分類を越えて、ラボフ（Labov, 1972, 1982; Labov & Waletzky, 1967）は、完全にかたちづくられた物語が6つの要素を持つと指摘した（表5.2 参照）。ナラティヴや物語が構成されるしかたを理解するために、この方法でナラティヴや物語を分析することによって、物語が果たす機能を理解してゆくことができる。その構造は、人びとが出来事を形成するしかた、人びとが意見を述べたり、出来事に反応したりするしかた、人びとが出来事を描くしかたを理解する一助となる。これらすべては、さらなる探究や分析のための出発点として用いることができる。

　インタビューはしばしば、自己完結的な物語、副次的な筋を含む。それらは回答の他の部分から際立っている。その理由は、部分的には、過去形を使っており、しばしば回答者にとっての主な関心となる論点にかかわっているからである。インタビューの他の時点で、その論点に戻っているかもしれない。マ

表 5.2　ラボフが提唱するナラティヴの要素

構　造	問　い
要　約	まとめ。これは何に関するものか？　論点をまとめたり、ナラティヴが例示している一般的な主張を述べたりする。インタビューでは、インタビューアーの問いがこの機能を果たすかもしれない。 省略されることもある。
方向性	物語の時間、場所、状況、参加者。それは、誰が、何を、いつ、どのようにということ、登場人物、舞台装置、期間について述べる。典型的な言い回しは「それは … のときのことだった」「それは私が … したときに起こった」というものである。
複雑な行動	一連の出来事や問いに対する回答、その後に生じたことは何か？　これは、物語の中心となる出来事の主要な説明である。ラボフは、これらは共通して単純な過去形で想起されるとしている。その行動には、ターニングポイント、危機あるいは問題が含まれ、語り手がそれらにどのように対処したかを示す。
評　価	問いに対する回答。それは何か？　その行動の重要性や意味、あるいは語り手の態度を示す。ナラティヴの論点を際立たせる。
解　決	最終的には何が起こったか？　出来事の結果あるいは問題の解決。使用される典型的なフレーズは「つまり、…」「それは … という理由です」である。
結　び	これは任意の部分である。それは物語の終わりとなり、現在形での語りに戻ったり、他の語りに移ったりする。

　リーのインタビューの例で見たように、彼女は自分の伝記を一連の短い副次的な筋や小さい物語として語っている。これらの多くは、ラボフが提案した構造に当てはめることができ、そうすることはその部分に焦点を当てる助けとなる。

　1つの例は、マリーがどのようにして新しい仕事を得たかの物語である（表5.3 参照）。これは単純な例だが、しかしそれは、人びとがどのように物語を語るか、そして物語を語るしかたの慣習を、暗黙的に、どのように認識していると思われるかを非常によく説明している。すべての物語がこのカテゴリーにうまく当てはまるわけではないが、しかし、ほとんどのカテゴリーはおおよそは当てはまる。インタビューの中で回答者が物語へと突入していった点を見てみると、これらが彼らにとって重要な論点であることは非常に明白である。彼ら

は、自分自身をどのように見ているかの例を明確にしようとしているのだと、ほぼ言うことができる。マリーは、彼女の全体的なナラティヴあるいは伝記の一部として、そのような物語をいくつか語った。この分析が強調する1つの重

表5.3　マリーの物語

構　造	文　章
要　約	まぁ、私はある程度稼がなければなりませんでした。私は働きました。でも、それは何とかしのげる程度にしかなりませんでした。ケイト（一緒に住んでいる娘）は、彼女の生活費をもっと支払うと申し出てくれました。でも私は、「だめよ。それはあなたの責任じゃないわ。私が何とかするわ。私が何とかしないといけないのよ」と言いました。
方向性	私が考えたことは、ソーシャルワーカーとして20年間働いていたっていうことでした。もう退職していましたが、この専門職が好きなのは、カウンセリングがたくさんある仕事だってことでした。私はカウンセリングのための在宅のトレーニングをたくさん受けました。それは私が最もやりたかったことの一部でした。そして、カウンセリングのコースを学ぼうと考えました。
複雑な行動	それで私はRSA1[訳注]を受講しました。しかし、それは高額だったんです。私はカレッジからその費用に対する支援を受けました。そして私は3年課程の修了証書を得て、残っていたお金を全部使いました。借金をだんだん無くして、すべて返済しました。年金を返済に充てましたが問題はありませんでした。でも、レッドブリッジでの学費を払い続けねばならず、そのため私の手元には何も残りませんでした。でも、それが、私がやったことだったんです。
評　価	私はすっかり違う人間になりました。もし、道でばったり私に会っても、誰も私だってわからないでしょう。私は体重が42ポンド（20kg）減り、髪を染めようって決心し、孫のいるおばあちゃんから…この人間になったんです。やっていこうって決意し、確実に大丈夫だって思える人間です。
解　決	そして、これが私がしたことです。自分の足で立って、心から楽しめる仕事をするっていうことです。
結　び	今では、彼が去って、本当の意味で私自身を発見する機会を彼が与えてくれたことを喜んでいます。なぜなら、あの家族の中で、私は自分を見失っていたからです。

［訳注］王立職業技能検定協会の1級

要な点は、評価的な要素である。これは、その出来事について回答者が何を感じているかを教えてくれ、マリーの事例では、それは彼女の夫が去っていった後、彼女がどのようにして根本的にかつての彼女とは異なる人間になったかに関する全体的な物語に、より多くの証拠を付け加える。そのような物語はまた、ナラティヴに道徳的な要素も付け加える。再度、マリーの事例では、物語は彼女がどのようにして彼女の家族への情緒的、経済的両方の依存から離脱したかを説明している。

ディスコース・アプローチ

　ここまで、インタビュー、観察、などなどを通してのデータ収集を、あたかも人びとが何を語り、行い、考え、感じる、などなどがそこにあるかのように、あるいは、これらを行う人びとを観察できるかのように扱ってきた。上記で見たように、ナラティヴの要素に焦点を合わせると、人びとが事実を語るという以上のことをしていることがわかる。彼らは何が起こり、どう感じたかをわれわれに確信させようと、ナラティヴを使い、修辞を用いている。この、われわれは「言葉でものごとを行う」という洞察は、さらにディスコース分析（discourse analysis; DA）によってさらに深めることができる。ディスコース分析はそれ自体が1つの方法であり、ディスコース分析のやり方についての本が数々出版されている（あるいは、あるタイプかいくつかのタイプのディスコース分析のやり方についての本がある、と言うべきであろう。多少とも競合するディスコース分析のスタイルがいろいろあるからである）。この節では、ディスコース分析自体の全体を詳細に見ることはしないが、ディスコース分析を分析の感受性を拡張するもう1つの方法として吟味する。

　これは、ある種のディスコース分析にとっては議論のあるところである。これまで見てきた種類の質的分析は多少とも、研究参加者が経験したこと、起こったことを研究者に述べている、あるいは研究者は直接、参加者がこれらを行っているのを観察していると仮定している。ディスコース分析では、その名称が示唆するように、ディスコース、すなわち発話されたものであれ、書かれたもの、記録されたものであれ、言語の使用に中心的焦点がある。あるディスコース分析家にとっては、そこにあるすべてはディスコースである。彼ら

にとって、人びとが主張していることが世界についての事実であるか（彼らの言うことは行ったこと、行っていること、起こったこと、などなどである——叙述としての言語）には関心がなく、そのような主張をどのように言語で行うか、どうそれらのことや自分自身を擁護するか、そして、彼らが主張することがものごとの有り様であると他者を確信させようとどう試みるか（活動としての言語）にのみ関心がある。世界について、起こったことについての人びとの異なる見方は、矛盾している（自己矛盾でさえある）ように見えるかもしれないが、事実は、ディスコース分析にとっては、それは単に、異なる目的のために、異なる聴衆に向けてなされた、世界の異なる構成にすぎない。これはディスコース分析の強い構成主義のバージョンで、それについてここでは、ディスコース心理学（discursive psychology）として論じる。ディスコース心理学の信奉者は前の諸章で論じてきた種類の分析を、世界についての不当な実在論的仮定であるとして拒否しがちである。しかし、私が思うに、彼らの分析における洞察は、とりわけ人びとが、彼らの見方を提示し、防衛し正当化するためにどのように修辞的、ディスコース的装置を用いるかにいっそう敏感にしてくれることによって、この章で論じたテーマ化分析のたぐいに得るところが多いと思う。これはとりわけ、分析の質と徹底性を確かなものにしようとするとき、重要である。

　他のディスコース分析のバージョンは人びとが主張していることにもっと興味をもっているが、それを彼らが用いているディスコースの反映として見ている。ここでは、そのバージョンの1つである、批判的ディスコース分析（critical discourse analysis ; CDA）について述べる。批判的ディスコース分析は人びとが言語をどう使うかに関心があるだけでなく、引き合いに出せる文書、テレビ、ラジオなどのすべての範囲のディスコース資源にも関心がある。さらには、こうしたディスコース資源を反映し、さらにはそれを強化する、装置、制度、組織、社会集団、ひいては建物にまで探求を向ける。批判的ディスコース分析では、ディスコースは単に人びとが言うことではなく（もちろん、行うことも含めてだが）、他のすべての社会的現象、とりわけ活字や手書きの書かれたテクスト、人びとが引き合いに出すディスコース概念を身体化し、促進し、定義するものも含める。批判的ディスコース分析の中心的関心はディスコースがいかにわれわれに力を及ぼし、われわれの行為と行動を決定／形成するかに

5章　伝記、ナラティヴ、言説的要素の分析　｜　113

ある。批判的ディスコース分析の擁護者はしばしば、彼らのアプローチを一種のテーマ化アプローチと、前章で述べたグラウンデッドセオリーに結びつける。（いくつかの例では、質的アプローチを量的アプローチと結びつけさえする。）これの良い例はティッチャーら（Titscher et al., 2000）の仕事で、グラウンデッドセオリーの視点からのそのような総合の良い例に、クラーク（Clarke, 2005）の仕事がある。

ディスコース心理学

社会心理学におけるディスコース分析は、今はディスコース心理学と呼ばれているが、ポッターとウェザウェル（Potter & Wetherell, 1987）によって始められ、以来さまざまなイギリスの心理学者によって展開されてきた（Edwards & Potter, 1992）。それは言語的実践、人びとが実際にやりとりにおいて行うことに焦点をおいている。そのためディスコースの細部に焦点を合わせがちで、研究者は典型的に、詳細なトランスクリプトから始めて分析を上のレベルへと進めていく。

彼らの分析では、言語を外的世界の受動的な反映とは見ない。それは叙述するというより「現実を行う」場なのである。鍵は、オースティン（Austin, 1962）によれば（ボックス 5.2 参照）、言語が行為を演じるところにある。こうして「ハロー」と言うことは、あいさつを演じているのであり、「約束するよ」は、約束を演じている、などなどである。ここでの鍵となる洞察は、とりわけ世界を叙述しているときに、話者が 1 つのことをしているように見えて、事実は何かまったく異なることをしている、ということにある。

例

次の場面を考えよう。暖かだった秋の日の夕暮れ時、何人かが室内に座って話している。1 人が言う。

サム：ドナ、凍えているみたいだね。窓が開いているから、寒くなってきた。
　　　ジーン、君が一番近いよ。

ディスコース心理学は、この短い例の中にさえ、サムがここでいくつかのこ

とをしていると指摘する。表面では、彼は、とりわけ「ジーン、君が一番近いよ」と言うとき、皆がすでに知っていることを言っているように見える。彼はジーンが一番窓に近いという現在について語り、世界についての事実をわれわれに与えている。もちろん他の人たちもそのことをおそらく見ているのだから、これは冗長である。実際には、世界についての事実の言明と見えることは、全く別のことを行っていて、暗黙にではあるが、ジーンが窓を閉めるよう要請（示唆、あるいは要求）している。これはまた、それをするのが他の誰かでなく、なぜジーンでなければならないかを説明している。ジーンが一番近いからである。

しかし実際にはこの数単語の中には、さらに多くのことがある。サムはこう言うこともできた。

ジーン、ドナが寒くないように窓を閉めてもらえないか。

あるいは

ジーン、窓を閉めてもらえないかな。

しかしそうは言わなかった。「ジーン、君が一番近いよ」と言うことで、サムはジーンに明示的に要請することを避けた。「ジーン、窓を閉めてもらえないか」と言えば、サムがジーンにそうするよう頼む何らかの権威が必要だということになるだろう。彼が家主だったり、あるいは教師で他の人びとが彼の生徒だったら、そう言うこともできただろう。しかしサムがこういう権威をもっていないなら、暗黙的に依頼するほかない。

また、サムが「窓が開いているから、寒くなってきた」と言うとき、部屋の温度についての事実を述べているように見える。これはサムが「寒くなってきた」というように、自分の状態に関心があると他者に解釈されるかもしれず、そのため暗黙にでも、ジーンに窓を閉めるよう示唆する権威を制限しただろう。しかしこの発言の前にドナが凍えているみたいだという観察を述べることで、私見ないし自己中心という疑いを避けた。ディスコース心理学者は、人が事実についての主張をするとき、他者に彼らも同じ見解をもっている、あるい

5章　伝記、ナラティヴ、言説的要素の分析 | 115

は同じことを経験していると述べて確証的な証拠を提示することで、彼らの独立を確立しようと試みていると指摘する。

　　事実についての日常の推論 ･･･ の決定的な特質は、報告における合意があるバージョンの事実性の確証を与えることである――もし１人の交通事故の目撃者がドライバーがスピードを出しすぎていたと主張しても無視されるかもしれないが、目撃者の大部分もしくは全員がこれを主張すれば、より説得的であるだろう。
　　　　　　　　　　　　　　　　　　　　　　　　　　　　（Potter, 1996, p.159）

　そこでこの短い例からも、サムが多くのディスコース的行為をしていることを見て取ることができる。第一に、サムは事実についての言明を装って暗黙の要求をしたが、これはジーンに命令して従わせるべきでないという社会的規範を破るのを避けさせる。第二に、サムは、ドナが凍えていると気づいたにもかかわらず、窓を閉めるべきなのがなぜ彼ではなくジーンであるのかの説明をしている――ジーンのほうが近い。第三に、彼は利害関係の問題を扱っている。人は、言っていることの真実の中に利害関係をもっている、あるいは彼らのディスコース的行為の結果に自己利益があると見られるのを避けたいと思っている。そこでいろいろな行為によって、こうした解釈から自分を守るのである。これには、彼らが主張していることを確証するため他者の見解や行為を使うことも含まれる（サムがしたことである）。しかしまた、自分はたんに常識人であって通常のことをしているのだから、その状況に何ら特別な関心はないと主張したりもするだろう。彼らはディスコース心理学者が「否認（disclaimer）」と言うことをする。たとえば、心霊術師が聞こえてくる声について話すとき、ただテレビを見ていただけで声を聞くと予期していなかったと説明し、もちろん心霊術師が声を聞くだろうという、聞いている者の考えに対抗するかもしれない。別の例は、ジョンを批判する直前に「ジョンがとっても好きだけど、でも ･･･」と言って、単にジョンが嫌いなんだという非難を自衛することだろう。この例は、いくつかのことを例示している。第一に、ディスコース心理学に典型的な、詳細で微小規模の分析を例証している。先に述べたように、ディスコース心理学は詳細なトランスクリプトから始めて、人びとがどのようにディスコース的にものごとを扱うのかという洞察へと上向してゆく。第二に、人

116

びとが事実についての主張をするときにとる、典型的なディスコース的行為の
いくつかを示している。ディスコース心理学者は、これらを事実化装置と呼ぶ。
これには、利害関係、否認、確証装置（同意する他者の見解に頼ること）、独立
（あなたが予期するだろうようには、他者や自分自身のアイデンティティに影響
されていないと示すこと）などが含まれる。第三に、単純な会話をこのように
見るとき、いかに進行していることについての、より深い、より完全な理解が
得られるかを示している。

キーターム

　ディスコース心理学者は、比較的人工的な調査インタビューやフォーカスグ
ループの状況よりも、自然発生的な状況からのテクストを用いることを好む
ことが多い（人びとのおしゃべり、医者が患者に語ること、などなど）。しかし、
適切であるならば、そのような情報源を回避するということではない。どちら
の場合も、ディスコース心理学者がディスコースの中に見てゆく、いくつかの
鍵となる言語的実践ないし構成がある。

【解釈レパートリー】

　話者が文化的に使用可能な比喩、述語、言葉のあや、言い回し。話者はこれ
らを利用できるが、その選択はその時の状況と、話しているトピックによって
制限される。いくつかは自身や近しい友人、親戚の経験からの例であったり、
他はより広い政治的・ディスコース的領域で出会った使用のされ方であったり
する。そこで、たとえば、難民について話しているとすると、「洪水」、「水浸
し」などの比喩や、「辛抱強い」、「悪徳商人に食い物にされた」などの言葉の
あや、「この国は一杯」、「われわれの仕事を奪う」などの言い回しを使うだろう。
それぞれについて分析家は、レパートリーがサポートするディスコース的行為
の選択を探す（質問、説明、正当化、要求、などなど）。

【主体の位置】

　しばしば、言っていることが正当であると確証する手立てとして、ディス
コースにおいて採用する立場ないし役割がある。そのような種類の主体である
ことで、議論されている状況についてよりすぐれた知識や経験をもち、彼らの

見解に重みが与えられるべきであり、より信頼できるということを意味している。人びとは話のその時点での必要に応じて、ディスコースで1つ以上の位置をとるかもしれない。それを明示的に行うことも、暗黙裡に行うこともある。たとえば、ある人が「母として」と言うとき、明示的に行っている。しかし、典型的に母が（その文化で）行う活動に言及することによって、これを暗黙に行うこともできる——家事のやりくり、子どもの学校への送り迎え、食事の用意。

【イデオロギー的ジレンマ】

これは、解釈レパートリーが矛盾するように見えることの認識である。人は、会話の中であっても、常に一貫しているわけではない。人びとが持ち出すレパートリーは、彼らのいる特定の状況や彼らが問うている種類の問いを反映しているだろう。ディスコース心理学者は、人びとが矛盾状態にあるのではなく（彼らが2つの正反対の事実についての主張をしていればそうであるだろうが）、単に特定の状況に適合するよう、彼らのディスコースを調整していると論じる。若者が前夜クラブでしたことを友人に話すときと親に話すときとで、いかに話し方を変えるかを考えてみよう。あからさまに矛盾しないまでも、これはディスコースが文脈で変化することを例示している。

批判的ディスコース分析

ディスコース心理学は詳細なトランスクリプトから始めて上向して作業を進めていくが、批判的ディスコース分析は人びとが依存し、可能なディスコース的行為を定義し制限する、一般的な、社会的な言語的資源に焦点化する傾向がある。こうしてディスコースは、何が、誰によって、どこで、いつ言えるかを可能にし、制限もする。この形態のディスコース心理学の主要著者は、ミシェル・フーコー（Foucault, 1973, 1977, 1979; Rabinow, 1986）である。批判的ディスコース分析の支持者は彼の影響を認めつつも、しかし社会‐言語的アイデアを導入する。フェアクラフ（Fairclough, 2003）は、彼の言うこの「テクスト指向のディスコース分析」と、フーコーのようなもっと社会的理論的指向のアプローチを対照させている。

【主体自己】

　批判的ディスコース分析では、ディスコースは構成的と決定的の二重の役割をもつ。ディスコース心理学におけるように、ディスコースは概念化のレパートリーを提供するが、その使用はずっと制約されている。われわれは単純に可能な実践／ディスコースを受け入れるだけでなく、われわれ自身をその概念マップ上に置く（自身を「位置づける」）。フーコーはこの例をあげている。彼は、19世紀末において、いかに「ホモセクシュアル」という概念が出現したかについて記述している。もちろんそれ以前にも、男性が他の男性と性的関係をもつことはあったが、特定の理解が現れて、対象（ホモセクシュアル）を医学的、道徳的、法的ディスコースを介して構成するようになった。それから人びとはホモセクシュアルとして位置づけられるようになり、20世紀の大部分、「病気」、非合法、罰せられるべきなどと見られた。このようなディスコースは、この概念によって定義された役割をとり、自分自身をこうした言葉によって考えることを意味している。こういうディスコース的役割（親、犯罪者、十代、警察、男性、教師、子ども、有名人、ブロガー、犠牲者、などなど）は主体位置に言及しており、それを可能にもするが（ディスコース心理学におけるように）、同時に制限もし、定義しもする。われわれはこうした主体位置を取り入れ、そこから自分のアイデンティティないし自己を作り上げる。主体位置は主張し議論するためにディスコースを用いる方法を提供するだけでなく、それを取り入れることで、自分の行為を（ディスコース的に、また他の仕方で）制約しもするのである。

【権力】

　それがわれわれを制約するという意味で、そうしたディスコースは権力をもっている。しかしそれはまた、積極的な意味でも力をもっている。その力はただ統制し、妨げ、抑圧し、検閲し、隠すだけでなく、創造もする。現実を生み出すことによって、対象の領域と真実の儀式を創り出す。フーコーは力／知識の言葉で述べているが、それは社会的実践を認めることにも、制限することにも働く。こうしてたとえば、医学的言葉でのセクシュアリティのディスコース的構成は、性的問題を扱う新しい道を可能にしたが、医学による統制をもたらしもした。

【支配的ディスコース】

　あるディスコースは、他のそれよりも強力である。それらは既存の力関係と社会構造を正当化する社会的現実のバージョンに特権を与える。他のディスコース（しばしば同じものだが）はあまりにもしっかり確立されているので、どうやって挑戦できるのか、見当もつかない。それらの提供する主体位置は「常識」や「当たり前」となる。これらをイデオロギーと呼ぶ者もいる。それらがあまりに強力に思われるからである。しかしディスコースは永遠ではない。それは来て、去っていく。フーコーの言葉で言えば、それらには歴史ないし系譜がある。したがって打ち立てるのはたやすくはないが、常に代替が可能である。常に対抗ディスコース、あるいは多重ディスコースの可能性がある。そこで、上記の例で言えば、ホモセクシュアルの主体位置は20世紀の大半「病気」で非合法であり、罰せられるべきなどと見なされたが、21世紀では少なくとも世界の一部では、このディスコースは性的多様性とゲイの権利のそれによって置き換えられた。ある種の社会的状況を説明するのに、対立し合う支配的ディスコースが使われてきている。たとえば、ウォーカーダイン（Walkerdine, 1991）は、女性教師が、女性（性差別主義者の取り沙汰の対象となりうる）とよき教師（子どもの自由な表現を尊重する）の矛盾する主体位置の結果として、反抗的で性差別主義的な生徒をうまく扱えないことについて分析した。

【装置と制度】

　ディスコースは話したり書いたりすることだけではない。また、制度的実践とも密接に関係している。それはディスコースを反映し支える社会的生活を組織し、統制し、管理する方法である。それには家族、警察、医療、精神医学的ケア、そしてそれらが実行される病院、刑務所といった建物までも含まれる。この点で批判的ディスコース分析は、言語使用というディスコース心理学の限定を超えていく。ディスコース的行為を説明するのに用いられる実践の中に、支配的ディスコースによって定義されるとはいえ、多様なディスコース外の現象をも含める。たとえば、医学ディスコースで「患者」として位置づけられることは、その身体が医者や看護師の合法的な興味の対象となり、病院や手術室といった特別な場所で通常なされる医療実践の一部として、処置の過程でさら

され、触れられ、侵襲されるだろうことを意味する。

批判的ディスコース分析を行う

　先に、ディスコース心理学は分析にディスコース的実践への感受性をもたらすことができ、批判的ディスコース分析も同様であると述べた。しかし、批判的ディスコース分析で吟味されるディスコースの材料は、ディスコース心理学で分析される会話や話よりもずっと多様であることは明らかである。決定的に異なるのは、批判的ディスコース分析は、われわれが出会い、その中で主体位置をとるディスコースの主要部分を形成する、あらゆる印刷され記録されたテクストと視覚的イメージを含むことである。つまり、分析で批判的ディスコース分析を用いるのであれば、収集したインタビューや観察のデータに加えて、多様な文書を収集することも考える必要がある、ということである。通常、批判的ディスコースの分析家は、調査しているディスコースが多様な現れ方をするその全体にわたるコーパス、すなわちテクスト、文書、画像、映像、などなどの収集をする必要に言及する。通常とられる次のステップは、このコーパスから、典型的であるか調査しているトピックの中でのディスコースの中心的事例やタイプであるために鍵となる文書を選択する、何らかの方法を定めることである。

　ここ数十年のデジタルメディアの発展によって、とりわけソーシャルメディアのテクストやイメージの産物を含める必要があるときは、コーパスを作り、そこから選択するのは膨大な作業となる。幸い、それらをまさに生み出したデジタル技術を用いて、コーパスからの選択を洗練させる方法がいくつかある。たとえば、含める必要のある種類の文書を取り出すキータームを探す、簡便な検索ツールが使える。（これを行う問題については、9章で論じる。）たとえば、肥満の社会的研究の実施を依頼されたとしよう。当然肥満の人びとと（あるいは肥満だった人びと）にインタビューするだろう。そして、体重を減らそうと体重監視プログラムやエクササイズに参加した人びとから観察データを得るだろう。これらのデータで批判的ディスコース分析をすることはできるが、それらに加えて、肥満の社会的研究に適切なおびただしいテクストや画像が、メディアや科学／医学文献、ソーシャルネットワークのウェブサイト、圧力団体、自助グループ、活動家グループの文献に見つかるだろう。肥満の医学的概念に関

5章　伝記、ナラティヴ、言説的要素の分析 | 121

する支配的ディスコース、過体重であることへの道徳的／政治的ディスコース、自己への責任をとることについての哲学的ディスコースがあるだろう。しかしまた、反対のディスコースもあるだろう。たとえば、好きなように見る権利に関するものや、細身であることへのファッション産業のとらわれに対抗するものなどである。

パーカー（Parker, 2003）は、批判的ディスコース分析に分析の 20 段階があると指摘している。その多くは、この章ですでに述べたことと似ている。しかし、批判的ディスコース分析にはいくつか、特徴的なステップがある。

1. ディスコース間の関係を探す。それらは、矛盾するしかたで構成されているかもしれない。また歴史的、文化的に埋め込まれており、こうした歴史的、文化的差異を調べ、どのようにそのディスコースが立ち現れたのかを問う。
2. 異なる構成がいかに用いられているかを問う。特定の主体位置から誰、または何が利益を（損失を）得るのか。責任を（自身に、あるいはどこかに）帰属させるためそうしているのかもしれないし、誰かの貢献を浮き彫りにしたり責任を否認するためにそうしているのかもしれない。
3. 主体の位置を体系的に調べる。人びとが自ら採用する、あるいは他者にあてがうディスコースによって、どんな種類の人びとや活動のカテゴリー、ないしタイプが提供されるかを特定する。それらがどんな種類の活動を可能にし、あるいは禁止するかを特定する。
4. それらのディスコースがどのように制度を支え、権力関係を再生産しているかを問う。ここでの得失を評価するためには、道徳的、あるいは政治的立場をとる必要がある。どのような道徳的、政治的立場をとるかは分析者次第であるが、それでは批判的であることはできない。そこでそのような立場なしに、批判的ディスコース分析を行うのである。

キーポイント

- ナラティヴと伝記、ディスコースの分析は、質的研究に新たな次元を付け加える。それは、単に人びとが語った内容や、人びとが述べた物事や出来事に焦点を当てるだけではなく、人びとがそれをどのように語り、

なぜ彼らはそれを語ったのか、彼らは何を感じ、経験したのかにも焦点を当てる。つまり、ナラティヴは、回答者にとってその経験が持つ意味を共有し、彼らに声を与えることを可能にする。それにより、われわれは彼らがどのように生活を経験しているのかを理解することに近づくのである。ディスコースは、言語と社会的行為の間の関係への洞察を得させてくれる。

- 人びとは、インタビュー、議論、フォーカスグループ、そして日常の会話の中で、自然にナラティヴを生み出す。彼らがそうするのには、さまざまな理由がある。これは、部分的には物語の修辞的かつ説得的な機能によるものであり、部分的には経験が時系列に秩序づけられて筋書き化されことにより意味を持つことによる。ナラティヴはまた、知恵を共有したり、どのように振る舞うべきかというガイドラインをもたらしたりするという社会的機能も持つ。

- その伝記において、人びとはしばしばターニングポイントやエピファニーとなる重要な人物や重要な出来事を取り上げる。それらには、多様なテーマが含まれる。特に、所属、疎遠、経歴、他者との関係といったものは非常に一般的である。

- ナラティヴの実践的な分析には、物語の緻密な読み取りが必要である。前章で述べたように、主題アプローチを用い、それらをコーディングすることができる。しかしながら、物語についてのメモや要約を書くこともまた、分析の重要な一部である。異なる人びとのナラティヴを、事例ごとに比較することができる。

- ナラティヴはまた構造を持ち、筋書きの進歩や後退を部分的に反映している。プロットの重要な例は、ロマンス、コメディ、悲劇、風刺である。より短い副次的な筋書きや小さい物語もまた、ナラティヴの評価的あるいは感情的側面を強調する構造を持つかもしれない。

- ディスコース心理学は、人びとが語るとき、何をしているのか、その詳細を見ることを可能にする。彼らは典型的にいくつかのことを同時に行っており、それらは、たとえば、利己的だとか、そうする権利を超えて他者からの行為を統制していると他者が考えないようにするなど、うまく行為を運ぶことにかかわっている。

5章　伝記、ナラティヴ、言説的要素の分析　123

- 批判的ディスコース分析は、ディスコースが人びとに提供する主体位置を批判的に見、それらがどのように行為を制限し、かつ可能にするかを見ることを可能にする。また、しばしば物事について語る当たり前のしかたと見なされる、支配的ディスコースを取り出せるかもしれない。それはわれわれの生活に力を及ぼす、多種にわたる装置や制度に埋め込まれているだろう。

さらに学ぶために

以下の研究は、本章で手短に紹介した論点をより詳しく掘り下げている。

Daiute, C. & Lightfoot, C. (Eds.) (2004) *Narrative Analysis: Studying the Development of Individuals in Society*. Thousand Oaks, CA: Sage.

Kvale, S. (2007) *Doing Interviews* (Book 2 of The SAGE Qualitative Research Kit). London: Sage. [クヴァール／能智正博・徳田治子（訳）(2016)『質的研究のための「インター・ビュー」』（SAGE 質的研究キット2）新曜社]

Paul, G. J. (2011) *How to do Discourse Analysis: A Toolkit*. London, Routledge.

Plummer, K. (2001) *Documents of Life 2: An Invitation to a Critical Humanism*. London: Sage.

Rapley, T. (2017) *Doing Conversation, Discourse and Document Analysis* (Book 7 of the Qualitative Research Kit, 2nd ed.). London Sage. [ラプリー／大橋靖史（訳）（準備中）『会話分析・ディスコース分析・資料分析』（SAGE 質的研究キット7）新曜社]

Riessman, C. K. (1993) *Narrative Analysis*. Newbury Park, CA: Sage.

Wodak, R. & Krzyzanowski, M. (Eds.) (2008) *Qualitative Discourse Analysis in the Social Sciences*. Basingstoke: Palgrave Macmillan.

訳者補遺

やまだようこ（編）(2007)『質的心理学の方法：語りをきく』新曜社

やまだようこ（編）(2008)『質的心理学講座2：人生と病いの語り』東京大学出版会

辻本昌弘 (2013)『語り ── 移動の近代を生きる：あるアルゼンチン移民の肖像』新曜社

6章　比較分析

コード階層

比較

モデル

理論と説明を発展させる

この章の目標

- いったんコードをいくつか作り出せば、それらを階層的に整理してゆくことができることを知る。
- これは、実践的でかつ分析的な活動であることを理解する。
- それはまた、特にグラフを使った比較をするのに役立つことを知る。
- 表は、事例 対 事例、コード 対 コード、そして時系列的な比較をするのによい方法であることを理解する。
- このような比較を通して、自分のデータを深く理解し、類型を組み立て、モデルを開発することができることを知る。
- データについての新しい理論を展開させるのに役立つ、いくつかの方法を知る。

コード階層

　4章で説明したように、コードをグループ分けした後、それらを階層に並べ替えるのはほんの小さな一歩である。似たような種類、またはだいたい同じコードを、同じ両親から生まれた兄弟のように、階層の同じ枝（ブランチ）

の下に集める（階層の各部に対する専門用語については、ボックス 6.1 参照）。コードを階層的に並べ直すためには、どのようなことがコーディングされていて、どの質問に答えようとしているのかを考える必要がある。

ボックス 6.1　階層の各部の用語

いささかわかりづらいが、階層を読み取ったり、配列したりするとき、通常右の図のように、最も一般的な事柄を一番上にし、より具体的なものは下にする。多くの人は Windows のエクスプローラのファイルやフォルダ（ディレクトリ）の階層で馴染んでいるだろう。これは木が伸びていくのとは逆の方向であるが、通常**木**の比喩を用いて、サブ・ヒエラルキーを**ブランチ**（枝）と呼ぶことが多い。最も一般的な事柄が一番下（幹やルート（根）のところ）に来て、より細分された事柄は上の方のブランチに来る。

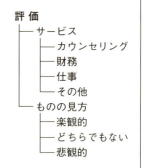

この 2 つのメタファーが混合して用いられていて、階層のルートが最上位に来て、そこが始まりである。このように「評価」というコードが階層のルートであるが、最上部に置かれる。

階層ではしばしば、同じブランチにあるコード間の関係に言及する必要がある。これには、家族関係を表す言葉が使用される。そこで、最も一般的なコードは**親**と呼ばれ、階層のより下層にある（別々のブランチに分かれている）のは**子**と呼ばれる。階層の中で同じ親を持つコードは**兄弟**と呼ばれる。そういうわけで、「評価」は「サービス」と「ものの見方」という兄弟の親にあたり、「カウンセリング」と「仕事」は兄弟で、「サービス」の子である。

ブランチは異なる種類のことを示すために、サブブランチに分割されることもある。例をあげると、ストラウスとコービン（Strauss & Corbin, 1998）は、オープン・コーディングの中心部は、コーディングの初期段階にあるが、コードのプロパティとディメンションを見極めることだと示唆している。たとえば 4 章で、サムというホームレス男性へのインタビューのコーディングを例としてあげたが、コードを「関係－終結」を含むいくつかの見出しの下にグループ

表6.1　コード階層にした親子間の概念的関係のタイプ

 1. … のタイプ、カテゴリー、次元
 2. … によって引き起こされる／ … の原因
 3. 影響もしくは制約
 4. これらの場所／状況で起こる …
 5. これらの時間／段階で起こる …
 6. これらの … を優先する（受け継ぐ）
 7. … の説明
 8. … の結果
 9. これらの種の人間によって／に対してなされた …
10. … に与えられた理由
11. 持続（duration）
12. … に対する姿勢
13. … に対する方略
14. … という概念の例

(Gibbs, 2002, p.139 より援用)

分けできると提案した。これらのコード中には、関係が終わる原因に関係があるものもあれば、破綻に際しての行動についてのものもあれば、破綻の結果についてのものもある。このことは、「関係－終結」を3つのサブブランチ、「破綻の原因」「破綻の行動」「破綻の結果」に分類できることを示している。今あるコードをこれらの親の下に分類すると、表6.1のようなサブ階層ができる。「問題のある関係」というコードは除外した。なぜならそれは、関係の終結についてではなく、おそらく「関係－終結」の兄弟の1つとして独自のブランチに属するからである。コード階層を構築するのに役立つ考えを、他にも表6.1にリストアップした。

コード階層の機能

コードを階層に整理することには、いくつかの利点がある。

1. 物事を整頓できる。分析が進むにつれ、多数のコードが作り出されるだろう。当初、コードの大部分は単にリストされているだけだろうが、もしかしたらいくつかは初期の理論的視点に由来していて、階層構造になっているかもしれない。しかし、コードの長いリストは大して役に立

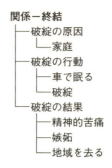

図 6.1　新しいサブ階層に整理する

　　たない。したがって、それらをより関係性がはっきりとわかる階層構造に作り変えるのは意味がある。
2. 階層構造にすることそれ自体、データの分析を構成する。反応をカテゴリー化する過程で、回答者の世界観への理解が深まる。たとえば、図6.1に示したサブ階層からは、関係が終わったことがサムにとって重要なエピソードであるということだけでなく、それが「家庭」が原因で起こり、精神的苦痛やホームレスになったことなどいくつもの望ましくない結果につながったとサムがみなしていることがわかる。もちろん、他者は事態をこのようには考えていないかもしれないので、これらの見方を他の回答者のものと比較することが重要である。それが特筆すべき論点をもたらした場合は、その議論を表すコードを含めるよう階層を拡張する。
3. コードの重複を防ぐ。多数のコードがある場合、特にこのようなことが起こりやすい。階層構造にするとそのような重複に、より簡単に気がつくことができる。たいてい、それらは1つのコードにまとめることができる。
4. どうでありうるかの範囲を捉えるのに役立つ（行動、反応、意味など）。このことは、グラウンデッドセオリーのコードやテーマにはディメンションがあるという考えにつながる（ボックス6.2参照）。
5. 「ある方法でXという行動をとった（ある方法でそのことを話した）人びとは、Yという行動もとるだろうか？」といった、ある種の分析的な問いを立てることを可能にする。Xという行動を特定の（すなわち、X

の子コードでコーディングされた）方法で起こした人の特徴（属性*）は、他の方法でそれを行った人と異なっていただろうか？　これらの質問は、事例内でのテーマやアイデアにパターンがあるかを問うことにつながり、事例間の異なるパターンに目を向けさせる。そのような比較をするメカニズムについては、本章の後半で検討しよう。

ボックス 6.2　コードのプロパティとディメンションについての考察

ストラウスはオープン・コーディングの間、「その単語、フレーズなどに適切であると思われるディメンションを素早く見る」ことを奨励している（Strauss, 1987, p.30）。「ディメンション」とは、連続体上に呈示しうるプロパティの一種である。たとえば、色は色相、色調、陰影、彩度というプロパティを持ち、陰影は暗いや明るいなどといったディメンションを持つ。典型的なディメンションとしては、頻度、持続時間、程度、強度、量、方法がある。つまり、新しいコードを作り出すときには、それが表していることがどのように起こり、変化し、人びとに影響を与え、異なる種類があるか、などなどについて考えるということである。表6.1のリストを使って、どれがそのコードの子で、あるいは他のどのコードがその兄弟かを考えなさい。

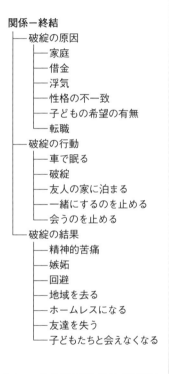

たとえば、図6.1では、「破綻の原因」というコードには現時点で「家庭」という1つの子しかない。しかし、破綻の原因について考えてみると、借金、浮気、性格の不一致、子どもの希望の有無、転職などの他の原因も浮かび上がってくるかもしれない。これらも暫定的に階層に加えうる。そうすれば、この回答者や状況、または他の回答者や場面において、新しいコードにコーディングできるデータの例があるかどうかを確かめるため、残りのデータを

6章　比較分析 | 129

吟味することができる。このように考えていくと、右側に階層を加えて拡張できるかもしれない。わかりやすくするために、これらのコードはかなり記述的なものである。しかし、より理論的で分析的なコードを同じように考えてみない理由はない。

コーディング、およびコード階層を構築する危険性

たった今説明したコード階層を発展させることの欠点は、新しいコードがデータ全体に確実に一貫して適用されるよう、トランスクリプトに戻る必要があることである。このため、コーディングの初期段階から階層構造をどう発展させるか、特に新しいコードを作り出すことを考えるのが得策である。

ボックス 6.2 の例からわかるように、分析の中の比較的限られた部分からさえも、容易に多くのコードを作り出すことができる。また、階層はかなり深くなる傾向にある（すなわち、ブランチが多くの世代を含んでいる）。そのような階層をサポートするソフトウェアを使っているなら、このことは問題ではない。しかし、そのようなサポートがないソフトウェアを使っていたり、または手書きで分析を行ったりしているのなら、階層が巨大になると持て余すだろう。このような状況に陥ったときのための対処法をあげておく。

- コードをより分析的で理論的なものに変える（4 章で論じたやり方で）。そのようにしてコードの数を減らす。これは、記述的なコードから離れるよう促すだろう。記述的コードはしばしば、コードやコード階層が急増する理由の 1 つである。たとえばボックス 6.2 の階層では、破綻の原因に関するコードをまとめて、もっと少数のカテゴリーにすることができる。たとえば、すべての子コードを「感情的な問題」と「経済的な問題」の 2 つに置き換えることができる。ここでやっていることは、原因の類型を構築することである。これを安易にやってはいけない。類型化には暗黙理論ないし分析的視点が内包されている。破綻の原因の場合は、コードがたった 2 つのタイプ、主に感情的なものと主に経済的なものに分類されると示唆している。しかし、この類型化は役に立つかもしれない。なぜならデータの中の他の違いや変化に関連しているだろうからである。たとえば、ホームレスになったエピソードは、破綻の経済的理由と非常によく関連してい

130

ることに気づくかもしれない（この章の後半で、類型化の議論をするので、参照してほしい）。

- 階層を浅く保つ。リストの大部分を2段階にしておく（やむを得ない場合には3段階）。そのためには、段階を削除できるように、コードの名前を付け替える必要があるかもしれない。例をあげると、ボックス6.2の3段階の階層は、ルートノード（root node）の「関係−終結」を除いて、その子である「破綻の原因」「破綻の行動」「破綻の結果」という3つの名前を変えることによって、2段階に減らせる。注意したいのは、これではよく整理されているとは言えないということで、もしたくさんの段階を容易に処理できるソフトウェアを使っているなら、私はこのようには縮減しないだろう。

比　較

　経験の浅い研究者はここで分析をやめてしまうことが非常に多い。トランスクリプトのメインテーマとサブカテゴリーを取り出すと、それ以上のことはしない。「今起こっていること」を突き止めたら、それで十分なのだ。これがはっきり示されているのは、レポートの知見についての章がコードリストと同じように構成されているときで、節構成が主要なブランチそのままだったり、節のタイトルがコード名を反映していたりする。書かれたものはしばしば、まとめが正確であると示すために、コーディングしたデータに引用符を付けて少し引いただけの、要約だったりする。これは、研究で明らかになったことをわかりやすく説明しているかもしれない。しかしデータに関してできること、すべきことはまだたくさんある。特に、パターンを見つける、比較をする、説明を生み出す、モデル*を作ることである。テクストのコードづけと階層は、これらのことすべてに対する出発点であるにすぎないのである。

　4章で指摘したように、データを分析するためにコーディングを用いるときに重要な作業は、同じコードをつけたすべてを検索して取り出すことである。分析の補助としてソフトウェアを使っているなら、これは非常に簡単である。単にダブルクリックするだけでよい。手作業で分析をしていて、コードづけしたデータをフォルダに保存しているなら、フォルダの中身にそのコードがない

6章　比較分析 131

か調べるだけである。しかし、検索して取り出すとき留意すべきことがいくつかある。

　第一に、取り出したものはすべて、特定のコードをつけた文字列（あるいは他のデータ）である。したがって、それらの文脈の大部分は失われている。たとえば、もし1単語や1フレーズにコーディングしていたら、検索後はそれがすべてであり、その語やフレーズの意味を理解するためには、まず確実に、そのテキスト全体に戻らなければならない。ここでも、補助としてソフトウェアを使用していれば、これは非常に簡単である（しかし繰り返しこれを行うのは、分析の思考ラインを邪魔するかもしれない）。手で分析をしているなら、これには非常に時間がかかる。（だから4章で、引用にラベルを付けるようアドバイスした。）この場合は、検索して取り出したときにその意味や文脈がわかるよう、データの比較的大きなまとまりにコーディングするのが有効である。大きなまとまりにコーディングする簡単なガイドラインはない。いくつかのセンテンスというのが、しばしば中間的な妥協点であろうが、段落全体にコードをつけて分析する人もいる。ここにはトレードオフがある。まとまりが大きければ文脈が見て取れるチャンスが大きくなるが、そのコード内に無関係な内容も多く含まれることになり、そもそも、そのようにコーディングした主要な論点を見分けがたくするかもしれない。もちろん、1行ごとのコーディングを用いているなら、コードによる検索で取り出されるのはたいへん短く、センテンス全体でさえないこともしばしばだろう。そのため、立ち戻ってコーディングをデータのより大きなまとまりに拡張するのがしばしば役立つ。しかし、1行ごとのコーディングを終えてしまっているなら、大変な作業量となりうる。

　検索取り出しで留意すべき第二点は、これが行ったコーディングの質をチェックする機会となるということである。特にコードの適用が一貫しているかを確かめることができる。検索取り出しは分析の最後の方で行われることが多く、すでにコーディングしたことについての考えを発展させているだろうし、コーディングのしかたそれ自体を修正してもいるだろう。そこで、実際にコードづけしたものに筋が通っているかを確認し、もし必要であれば、適切でないとわかったデータからコードを外したり、別のものとして再コード化する機会となる。これはまた、書き出した全てのコードの定義がいままでコードづけしたデータの意味と意義を正確にとらえているかをチェックするよい機会でもあ

る。これはコードづけしたすべてのデータを一同に見る最初の機会であるかも
しれないので、メモをとり、見出したことをまとめ、解釈や分析の展開につい
て、何であれ思いついたことを記録するよい時期である。

　そして第三に、検索して取り出した後、考慮すべきもっとも重要なことは、
データのパターンに注意を払い、それらパターンに説明を与えるよう試みるこ
とである。たとえば、物事がどのように異なっているか、または似通っている
のかを見るために、そしてなぜ差異があるのかまたはないのかを説明するため
に、コーディングされたデータを取り出して検討することができる。シャーマ
ズとミッチェルはこう言う。

> コーディングは、以下の間を比較して統合する素早い手段となる。
> 1. 異なる人びと、物、場面、出来事（たとえば、メンバーの状況、行
>   動、経験の説明）
> 2. 同一人物、場面、物、出来事のタイプについてのデータ（たとえば、
>   人びとと、異なる時間における同じ人びと）
> 3. 出来事と出来事
>
> （Charmaz & Mitchell, 2001, p.165）

　見出されるだろうパターンの1つは、取り出したデータの差異とカテゴリー
である。これは、前節で論じたように、一組の子ノードを構成できるだろうこ
との一種の証拠と言える。期待される、そして分析の思考を前に推し進めてく
れるだろうもう1つのタイプのパターンは、取り出したデータの異なる種類な
いしカテゴリーで（いくつかは、子ノードの可能性がある）、それらのデータは
プロジェクトの別の現象に関係していると思われるものである。こうした別の
現象は異なる種類の回答者かもしれず、異なる文脈で起こっているのかもしれ
ない。または、コーディングしたデータに先だって、あるいはそれに続いて起
こった別の出来事や活動であったかもしれない。ここで探す鍵となる連関は、
コードづけした文字列の部分と事例——それが人びと、場所、出来事などであ
れ——とのそれである。たとえば、ランニングを始めたばかりの人びと（健康
のため、体重を減らすため）の研究で、クラブに入ろうと考えていることにつ
いて話している人びと、あるいはクラブでのランニングを始めた経験をもつ人

6章　比較分析 ｜ 133

びとをコードづけする「クラブに入る」というコードを作った。このコードをつけた全データを取り出して調べると、人びとが報告するある種の期待・経験と、特定クラブのメンバーであるケース（人びと）との間に、関連があるらしいことに気づいた。

　可能性のあるパターンに気づいたら、次にすることは、そのパターンの理由をつきとめるよう試みることである。たとえば、なぜこういう種類の人びとはこの状況でこういう種類のことをしたり言ったりすることが多いのか。ときには、理由が明らかなこともある。こういうことをしたり言ったりしているのは高齢者だけで、なぜそうかはすでにわかっている（あるいは少なくとも、高齢者がなぜそのように異なるのかについて、十分な考えをもっている）。新規ランナーの研究の例では、おそらくクラブの運営の仕方がそれぞれ違い、したがって人びとが報告する経験も異なるために、こうした関連性が現れるだろう。あるいはクラブの施設と活動が異なり、回答者が異なる経験をしているかもしれない。あるいはまた、クラブが異なるモットーや哲学で運営されており、そのため「クラブに入る」ことについて研究参加者が別のことを言っているのかもしれない。このようなパターンや関連は、起こっていることについてのさまざまな着想や仮説をもたらしうるし、そうしたアイデアを調べていくうちに、研究で起こっていることについて、さらに豊かで、いっそうニュアンスに富んだ、より洗練された説明を発展させていけるだろう。

　このような比較を行うための良い方法は、表を使うことである。表は量的分析で広く使われており、普通クロス集計と呼ばれているが、セルの中に数量やパーセンテージが含まれ、たいてい列と行の合計欄がある。データセットにおける異なるサブグループや個人の異なる属性同士の比較をするのに便利な方法である。質的分析で使われる表も似たような比較を可能にするが、それは数でなくテクストを有しており、ゆえに列や行の合計欄はない。質的な表は、体系的比較がより簡単にできるように、データセット全体にわたるテクストを提示する便利な方法である。

　そのような表を作るには、コーディングされたテクストを検索して取り出し、それを、もしくはその要約であることの方が非常に多いのだが、表のセルに当てはめる。表6.2に非常にシンプルな例を示す。ここでの行は2つの事例で、それぞれ研究の回答者である。列は使われたコードのうちの2つである。1つ

表 6.2　質的な表の例、友人と家族

	友　人	家族状況
ジョン	たくさんの仕事上の友人、隣人が1人、連絡を取りあっている以前の同僚たち、学生時代からの友人数人。	妻と2人の子ども（6歳男、3歳男）と暮らしている。フルタイムの仕事に就いていて、12マイル先に車で通勤している。
ジューン	主に村の住人、隣人、学生時代からの古い友人数人、「スポーツクラブに一緒に行く女性」。	離婚して、1人で暮らしている。子どもはおらず、就業もしていない。

は、どんな人びとと親しくしているかについて彼らが語ったことをコーディングしたもので（友人）、もう1つは家族状況について彼らが語ったテクストをコーディングしたものである（家族状況）。セルには、これら2つのコードに結びつけられた、回答者が語ったことの短い要約が入れられており、事例の1つには、回答者自身の言葉の短い引用が含まれている。

　表6.2は非常に単純な例である。実際には1つの研究課題で、おそらく数十のコード、十以上の事例（または回答者）があるだろう。当然、表はずっと大きいものになる。そのような表を、文書作成ソフトウェアの表機能を使ってレイアウトすることも可能である。見やすくするためにページのレイアウトを横向き表示にし、より多く入れられるようマージン幅を狭くし、小さなフォントを使う（例　マイクロソフト社の「Word 2016」では、「レイアウト」の中の「ページ設定」「印刷の向き」で「横」を選ぶ）。パソコンのディスプレイが大きいと役に立つ。紙とペンを使っているなら、大判の紙を使用すること（フリップチャートで使うような）。セルを一定のサイズにする、つまり、行がそれぞれだいたい同じ高さになるようにし、列がおおよそ同じ幅になるようにする。

　表6.2のような表を使う場合、特にもっと大きいものを使う場合は、2つの方法で比較をすることができる。1つの列のセルのテクストを下に見ていって、それを別の列のセルで見ていったテクストと比較することができる。もしくは、行を比較することもできる。1つの行全体のテクストを見て、それを他の1つまたは複数の行にある対応するテクストと比較できる。これらの比較を行い、差異を探し、関連性を見つける。たとえば、

6章　比較分析　│　135

- このような人びとは、他の人びととは違うこういったやり方で振る舞う傾向がある。
- このような状況に置かれた人びととはこのように感じるが、違うように感じる人びともいる。
- 過去にある経験をしたことがある人びとは、そのような経験をしたことがない人びととは違うやり方で、こうしたことを語る傾向がある。

　セルの内容を精査し、必要があれば取り出された元のテクストに立ち返ることによって、発見した差異と関連性を説明できるようになる。
　たとえば、表6.2の行を比較してみると、ジョンとジューンの家族状況は著しく異なるが、多少とも似たような友達を持っていることが見て取れる。事例が2つしかないので、列の比較はさらに限られている。しかし、表6.2を見ると、ジョンとジューンの家族状況と友達の種類に関係性があるのか、疑問を持つかもしれない。

セルに入れられるもの

　セルにはさまざまなものを入れることができる。最もわかりやすいのは、コーディングされたテクストからの回答者の言葉の直接的な引用である。しかし、それが役に立つことはめったにない。なぜなら長くて表が大きくなりすぎ、扱いにくいからである。さらに、テクストが多すぎるということは、表が本来支援するはずのセル間の比較をするのが難しいということでもある。たいていの場合、回答者が言ったことのサンプルを抽出し、際立った、または代表的な引用を少しだけ入れる方が良い。そこで、通常セルには、コーディングされたテクストの要約か、調査者自身の言葉による言い換えが含まれる。このことには、テクストが何を言っているのかを考えるようにさせ、それの何が重要なのかに気づかせるという付加的な効用もある。要約するときは、回答者の言葉を保持するように心がける。コツは、元の言葉の豊かさが失われない程度に長く、同時にセルに入るくらい短くし、元のテクストの細部にとらわれないように心がけることである。略語や慣例を使うこともできるが、もしチームで研究している場合は、使い方が確実に一致しているようにする。トランスクリプトから

表6.3　表のセルに入れる内容

考えられるセルの内容	例
短い直接の引用 書かれたフィールドノーツから の抜粋	嫌な経験。「1人でいて、落ち込んでいるとき。ずっとあれこれ考えていてずっと頭が混乱しているから」。
要約 言い換え アブストラクト	「人に負担をかけたく」ない、他人の家に泊まる。 ホームレスになる＝家や安全な宿泊場所がないこと
研究者の説明 またはカテゴリー化	構造的説明（失業、貧困、服役歴）よりも、個人の経験（不運、関係の破綻）に焦点がある
評価 要約された判断	自責－強い　受けたトレーニングのレベル－低い
上記が組み合わさったもの	「どうやって人に頼むとかそういうことをしたらいいのかわからないんです。十分周知されていません…ここ（宿泊所）に連れてきたのが病院じゃないんなら、どうしてここに来たのか教えてほしい、どうすればいいかわからなかったんだ。またホームレスになったってだけなんだ」。 家を探す技術も情報も不足している。（📄サム p.5）

Miles & Huberman（1994, p.241）より援用。

　長い引用をするよりも、シンボルを使って、トランスクリプトに論点を例示する生き生きとした一節があることを示すにとどめる。それを見つけられるように、（ページ番号で）トランスクリプトへの相互参照を付しておく。表6.3に、さまざまな選択肢がまとめられている。

　このような書き直しは、先の章で提案したようなナラティヴによる説明を比較しようとする際には特に重要である。すでにナラティヴの要素や特徴をコーディングしているならば、上で提案した方法で要約すればよい。しかし、ナラティヴを分析するために表を使う上で、ナラティヴをコーディングしなければならないということではない。たとえば、ストーリーを書き直して要約することから分析を始めたのならば、ナラティヴにおける重要な要素を強調するようにし、その強調したテクストを表の中で使うとよい。このように、表を使うと、子ども時代の経験への言及や人びとのナラティヴ間のエピファニー*を取り出

6章　比較分析　137

すといった、ナラティヴに共通する要素を比較するのに役立つ。

　ナラティヴの分析者の多くにとって、このような比較は、見当違いとは言わないまでも、少なくとも疑わしい。彼らにとってナラティヴ分析の強調点は、事例の独自性を取り出し、話者が世界をどのように経験しているのかを理解するために、全体論的な方法で要素を結びつけることにある。表にテクストを挿入したり、ましてや書き直したりすることは、ストーリーを解体し、個々の要素を文脈から切り離してしまいがちである。しかし、独自の、全体的なナラティヴのナラティヴによる説明を、事例間の比較に結びつけてはいけない、という理由は見当たらない。結局私たちは、人によって語るストーリーがいかに違うかということを知りたいのかもしれない。それぞれの物語は話者について何がしかを教えてくれるだろう、しかし、なぜストーリーはこんなにも違うのか、語られたストーリーや出来事や経験に関係性はあるのか、といった質問に答えようとしていけない理由はない。

事例間の比較

　表の最も一般的な使い方は、事例をまたいだ比較を容易にすることである。事例はいろいろなものでありうる。最も多いのが、回答者、または家族のような回答者のグループである。これは、インタビューを使ったナラティヴ研究やプロジェクトの場合である。しかし事例は、研究で調査される場面もしくは状況（スポーツクラブ、会社の部署、クルーズ船、医者の手術、小売店など）、出来事（フットボールの試合、議会選挙、結婚式、就職面接、コンサートなど）、もしくは活動（家を買う、食事をする、旅行する、運転を習う、クラブに行くなど）などいろいろある。これらの例では、それぞれの事例のテクストは、インタビューやエスノグラフィーでつけたノート、観察や集められた文書など、その出所はさまざまだろう。どのような種類であれ、比較される事例はすべて同じタイプであるべきである（たとえば回答者か家族か結婚式か小売店か）。しかし、回答者による比較をすることも可能である、そして、データの異なる部分を使ったり異なる表を使ったりして、たとえば回答者がかかわっている重要な出来事による比較をすることも可能である。

　例をあげると、表6.4では3人の認知症患者の介護者を比較している。最初の列は介護者の名前、次の列は簡単な経歴である。通常、表の列にこのような

表 6.4　事例間の比較例

	経　歴	介護に対する姿勢	他の介護者との交流
バリー	妻のベリルを介護。会計士。化学会社ウェストで働いていた。今は退職。妻と同居。	レスパイトケア[訳注]は利用していない。「彼女に家にいてほしいんです」。介護の手を緩めることはあまりない（休日以外は）――日常生活の中で介護行動に順応している。「彼女がきちんと服を着て清潔にしているのを見るのが好きなんです」。	しばしばクロスローズから定期的に介護者が来る（木曜午前）。火曜と木曜はデイケア。毎週火曜午前、アルツハイマー病協会の集まりに行く。
パム	母親のデニス（1978年離婚）を介護。デニスは老人用の離れに住み、自身は夫と息子（17）と居住。フルタイムの教師。	介護は難しいことではない。「彼女はとてもおだやかな気性なんです」。ジェイムズ（息子）が時々手伝う。デニスが新しいケアセンターに行ったときは、うまく落ち着けるか心配した。「でも彼女は落ち着くチャンピオンでした」。	定期的たいてい火曜午前、アルツハイマー病協会の集まりに行く。そこで良い交流がある。デイケアは水曜日、クロスローズの介護者が月曜午前と金曜午後に来る。
ジャニス	父親のビル（妻は1987年死去）を介護。父親名義の家に同居。本屋でパートをしている。	時々レスパイトケアを利用。父が「徘徊」したときはいらいらする。友達と丘歩きできないのを残念に思っている。「2人ともテレビの見過ぎです」。	時々毎週水曜にデイケア。アルツハイマー病協会に、3年間で2倍行くようになった。他の介護者は知らない。

事例ごとの内容を含めると役に立つ。もし比較しようとしている事例が回答者ではなく、たとえば組織ならば、この列にその組織に関する簡単な記述を入れる。3番目、4番目の列は、介護に対する介護者の姿勢および他の介護者との交流という2つのコードでコーディングしたテクストからのデータである。これらの列には、選択された代表的な引用と研究者の要約との組み合わせが入れ

[訳注] 在宅要介護者を介護している者に休養を与えるため、被介護者を施設に一時預かる制度。

6章　比較分析　139

られている。

　表 6.4 は単なる例示であり、ページに収まるようにしたため非常に小さい。通常このような表は研究の回答者全員（または事例の全部）が含まれるので、行がもっと多く、列ももっと多い。たとえ中くらいの大きさのコードリストであっても、それらすべてに列を割り振ることはできないだろう。コードの適切なサブグループを選択し、ひょっとしたら、そのそれぞれに表を作る必要があるかもしれない。そのそれぞれに伝記的な列を繰り返す。典型的なサブグループとして、コード階層の単一ブランチ中の兄弟のコード、あるいは、関係していると思うコードグループが含まれる。

　データをこのように表の中に入れることで、事例間の比較がしやすくなる。ある行のセルを別の行のものと比べればいいだけだ。事例間の相違点と類似点を探し、伝記の列のデータと比較することによって、いくつかのパターンを見て取ることができるはずである。ある種の事例はある種のコーディングと結びつきやすい。上述した表はまた、列を比較するのにも使える。その方法の 1 つは、ある列のセルのテクストをグループにして、サブタイプの分類を生み出すことである。ここで、行を並び替えるのが有用だろう（ボックス 6.3 参照）。行をまたいで見ていくと、この分類が他の列の何かのパターンと結びついているかどうかを調べることができる。

ボックス 6.3　　部分的な事例の並べ替え

　マイルズとフーバーマンは、表の事例を部分的に並べ替えることがしばしば可能だと示唆している（Miles & Huberman, 1994, pp.177-186）。これは自身の考えのディメンションを見ようとするときに特に適している（ボックス 6.2 参照）。たとえば、表 6.4 の最後の列「他の介護者との交流」は、どのくらい交流があるかで並べ替えることができる。私はこのことを、交流の頻度を示す言葉をそれぞれのセルの一番上に置くことで示しておいた。そうすれば、この列を交流の少ない順（または多い順）にして、同程度の交流頻度の列をひとところに持ってくるように、並べ替えることができる。もし文書作成ソフトウェアを使っているなら、ソートを使って表の列を並べ替える（例　Word 2016 では、列のタイトルを含めた表全体を選択して、「表ツール」「レイアウト」の「並び替え」をクリックする。ダイアログでは、並べ替えたい列をプルダウンメ

ニューから選択して、「OK」をクリックする）。もう1つの方法として、文書作成ソフトウェアのカット＆ペースト機能を使って、列全体を表の上下に移動させることもできる。そうすれば、同じディメンションの列を、一緒にグループ分けすることができる。次に他の列を横断的に見てみて、作成したグループ分けに合致するパターンがあるかどうか確かめる。もしパターンが見られれば、それは2つのコードの関係性に対する予備的証拠と言えるだろう。たとえば表6.4の事例では、介護に対する姿勢と、他の介護者や介護組織と交流する頻度の間に関係性が見つかるだろうと期待するかもしれない。介護に対する肯定的な姿勢によって示される、認知症患者の介護への取り組みの成功は、支援団体と定期的に連絡をとることによって、介護者が社会的に孤立するのに対抗していることと関係があるように見える。

類型化

事例間の比較を使うと、データの鍵となる類型を構築するのに役立つかもしれない。類型化とは、多次元または多元的でありうる物事を分類する方法である。言い換えれば、物事の2つ（またはそれ以上の）はっきりと異なるカテゴリーに基づいている。この章の前半に、破綻の原因であるコードの数を減らすことについての議論の中で、単純な例をあげた。この場合は、コードのディメンションを検討することによって類型化を発展させたが、それを適用した事例は出来事（関係の破綻）であって、回答者ではない。類型化のきわめて重要な特性は、各事例が唯一無二のタイプに割り当てられるように、すべての事例を分けることである。類型化は分析や説明の有用な方策であるが、すべての研究が類型を生み出すわけではない。しかしながら、適切に使えば、データの主要な違いを説明するのに役立つ。

リッチー、スペンサー、オコナーらは、学習障害を持つ成人した息子または娘がいる両親についての研究例について論じている。その研究は、なぜ息子や娘が両親と一緒に暮らし続けるのかについて調査し、両親が代わりの措置を検討する必要性を認識しているかどうかとすぐに行動に移しそうかどうかに基づいて、4つの類型を提案した。以下がそれである。

• **逃げる親**：「子どもが家を出る」事態は絶対に起こらないであろうし、息

子や娘は常に世話をしてあげるものだと思っている。

- **先延ばしにする親**：いずれ行動を起こさなければならないことに気がついてはいるが、現時点では時期尚早または難しすぎると感じている。
- **議論している親**：行動を起こす必要性と変化を起こす困難さとの間で苦しんでいるが、そのプロセスを始めようとしている。
- **行動を起こす親**：息子や娘のために暮らし方の代替案を見つけるため、すでに何らかの行動をとったり具体的な計画を立てたりしている。

（Ritchie et al., 2003, p.247）

コーディングされたテクストを比較するため上のような分類一覧を使って、彼らは、「逃げる親」はおそらく息子や娘と離れた経験が少ないからそうなるのだということを見出した。

コードと属性テーブル

表のもう1つの使い道は、事例間、つまり事例全体の比較である。そのような表では、内容はデータセット全体かサブサンプルとなるかもしれない。典型的に、表の行と列は、コード*、類型、属性*である。属性とは、事例のプロパティである。たとえば、事例が回答者であった場合、属性は性別であるかもしれない。事例が会社であった場合、属性は会社の規模かもしれない。

たとえば、無職で働き口を探している人びとに関する研究において、回答者は異なる求職活動のしかたをしていた——ルーチン、偶然、企業家的。そこで、女性が採るやり方と男性が採るやり方を比較したいと思うかもしれない。表6.5はその比較表である。この表の行は事例ではないため、セルは複数の事例または複数の回答者からのテクストを含んでいる可能性がある。したがって、どの例を含めるか、自分の言葉で説明し直す場合にどのように要約するかを注意深く検討することがさらに重要である。事例間の表よりも、セルをさらに大きくする必要があるかもしれない。

表6.5を使う最も直接的な方法は、性別が職を探すやり方にどのように影響を与えたかを尋ねること、つまり、男性と女性の列を比較することである。たとえば、女性は育児や同僚たちのスケジュールにうまく合わせることについて言及したのに対し、男性はしなかった。これを確かな性差だと認定する前に、

表 6.5　性別による職の探し方

	女性	男性
ルーチン	子どもの養育に必要なことですることが決められています（ポーリン）。 1日も欠かさず新聞を買います（ジューン）。 前はよくレーストレインに行っていました … 職業訓練団体にも入っていて … 書類や、もらった手紙をすべて保管し記録していました（シャロン）。	私はよく新聞を端から端まで読んで午前中を過ごしました。新聞は買ったり図書館に読みに行ったりしたものです。午後は、情報を得るためにあちこち手紙を書いたり、応募書類に記入したりして、それから晩はまた夕刊を読みます（ジム）。 1週間ずっとまったく同じパターンです（ハリー）。
偶然	どうしてもってわけじゃなくて、ただそうするんです。たまたまです（スーザン）。 どうしてって言っても、夫がシフト制で働いているからです（メアリー）。	決まったやり方はありませんが、忙しくなるようにはしています。何かに没頭するようにしているんです。庭仕事がたくさんあります（デイブ）。 いいえ、それほどでも。月曜と水曜と金曜はたいてい出かけて職を探す、そんな感じです（アンディ）。
企業家的	個人的に友人を通じて、会社にアプローチします（ジューン）。	私は毎週何日か仲間と一緒に … 過ごします。私がいることを確実に彼らに知っておいてほしいんです（ジョン）。

（Gibbs, 2002, p.191）

その他に考えられる説明を排除する必要がある。この差異を説明できる要素が他にもある可能性があり、そのことを調べるためにデータに戻る必要がある。たとえば、女性は男性よりも若かったのかもしれず、ゆえに若い家族と同僚を持っていることが多かったのかもしれない。または、単純に表に入れるテクストをどのように選び要約したかという問題だったのかもしれない。

時系列での比較

　表は事例内における関連性を検討するのにも使われる。表6.6はその例である。この表では、すべての情報は1つの事例からのものである。伝記研究の一環として、慢性疾患を持つ人に、数か月おきに3つの異なる状況でインタ

表 6.6　単一事例におけるの比較の例

	1回目のインタビュー	2回目のインタビュー	3回目のインタビュー
痛みの管理	「最初は、痛み止めを使い果たすのではないかと心配でした」。	「副作用が心配で、なるべく痛み止めは使わないようにしています」。	「眠気の方が痛みよりましだと感じることがあります」。
親族の援助	「夫はできる限りの援助をしてくれました。でも料理はあまりしませんでした」。	「フレッドは料理の夜間クラスに通いました。今では自分でもかなり楽しんでいるんじゃないかと思います」。	「フレッドが病気になったらどうしたらいいのかわかりません。子どもたちはとても遠くに住んでいますから」。
自立	「私は病気になって自分のことしか考えていなかったので、人の助けを借りるのを気に病むことはありませんでした」。	「フレッドや他の誰かに、物を動かしたり持ち上げたりしてもらわなければならないのはいらいらします」。	「新しい機器を使えば、前よりたくさんのことをコントロールできていると感じます」。

(Gibbs, 2002, p.192)

ビューがなされた。表の行は人生に対する重要な側面で、表を見ると、その人生に対する見方が時間とともにどのように変化したか（またはしなかったか）が簡単に比較できる。

　各行を横断的に読むことで、時系列の比較ができる。こうすることで、痛み止めを服用することに対するこの回答者の考え方が、痛み止めの使用に慣れるにつれてどのように変わっていったかを見ることができる。他の行についても同様のことができる。一方で、説明は表の列の上下を比較すれば推測できる。たとえば、列2と3の2行目と3行目のセルの中のテクストを比較すると、自立という考えと親族の援助とが無関係ではないということが示唆される。食事を供されざるを得ないということが、家事がきっちり分担されている夫婦の中で（「私の夫は … でも料理はあまりしませんでした」）、依存感情に明らかな影響を与えている。

144

モデル

　モデル*とは、その状況におけるたくさんの他の側面や要素との関連におい
て、研究されているその現象の重要な局面として取り出されたことを説明しよ
うと試みる枠組みである。したがって、ホームレスの人びとが維持している一
種の友好関係をその機能（精神的な支援、ドラッグの売人、泊まる場所、社会的
活動）、またはそれがもたらされた原因（路上、刑務所、宿泊所などでのつなが
りを通して、たまにしか連絡を取らなくても問題ない、感情的な欲求に応えられ
るなど）の視点から説明するかもしれない。

　上述の方法で表を使用した説明が、そのようなモデルを作り上げるのになく
てはならないことがある。核となるモデルを構成し裏付けることができるのは、
そのような比較、関連づけ、説明である。今説明した方法で表を使用するこ
とは、生み出されたいかなるモデルもデータを丹念に読み解くことから生まれ、
したがってデータと緊密に結びついて支持されるものだということを示唆してい
る。そういう意味では、データ駆動である。

グラウンデッドセオリーにおけるモデル

　4章で、グラウンデッドセオリーの提唱者たちが提案した、コーディングの
初期段階である、オープン・コーディングについて検証した。ストラウスと
コービンがアクシャル・コーディング*（axial coding）とセレクティブ・コー
ディング*と呼んでいるものはこれに続く段階で、彼らはコードをモデルにま
で構造化するべきであると指摘する（Strauss & Corbin, 1998）。もちろん、モ
デルはデータに根ざしたものでなければならない。そして基本的に、データか
ら帰納的に生成される。コーディングを洗練させ、コードブックを再編成し、
事例を比較するなどした後で、ストラウスとコービンはモデルを作り出すこと
を提唱したが、そこには6種類のコードが識別できる。それらを表6.7に、短
い説明とホームレスの人びとへのプロジェクトから取られたいくつかの例と一
緒にリストアップした。それぞれの要素は順番に次の要素に因果的影響を与え
ると考えられている。たとえば、原因条件が現象を生成し、それが今度はその
文脈の中での方略を生み出す。これらは介在する状況によって仲介され、結果

表 6.7　アクシャル・コーディング・モデルの要素

モデルの要素	説明	ホームレスの人びとに関する研究からの例
原因条件	中心の現象、出来事、事件、偶然に影響を与えたもの	失業、「家庭」、借金、麻薬問題、性同一性
現象	管理したり対処したりするのにあたって、どの一連の行動または交流が向けられたか、あるいは、一連の行動がどれに関連しているかに関する中心的な考え、事件、出来事	ホームレスになること、家なしで生き延びること
方略	現象に対処するため。目的的、目標志向的	友達の家に泊めてもらう、苦しい生活をする、政府機関に助けを求める
文脈	出来事が起こった場所	ホームレス用の宿泊所、ストリート文化、一時的な宿泊施設
介在する状況	特定の文脈でとられる方略をかたちづくったり、促進させたり、制約したりする状況	麻薬、犯罪歴、自立願望、性的傾向
行動／交流	認識されている一連の状況下の現象を、何とか管理し、対処し、実行し、反応するために考案された方略	個人的な接触、友人のネットワーク、薬物療法センター、慈善団体、物乞い、軽犯罪、新しい地区への移動
結果	方略の結果としての行動または交流からもたらされた結果	家を得る、刑務所、病院

につながる行動や交流を生み出す。

　最終段階のセレクティブ・コーディングは、研究の中核と思われるコーディングされた現象あるいはテーマを1つだけ特定することである。そうであるとわかるのは、それらがモデルの中の他の多くの要素とつながっているからであり、もしくはそれがコード階層の中のずっと上位にあるからである。そうしたものの中から1つを中心となる現象として選択する必要がある。もしよい候補が2つあったとしても、ストラウスとコービンは1つだけを選ぶことを勧めている。それは難しいことが多い。ポイントは、中心となる現象をめぐって、研

究の要素のほとんどをまとめ上げるストーリーを組み立てることにある。ホームレス研究における候補としては、「ホームレスになること」と「依存としてのホームレス」がある。「ホームレスになること」は、たった「一夜」で起こるようなことではないのは明らかである。それは、いくつかの外部の（構造的な）力と、ホームレスの人の側のいくつかの個人的な決断が組み合わさった過程なのである。しかし、ひとたびホームレスになれば、その人は他人（友人、慈善団体、もしくは政府）にどこか泊まる場所を、そしてもし仕事がなければ、生計を立てるために収入を与えてくれる誰かに依存するようになる。このことは、ホームレスの多くがどこかの時点で、いかに自分が自立しているか、またいかに自分が他人の支援に頼りたくないと思っているかを指摘しているように、明らかに緊張を生む。「ホームレスになること」も「依存としてのホームレス」も中心となる現象たりうるが、どちらか1つだけを選ぶべきである。なぜなら、どちらも非常に異なる研究を定義するからである。

　いったん中心となる現象を選んだら、セレクティブ・コーディングでそれを他のコードに系統的に関連づける。これには他のコードをさらに洗練させることが必要かもしれないし、それらのプロパティやディメンションの欠落を補うことが求められるかもしれない。この段階までに行う仕事の大半は、コードを操作することである。つまりコードを移動させたり、新しいコードを作ったり、コードを融合させたり分割させたりである。この段階に関しては、活動の大半は分析的で理論的である（Flick, 2017a, b も参照）。

理論と説明を発展させる

　本章のはじめに指摘したように、ある種の質的分析の報告は、調査者が見出したことを叙述的にまとめた以上のものではない。しかし質的分析は、それ以上のことがたくさんできる。これまでの節で、比較のために表をどう使用するかについていくつか提言し、モデルを構築する中で取り出されたコード、カテゴリー、現象間の多くの関係性を特定できることを論じた。次に必要なものは、こうした関係性を説明し、そしておそらくは、見出された現象のタイプあるいは種類を説明する一種の理論である。

　多くの場合、理論はすでに存在するであろう。見出した関係を説明する先行

研究と分析があるだろう。これは、あなたの研究に意味がないということではない。その理論は非常に異なる文脈や学問領域で開発されたもので、あなたが見出したことは、あなたの研究の文脈で、あなたが調査した種類の場面に生きており、行為している研究参加者のタイプに当てはまる。したがってあなたの研究は単なる複製ではなく、既存の理論の範囲を新しい場面、人びとへと真に拡張するのである。しかし、そのような既存の理論を見つけるのは容易ではない。運が良ければ、研究提案の段階や、調査研究のガイドとなった文献レビューの段階ですでに出会っているかもしれない。そうでないなら、そういう理論を用いた／開発した他の研究を見つけるために、膨大な文献検索の作業とスキルが必要となる。

　しかしときに理論がなかったり、少なくとも知っている理論は研究から得られた結果に適合しなかったり、見出した結びつきや関係を何らかの点で完全には説明できないことがある。この場合、新しい理論を開発する必要がある。これは質的分析でもっとも刺激的で、面白く、やりがいのある部分であるが、しかしもっとも骨が折れる困難なことでもある。骨が折れるように思われる主な理由は、「理論」という言葉が、何か壮大で、大スケールの、普遍的でしばしば抽象的で、自分の学問領域の大物と結びついていると考えるために、怯んでしまうからである。しかし、理論は必ずしもそのようなものである必要はない。もちろん、そのような理論を開発して、正しく役立つことが証明されるならば、最終的にはあなたも有名になるだろう。一方で、多くの理論はもっとずっと小さなスケールで、より局所的なしかたで適用され、特定の状況に限定されているだろう。それは、ロバート・マートンが中範囲の理論と呼んだものである（Merton, 1968）。そのような限定的な見方しかもたないのであれば、結果の単なる叙述を提供するだけに見えるかもしれない。しかし、理論は2つの点で、特定のことの単なる叙述を超える。第一に、それは概念的であり、研究の現象についての概念を含んでいる。見出した結びつきや関係を説明する力を理論に与えるのは、それら概念なのである。たとえば、ホームレスの研究で、表6.7に示したストラウスとコービンのモデルを適用したとする。ホームレス状態は通常、その人の人生の一時的な状態だと認識されるので、ここで展開された理論は移行の概念を中心に焦点化されるだろう。この概念の鍵となる考えと説明能力によって、家を持つことへの移行を達成するために人びとがどう状況

に対処したかに争点を合わせるよう導く。ある人たちは素早く達成するが、他の人びとにとっては何年もかかり、薬物依存に対処し、職を得るために訓練を受け、よりよい資格を得なければならないかもしれない。どの場合も、移行の理論は人びとがいかに移行を成し遂げ、出会うあらゆる社会構造的要因をどう扱うかにおける移り変わりに焦点を合わせることを可能にする。

　第二に、理論が叙述と異なるのは、分析している研究より広い文脈に一般化可能だからである。こうして何かについての理論を提唱することで、それが自分の研究、サンプル、場面だけでなく、他にも、別の状況の似た人びとにも適合すると主張しているのである。理論を提案するとき、研究した場面や人びとを超えてどこまで適用できるのかを特定すべきである。たとえば、ホームレスから導かれた移行理論の場合、ホームレスの人びとがこれに対処するしかたは、難民になったり刑期を終えて更生した人びとにも見出されるだろうと指摘できよう。

　理論を開発する上での重要課題は、何かしら新しい着想を得ることである。研究についての理論を開発するには創造的であることを要し、それは非常に大変であり、大方の人が避けようとすることでもある。心理学者はかねて、われわれが認知的易き、すなわちよく知っていてしばしば起こることのほうへ流れがちであることに気づいていた。これはカーネマンとトヴァスキーによって意思決定の領域で徹底的に研究され、カーネマンは著書『ファスト＆スロー：あなたの意思はどのように決まるか？（*Thinking, Fast and Slow*）』（Kahneman, 2011）で研究結果を要約している。カーネマンは、意思決定（大きな決定でも小さな決定でも）の大半は素早く行われると指摘する。それほど考えるでもなく、たいした努力なしに、反応がすぐやってくる。カーネマンはこれをシステム1、あるいはより簡単に、素早い思考と呼ぶ。たいていの場合これはうまくいき、たいして困難もない。しかしときに、対処しなければならない問題やしなければならない決定が、この素早い方法では対応できないことがある。こういうとき、カーネマンがシステム2、あるいは遅い思考と呼ぶものに関わらざるを得ない。課題に一定程度努力を注がなければならず、認知的緊張を経験するが、これは実に努力を要し、簡単に素早くはできない。カーネマンは数学の例をあげている。2×2は？　と聞かれたら、ほとんど意識的に考えるまでもなく、答えの4が浮かぶだろう。答えの「4」を考えるのを止めるのはほとん

ど不可能でさえある。これは素早い思考である。これがたいていの場合、たいていの状況におけるわれわれの思考のしかたである。しかし 17 × 24 は？　と聞かれたら、正解を得るのにずっと時間がかかるだろう。学んだ大きな数を掛けるいろいろなテクニックを当てはめなければならないだろうし、計算を紙に書く必要があるかもしれない。計算はできるが、努力し、集中しなければならない。これは遅い思考である。

　素早い思考はほとんど努力がいらないので、可能なときにはいつでもそうしようとするために問題が起こるとカーネマンは言う。ときにそれは不適切となり、答えや決定がバイアスのあるものになったり、正確でなくなったりする。ときには、そのバイアスに気づかないことさえある。私はこの素早い思考の傾向が、質的分析を行うときに直面する問題のいくつかを説明すると思う。われわれは言語使用者でありかつ社会科学者であり、そしてこれらの要因の両方が、素早い思考に起因するバイアスと限定された考えを生み出しうる。第一に、データを読んだり聞いたりするとき、それが何を言っているのか理解しようとしないではいられない。これはわれわれが四六時中行っていることであり、ほとんどの場合非常に素早く、大して考えず行っている。自分に対して言われていることを非常に素早く理解するが、場合によっては、これが表明されている、あるいは描写されている他のことを見えなくしてしまう。もちろん、常に遅い思考のやり方で、何を言われているのか問いただしていたら、奇妙に思われるだろう。したがって、われわれに何を言っているかの理解と解釈は素早くなされる。これが、質的分析がデータを何度も何度も読んで子細に吟味する必要がある1つの理由である。予期していなかった何か、新しい、驚かされる何かが見つからないか、見ていかなければならない。第二に、社会科学者でもあるので、社会科学的の現象やその説明について相当の知識をもっている。そのため、データを社会科学的に探索し説明しようとするときに、素早い思考と同じ種類の経験をするのである。ものごとをそれについてはすでに知っていると見なしがちであり、既知の理論や説明を使って説明しがちとなる。たいていの場合はそれで問題なく、適切であるものの、異なるように考え、創造的になって新しい理論や説明を考えるのが非常に難しくなる。

理論を開発する方法

　新しい理論を着想するのは簡単ではない。創造的になり、何が有効か、多大の認知的努力を傾注する必要がある。残念ながら 17 × 24 の場合のような、単純に一組のルールや手続きに従うという問題ではない。驚くことではないが、創造的になる平易な、保証された方法はない。しかし幸いなことに、新しいアイデアや理論を開発する、役に立ちそうな方法がいくつかある。そのいくつかについては、4 章で、コーディングをどう開発するかについてグラウンデッドセオリーの提案を論じたが、この場合は、それらをコーディングにではなく、理論的思考に適用しなくてはならない。つまりそれらを、読み込みをしているときに着想した理論の開発や修正に用いるのである。4 章で論じた方法に、フリップフロップ・テクニック、つまり極端と極端を取り上げることがある。着想した理論はおそらく、現象の範囲やタイプを一定程度はカバーしているだろう。理論をその範囲の局限まで —— あるいはそれを超えて —— 進めてみる。それは破綻するかもしれない。意味がないかもしれない。しかしデータに見出したパターンや結びつきについて、何らかの新しい思考を促すのである。ここでも役立ちそうな 4 章の方法の第二は、「遠く離れた比較」である。これは、アイデア、概念、理論を、他の領域、さらには他の学問領域から取り上げて、それらが現下のプロジェクトに何か有効な考えや説明を生み出すかを見るのである。

　両方の方法とも、研究で感受概念を使用することについてのブルーマーの指摘に似ている（Blumer, 1954）。ブルーマーは感受概念を定義的概念と対比させている。彼は後者は質的研究には適切でなく、研究者に通例、定義と測定の問題に注目することを強いると考える。一方、感受概念は、「経験的な事象にアプローチする参照とガイダンスの全般的な感覚をもたらす。定義的概念が何を見るかを規定するのに対し、感受概念は見る方向を示唆するのみである」（Blumer, 1954, p.7）。この考えは、グラウンデッドセオリーの推進者たちによって取り上げられてきた。たとえばシャーマズ（Charmaz, 2014, 2015）は、研究の計画段階と分析段階の両方で、感受概念 —— 既存の理論、自身のバイアスや知覚、多様な学問領域から引き出せるだろう —— は、研究の問題全体にわたって情報をもたらすアイデアを提供できると指摘している。しかしそれは出発点にすぎない。感受概念はそれが何であるか、どう説明するかは語らない。どうでありそうかを語るだけであり、何が関係しているか、重要かを示唆する。

6 章　比較分析　｜　151

したがってそれらは発展させる必要がある。まさにこれを行うために、フリップフロップ・テクニックと「遠く離れた比較」の方法を感受概念と共に用いることができる。

　エスノグラフィーにおける創造性についての議論で、アトキンソン（Atkinson, 2013）は、新しい理論を開発するいくつかの他の方法を提案している。「倒置」と「文字どおりであること」である。「倒置」とは、理論的見通しをひっくり返すことを意味している。あるプロジェクトで、彼はオペラ上演を含めたオペラ劇団の仕事を研究していた。彼はゴフマンのドラマツルギーの比喩を重要視していたが、それをひっくり返した。ゴフマンのドラマツルギーは「日常生活を劇場であるかのように研究せよ」と指示する。しかしオペラ劇団の仕事はすでに劇場である。アトキンソンはゴフマンの指示を逆さまにし、劇場を日常生活として研究した。この方法の別の例が、全く異なる分野の開発研究にある。とくにラテンアメリカ出身の著者たちは、ラテンアメリカ諸国のような多くの国々を低開発国とラベルづけする、広く流布しているアプローチに挑戦したいと考えた。そういうアプローチは、いろいろな理由から、それら諸国はアメリカ合衆国や西欧諸国に見られるような完全に発展した社会への道をあまり進んでいないということを暗に言っている。著者たちはこの理論をぐるっと変化させて、低開発を動詞として用い、ラテンアメリカの国々は発展によって変わらなかった、あるいは少ししか変わらなかったのではなく、依存的な、従属的な、低開発の状態に変えられたのだと指摘した。低開発は発達の単なる欠如ではなく、それは実際には、経済的、政治的、文化的依存の変化した状態なのである。

　アトキンソンの第二の方法、「文字どおりであること」は、彼の工芸職人、とくにガラス吹き職人の研究で用いられた。伝統的な工芸についての文献には、身体化された知識、しばしば熟練の手について書かれている。そこでアトキンソンはこの身体化を文字どおりにとり、手だけでなく、身体全体に注目した。これは彼に、姿勢、身体のリズム、作業場の狭い空間に閉じ込められた職人たちの異なる身体との協応について考えさせるに至った。そして彼は、ガラス吹き職人の作業場を振り付けの場として概念化し、彼らの作業がどのように協応しているか、どう動き、どう動作の身体的リズムを発達させるかを見たのである。

さらに多くのこの種の方法が、ハワード・ベッカーの本『社会学の技法（*Tricks of the Trade*）』に論じられている。その中で私のお気に入りは、「バーニー・ベックの方法」であるが、これはベッカー自身のものではなく、というのも、彼が説明するように、彼はそれを昔の同僚から教えてもらったからである。最初のステップは、研究から見出した主要なことがらについて、特定の事例に言及することなく、誰かに説明を試みることである。ベッカーはシカゴの教師についての自身の研究にもとづいて、この試みの具体例を示している。

> これらの教師たちはより高い、給与のよい地位に就こうとしたり、あるいは他の市のシステムに移ろうとしたりするのではなく、シカゴの学校システムの中で、学校から学校へと動きながらキャリアを築いていく。学校システム内での地位の異動は、彼らがかかわる人びと —— 生徒、両親、校長、他の教師たち —— が多かれ少なかれ期待するような行為をするであろう学校を探す試みとして理解されうる。 　　　　　　　　　　（Becker, 1998, p.126）

さて重要なステップは、研究の特定の場面や文脈を特定するキータームを使用せずに、これを述べ直すことである。この例では、「教師」「学校」「生徒」「校長」「シカゴ」のような言葉を用いない。ベッカーはこのようにした。

> 私の研究は、官僚制度にいる人びとが何を最大化しようと試みるにせよ、他のすべての参加者が彼らを扱うであろうやり方を評価し、かつ、最もバランスがとれるであろう場所を選択することによって、可能性のある地位のうち、どれかを選ぶことを示した。 　　　　　　　　　　　　　（1998, p.127）

最初のステップは、発見したことの中で何が重要と考えるかを表明するよう強いる。古い諺のように、初対面の誰かに研究が何なのかを簡潔に話さなければならないが、この場合に限り他の社会科学者、あるいは少なくともあなたの指導教官が理解できる専門用語を使ってもよい。第二の重要ステップでは、概念的になり、知見を理論的な言葉で表現することが強いられる。もちろんこの段階はより一般化され、より広い範囲の場面、人びとについての主張がなされる。しかしこれは、どれほどの他の場面が同様の結果を実際もたらすか、あ

るいは研究の場面、参加者のどの側面が彼らをそのように行為させたのかについて考えるよう求めるのである。

　これらの方法は（ベッカーが論じている他の方法とともに）、概念的思考を発展させるのを助けるだろう。それはシステム2の、遅い思考を行うようにさせるだろう。既存の文献や研究に精通するのに必要な労苦と組み合わせることで、研究について何か新しい理論を提案することができるだろう。しかし、これらは方法にすぎない。思考を創造的にすると保証するものではない。しかし他方で、それらはいかに多くの質的研究者が研究の中で、勤勉さと助けとなるアプリケーションを用いて概念や理論を開発してきたかもまた、実際にとらえているのである。

▰▰▰　キーポイント

- コード階層は、コードをグループに編成するが、その際、親コードは1つもしくはそれ以上の子コードを持つ。そして子コード自体も他のコードの親であるかもしれない。そのような配列は物事を整理するのに有益であり、コードの重複も防げる。しかしまた、それに伴うカテゴリー化はデータ分析における一段階とも見ることができる。

- 比較をすることは分析における重要な段階である。そうすることで記述的なレベルの枠を超えることができる。表はそのような比較を容易にするため、データをレイアウトする有益な方法であるが、データ量を考えると、表のセルの中に何を入れるかを慎重に検討する必要がしばしばある。セルの中にはコーディングされたテクストの要約、概要、重要な引用、またはキーワードなどが入る。

- そのような表の一般的な使用法は、事例間の比較を可能にすることである。この1つの重要な産物は、2つかそれ以上のコーディングの案に基づいた諸事例の類型を生み出せることである。

- 表はまた一連のコードを他のものと比較するために使うことができる。もし、コード一式のそれぞれが同じ種類で、それゆえ階層において兄弟である可能性が高いなら、しばしば最も意味をなす。表のもう1つの使用法は、年代順の比較である。したがって、いくつかの事例や回答者が時とともに、または研究の段階が変わるにつれて、どのように変化した

かを検討することができる。

- そのような比較は、要素や現象や状況や事例などの間の関係性を理解するのに役立つだろう。この情報を使えば、原因、方略、介在する状況、行動、そして結果を識別する状況のモデルを構築できるかもしれない。
- 分析の最終的な結果は、これらの関係を説明する新しい概念と理論の開発である。これは行うのはたやすくないし、従えばよいステップや手続きもないが、知見について創造的、概念的になるために多くの研究者が有用だと認めたいくつかの方法がある。

さらに学ぶために

以下の文献は、比較することについてより詳細に論じている。

Becker, H. S. (1998) *Tricks of the Trade: How to Think about Your Research While You're Doing It*. Chicago and London: University of Chicago Press. ［ベッカー／進藤雄三・宝月誠（訳）(2012)『社会学の技法』恒星社厚生閣］

Lofland, J., Snow, D., Anderson, L. & Lofland, L. H. (2006) *Analyzing Social Settings: A Guide to Qualitative Observation and Analysis*. Belmont, CA: Wadsworth/Thomson.

Miles, M. B. & Huberman, A. M. (1994) *Qualitative Data Analysis: A Sourcebook of New Methods*. Beverly Hills, CA: Sage.

Kuckartz, U. (2014) *Qualitative Text Analysis: A Guide to Methods, Practice and Using Software*. London: SAGE.

Spencer, L., Ritchie, J., O'Connor, W., Morrell, G. & Ormston, R. (2014). 'Analysis in Practice', in J. Ritchie, J. Lewis, C. McNaughton Nicholls, & R. Ormston (Eds.), *Qualitative Research Practice: A Guide for Social Science Students and Researchers* (2nd ed.) London: Sage, pp.295-346.

訳者補遺

戈木クレイグヒル滋子 (2016)『グラウンデッド・セオリー・アプローチ 改訂版：理論を生みだすまで』新曜社

コービン, J. & ストラウス, A. ／操華子・森岡崇（訳）(2012)『質的研究の基礎：グラウンデッド・セオリー開発の技法と手順 第3版』医学書院

佐藤郁哉 (2008)『質的データ分析法：原理・方法・実践』新曜社

7章　分析の質と倫理

従来の質へのアプローチ
リフレクシヴィティ
妥当性
信頼性
一般化可能性
分析の倫理

この章の目標

- 妥当性、信頼性、そして**一般化可能性**に焦点を当てた従来の研究の質についてのガイドラインが、質的分析へのそれらのアイデアの適切性において疑われていることを知る。
- 根本的な問題は、質的研究の研究者は、すべての科学者のように、研究に研究者の経歴や境遇、好みがある程度反映されることから逃れられないという認識にあることを理解する。
- 上記のことには実際的なかかわりも倫理的なかかわりもあることを知る。

従来の質へのアプローチ

　もちろん分析が台無しになることは起こりうる。失敗したり間違ってしまったりすることがある。あなたが説明し主張したことは、歪んでいるかバイアス*がかかっていて、実際に起こったこととの関係性が疑わしいかもしれない。ではこのようなことが確実に起こらないようにするためには、どうしたらよい

だろうか？　どうしたら、確実に研究の質を最も高められるだろうか？

　研究の質に関する考えの多くは、量的研究の文脈の中で発展してきた。そこでは、観察された結果の本当の原因を確信できるように、結果の妥当性*、信頼性*、一般化可能性*を確かにすることが非常に重視されてきた。簡単に言うと、結果は以下の通りである。

- 説明が本当に真実または正確で、実際に起こったことを正しく捉えられている場合、**妥当（valid）**である。
- 異なる状況で異なる調査者が繰り返し調査を行っても結果が一致する場合、**信頼できる**。
- 結果が、個別の研究で調査された状況を超えて、幅広い（しかし特定の）状況に当てはまる場合、**一般化可能**である。

　量的研究の研究者は、研究結果ができる限り確実に妥当性、信頼性、一般化可能性を持つようにデザインした、アプローチやテクニックの集積を発展させてきた。しかし、それらは実験デザインや二重盲検法、無作為抽出のような、質的研究や質的分析には適切でないか、めったに使われないものに依存している。

　ということは、質的研究の質は評価できないということだろうか？　質的研究の質を確保するための同等のテクニックはあるのか、さらにはそのような考えがそもそも質的データにも適用できるのかどうかといった疑問が、質的研究の分野において数多く議論されてきた。

　もしあなたが実在論者で、分析ができる限り実際の出来事に即していることを確実にする取り組みに価値があるとするなら、妥当性が一番意味を持つ。対照的に、観念論者または構成主義者の立場をとっている人たちにとっては、分析をチェックする単純な現実などは存在せず、多様な見方や解釈があるだけであって、そもそも上記のような質問をする意味はほとんどない。しかし観念論者であっても、さまざまな解釈や説明が研究者によってなされることが可能であるとはいえ、明らかにバイアスがかかっているものや不完全なもの、さらには紛れもなく愚かなものや間違っているものもあることは、認めざるを得ない。単一の絶対的な真実というものはないにしても、それでも誤りということがあ

158

りうる。だから、どうすれば確実に質の高い研究をすることができるのかとい
う問題から逃れることはできない（Kvale, 2007; Brinkmann & Kvale, 2017 参照）。
質的分析を行っている人びとの回答の1つが、分析の過程で生じる質への潜在
的な脅威に注目することである（Flick, 2007b, 2017b 参照）。以下でこれらの考
えのいくつかを吟味するとともに、そのような脅威の影響を改善するかもしれ
ない、良い実践のための提案をしたいと思う。しかし、ここ数十年、研究者た
ちはより根本的な問うべき問題——リフレクシヴィティ——を取り上げてきた。

リフレクシヴィティ

　簡単に言うと、リフレクシヴィティ*とは、研究の産物は必然的に研究者の
経歴、境遇、好みを多少とも反映するという認識である。科学的モデルは、良
い研究とは客観的で正確でバイアスがかかっていないものだと主張する。しか
し、研究のリフレクシヴィティを重視する人びとは、そのような客観性を保証
できる研究者はいないと指摘する。質的研究者は、他のすべての研究者も同様、
研究論文のテクストの外側にいて俯瞰的な立場にある、客観的で信頼でき、か
つ政治的に中立な観察者であるとは主張できない。

　ブルワーは、これらの懸念がガーフィンケルとグールドナーにまで遡るとし
ている（Brewer, 2000, pp.126-132）。ガーフィンケルは、社会学者がどのように
自分が記述した世界の内側にいて、必然的にこの世界の一部を反映するかを明
らかにした。グールドナーは、研究者は価値判断から自由ではなく、自分以外
の社会と価値観を共有しており、それゆえに彼らの研究には特に正当性はない
と論じた。グールドナーの主張は、ここ20年間フェミニストの書き手によっ
て取り上げられ、強化されてきた。彼らは、研究の評価、解釈、結論を査定す
る手順に自己批判的に注目することによってのみ、研究の正当性を得られるだ
けでなく、研究はその表現、つまり声なきものに声を与えることに関心を持つ
べきだと主張してきた。特にその研究が報告されている方法に。そのような客
観科学の可能性への批判はまた、反現実主義者やポストモダン*の書き手の間
でも高まっていった。彼らにとって、研究者の影響を除外しようとしても無駄
であり、それよりも、われわれはこれらの影響を理解し、監視し、報告する必
要がある。ブルワーはこう述べている。

7章　分析の質と倫理 ┃ 159

われわれは研究の過程、集められたデータ、書き方について説明するとき、リフレクシヴであることが求められる。なぜならリフレクシヴィティとは、われわれの現実の表現の部分的な性質と、競合し合う現実のバージョンの多様性を示しているからである。(Brewer, 2000, p.129)

その結果は、デンジンとリンカンが「リフレクシヴな説明としての妥当性」と呼んだものへの注目である（Denzin & Lincoln, 1998, p.278）。彼らによれば、研究者は自分の先入観、フィールドにおける力関係、研究者と被験者の相互作用の性質、どのように自分の解釈や理解が変化したか、そしてもっと一般的に言えば、根底にある認識論について率直であるべきだ。ボックス 7.1 は、そのうように仲間による監査に開かれた研究過程を考慮するための提言である。

ボックス 7.1　リフレクシヴな良い実践に向けた提言

1. プロジェクト、その状況、実証的一般化の根拠がより広い適切性を何か持っていないかを検討する。たとえば、状況の代表性を確証する、より広い意味を持つ特殊な事例研究としての、一般的な特質や機能など。
2. まだ研究されていないプロジェクトとその設定の特徴について議論する。どうしてそのような決定をしたのか、その決定から、調査結果に対してどのような影響がもたらされたか。
3. 使用している理論的な枠組みと、研究に取り入れたより広い価値と関与（政治的、宗教的、理論的など）に関して明確であること。
4. 以下のことを考慮することにより、研究者および論文著者としての誠実さを批判的に評価する。
   - 知識が主張する根拠が正当化されている（フィールドワークの長さ、交渉された特別なアクセス、回答者と培った信頼とラポールの程度が議論されている、など）。
   - 状況やトピックにおける調査者の経歴や経験。
   - 研究のすべての段階での経験、特にその中に課せられた制約に言及していること。

- 研究デザインおよび方略の強みと弱み。
5. 以下によって、データを批判的に評価していること。
    - 研究のすべての段階で起こった問題について論じている。
    - データの解釈のために使用したカテゴリー化システムを開発した根拠の概要を説明し、それが回答者自身が用いた固有のもの（インビボの概念）なのか、または分析者が構築したものなのかが明確にわかること。そして、もし後者なら、それを裏付ける根拠がある。
    - 対立する解釈や、データをまとめる代替案について論じている。
    - 十分な量のテクストのデータの抜粋を提供し、そこから導き出された推論やそれについての解釈を、読者が評価できるようにしている。
    - 実践および研究を書き上げることへの階級、ジェンダー、人種、宗教が与える影響を明確にするために、研究者と参加者や研究チーム内における、研究の中の力関係について論じている。
6. 以下のようにして、精査している状況とその理論的表現が基本的に一致していると述べることは避けて、データの複雑さを提示すること。
    - 分析を構築するために採用した、一般的なパターンやカテゴリーから外れた否定事例についても論じている。そうした事例は、しばしば肯定事例を例証し、裏付けるのに役立つ。
    - 回答者自身によって提供された、多様な、そしてしばしば矛盾する記述を示している。
    - 回答者の説明や記述の文脈的な性質を強調し、それらを構成するのに役立った特徴を認識している。

(Gibbs, 2002, p.192)

妥当性

行った研究の妥当性ないし正確さに対するテクニックがいくつかある。それを使用したからといって研究が現実の本当の描写だと保証されるわけではないが、明らかな間違いを防ぎ、データのより豊かな一連の説明を生成する方法である。

トライアンギュレーション

トライアンギュレーション（triangulation）という名前は、土地を測量するときに使われる原理に由来する。遠くにある地点との距離を正確に見積もるために、測量者はその地点と底辺の直線距離が測られている別の2地点とで三角形を作る。そして底辺の両端から、その底辺と遠くの地点とがなす角度を測る。単純な三角法を使って、その地点までの本当の距離を計算することができる。これをメタファーとして、似たような理論的根拠が社会研究にも適用されてきた。対象に対して2つ以上の異なる視点から見ることによって、対象への正確な（もしくはより正確な）見方ができるようになる。これらの異なる視点は、次のような相違に基づいているだろう。

- **サンプルとデータセット**（時間的にも物理的にも別のデータ、インタビュー、観察、文書からのもの）。
- **調査者**（異なる場所にいる別々のチームもしくは研究グループ）。
- **研究方法論と理論**（エスノグラフィー、会話分析、グラウンデッドセオリー、フェミニズム、など）。
(Denzin, 1970)

質的研究に対するトライアンギュレーションの適切性に異議を唱えた著者たちもいた。たとえば、シルバーマンはこのアプローチを認めていないが、それはこれが根本的な唯一の現実を前提としており、われわれはその異なった見方を得るとしているからである（Silverman, 2000, p.177）。シルバーマンは、構成主義者と同じく、個々の研究は発見に対する独自の解釈を提供するのであって、そのどれが根底にある現実により近いかを尋ねるのは無意味だと信じている。

しかし、トライアンギュレーションは、現実に対する唯一の妥当で正確な解釈を生み出すという究極的な意味では用いることができないにしても、実用的な使い道はある。

1. 間違って解釈する可能性は常に存在する。そして、その状況への異なる視点は限界を明らかにしたり、対立する見方のどれがより信憑性が高いかを示唆したりする。シルバーマン自身、結論を補強し実りある探求の方向を提案するため、質的研究でどう量的データを使うことができるか

を示すときにこれを使っている（Silverman, 2000, pp.145-147）。

2. 次の節で述べるように、情報提供者の言動は一定でない可能性が常にある。提供者は、時と場所によって考えや発言についての意向を変えることがあるし、言動と異なることをするかもしれない。データ・トライアンギュレーションの形態（たとえば、回答者にインタビューすると同時に行動を観察する）がここでは有効である。情報提供者が嘘をついたとか間違っていると示すためではなく、人びとがいつも同じように行動するわけではない社会的現実の新たな側面を明らかにするためである（詳細は、Flick, 2017c を参照）。

回答者の妥当性確認

2章で述べたように、トランスクリプションの過程は1つのメディアから別のメディアへの転換作業だとみなしうる。そして、必然的に、そこにはいくらかの解釈が含まれる。トランスクリプションであなたがやろうとしていることは、回答者の世界の見方を忠実に捉えることであり、トランスクリプションの正確さをチェックする方法の1つは、回答者に、正しい理解であるかどうか尋ねることである。もちろん、回答者が発言を一語一句覚えていると期待することはできないが、ばかげた解釈──言うはずのないようなこと──を指摘することはできるはずだ。しかし時に、回答者が実際に発言した録音記録に基づいていることが明らかであるにもかかわらず、回答者がトランスクリプトに納得しないこともある。これにはさまざまな理由があるだろう。

- 考えを変えた。
- 間違って記憶している。
- トランスクリプトに間違った解釈があった。
- インタビューによって状況が変わり、公共の場でそう言えなくなっている。
- そもそも発言が公にされることを望んでいなかった。
- 仲間もしくは権威ある人物から意見を変えるようにとのプレッシャーを感じている。
- 今では、そう言ったことを恥ずかしく思っている。

このことは、トランスクリプトはそもそも発言の忠実なコピーとなりうるのかという疑問を生じさせる。結局、発言は個人的な会話の中でなされたものだが、一方トランスクリプトは公共的文書であり、少なくともそうなる可能性がある。これらは2つの非常に異なったコミュニケーションの形態なのである。

さらに一段階進んで、分析（または要約）を参加者や回答者に見せて、記述が容認でき、納得のいく信憑性のあるものかどうか確認することができる。もちろん、分析の一部だけが参加者にとっては大きな意味を持つ場合もあれば（たとえば、子どもの言語獲得に関する研究）、分析のある部分が、フィードバックするのが危険である場合もあるかもしれない（たとえば、好戦的な原理主義者に関するエスノグラフィー研究）。研究者が証拠に裏付けられていると考える分析の一部に参加者が納得しなかったときにも、ジレンマとなる。

では、回答者が納得しなかった場合、どうすればよいのだろうか？　それには2つの選択肢がある。

1. 彼らの発言を新しいデータとして扱い、なぜ彼らが意見を変えたのか、またはあなたの分析に異議を唱えるのかを明らかにしようと試みることができる。その意見の変遷は、それ自体を興味深いデータとして扱うことができるかもしれない。
2. インタビューを受けた人が、先の発言を削除するか使わないでもらいたいと思っている。これはインタビューを受けた人の権利である。特に発言を取り下げる権利に言及する完全なインフォームド・コンセントの形態をとっている場合には、それを尊重する以外の選択肢はほとんどない。インタビューを受けた人に、意見の変化はそれ自体有効なデータであると説得することはできるかもしれない。そしてそれを第一の選択として扱うのである。しかし、もしそれに失敗したら、インタビューを受けた人の希望を尊重し、データを破棄するべきである（Flick, 2007b, 2017b 参照）。

絶えざる比較

4章で、絶えざる比較*という考えをテクニックとして紹介した。そこで私は、それをコードの作成時および初期のコーディングの過程において、事例内および事例間のチェック方法として使用するべきだと提案した。6章では、

データの分析アイデアを発展させる重要な方法として、事例間比較と他のより高いレベルの比較を検討した。これらの比較において重要なのは、持続的であることである。比較は分析の間ずっと続き、理論や説明を発展させるためだけではなく、分析の記述を豊かにするためにも使われ、そしてその結果、分析が人びとがあなたに語ったことや起こったことを忠実に捉えることを確実にするのである。

　この持続的な過程には、2つの側面がある。

- 特にコードを初めて開発したとき、その適用に**一貫性および正確さ**があるかをチェックするために比較する。同じようにコーディングされた節が実際に確実に類似しているようにする。しかし同時に、それらが異なっている点にも目を向けるようにする。この方法で何をコーディングしたかを詳細に記入しておけば、さらなるコードや、どんなバリエーションに何が関係しているかについての考えにつながるかもしれない。これは循環ないし反復する過程だと見ることができる。このように、コードを発展させ、データ内の他の出来事を調べ、それらをオリジナルと比べて、それからもし必要であればコーディング（および関連メモ）を見直す。
- コーディングされた活動、経験、行動などにおける**差異と変動**を明確に捉える。具体的に言うと、事例や状況、出来事にまたがる変動を見るのである。特に、重要な社会的、心理的要素がどのようにコーディングされた現象に影響しているかを見たいかもしれない。たとえば、それはジェンダー（男性、女性）、年齢（若い、中年、歳をとっている）、態度（運命論的、楽観的、自己効力的（自分の可能性に自信がある）、依存的）、社会的背景（仕事、社会階級、住宅）、教育（私立、公立、高等教育）によって変わるかもしれない。

　妥当性にとって、絶えざる比較の2つの側面、包括的なデータ処理と否定事例の検討が特に重要である。質的分析においては、どんな説明であれ一般化であれ、それをチェックするためにデータを分析し続ける必要がある。その適用性への疑問につながるおそれのあるものは、どんなものでも見逃していないことを確認するためである。これは必然的に、否定事例や逸脱事例、つまり作ろ

7章　分析の質と倫理 | 165

うとしている一般的見地に一致しない状況や例をも検討することを意味する。しかし、質的分析における否定事例や直感に反する証拠の発見は、直ちに分析の棄却を意味するわけではない。否定事例を研究し、なぜそれらが起こったのか、どのような状況がそれらを生み出したのかを理解しようとすべきなのである。結果として、コードの根底にある考えを拡張し、否定事例の状況も含むようにし、ひいてはコーディングの豊かさを広げるだろう。

エビデンス

　優れた、リフレクシヴな研究論文は、それが集められ解釈されたデータにどう根ざしているのかが明確に示されている。このことができる鍵となる方法は、フィールドノーツ、インタビュー、もしくは収集した他の文書からの引用というかたちで、読者にエビデンスを提供することである。引用が含まれていると、読者に設定や研究対象者への臨場感豊かな感覚を与える。それは読者をよりデータに近づかせ、論じている考えや理論がどのように研究対象者によって表明されたかを明確に示すことができる。しかし、引用はコントロールする必要がある。長く引用しすぎたり、短かすぎたりすることは危険である。

もし引用が長すぎれば

- 分析の要点を示すのに、自分の言葉で説明しないで、引用を使っている。これはおそらく、学部学生の研究に最もよく見られる引用の間違った使い方であろう。読者に自分自身で分析をやらせているも同然である。
- 引用に分析に関する多くの考えが含まれているので、読者はその引用がどれについての例であるのか特定するのに苦労するだろう。長い引用には、おそらく読者に、それらをどのように解釈すればよいのか、それらがどのようにあなたの分析につながるのかの説明が必要である。

もし引用が短かすぎれば

- それらは文脈から切り離されてしまうだろう。引用を自分自身のテクストの文脈の中に置くことはできるが、その場合引用が何か言葉の独特な、もしくは普通でない使い方（おそらくインビボの概念）を示すのでない限り、それを含める価値はほとんどない。

ボックス7.2　　引用を含めるためのガイドライン

- 引用は全体のテクスト、たとえば回答者の「生きられた世界」やあなたの理論的考えに関連しているべきである。
- 引用は文脈に基づいているべきである。たとえば、それは何の質問に対する答えなのか、その前後に何がくるのか（もし関係があれば）。
- 引用は解釈されるべきである。どのような見方を裏付け、明らかにし、反証するのか、など。
- 引用とテクストのバランスがとれているべきである。いかなる結果の節や章であっても、テクストの半分以上が引用であるべきではない。
- 引用は通常短くあるべきである。長い節の引用は、短いものに分割して、その間をあなた自身のコメントでつなぐべきだ。
- 一番良い引用だけを使う。同じ論点を示すものが他にどのくらいあったのかを述べる。回答が多岐にわたることを示す場合には、複数の引用を使う。
- インタビューの引用は、書き言葉で表されるべきである。細部が関係している（たとえば、社会言語学研究）分野を除き、特により長い抜粋においては、テクストを整えることは許容される。ためらい、脱線、方言などのすべてを詳細に記述すれば、読むのがとても困難になりかねない。脱線を削除したところを示すためには（…）を使う。
- 引用を編集するためのシンプルな記号対応表があるべきである。論文の最後に、どのように引用を編集したかを述べる（たとえば、匿名性を維持するために名前を置き換えたが、むろん実際の名前の入れ替えではない）。そして、間や省略を表すために使った記号のリストを載せる。

(Kvale, 1996, pp.266-267 より援用)

信頼性

　1人で研究している場合、研究やプロジェクトが異なってもアプローチが一貫していると証明するのは難しいだろう。しかし、分析が可能な限り首尾一貫して信頼できるものであることを保証するために、できることがいくつかある。

7章　分析の質と倫理 ｜ 167

トランスクリプトのチェック

すべき基本的なことの1つは、骨の折れる作業ではあるが、作成したどのトランスクリプトにも明らかな間違いが含まれていないかを確認することである。2章では、私が直面した、特に書き起こしサービスを利用しているとよく起こる問題について論じた。ここでのアドバイスは単純である、何度もチェックすることである。結局のところ、これは避けられない仕事で、たいていの場合あなたしかできない。それは非常に時間を食うが、少なくともチェックするにつれて、データに非常に精通するようになるだろう。

コーディングにおける定義の漂流　コーディングシステムを作り上げているとき、特に膨大なデータセットを抱えているときに特有の問題は、初期に作ったコードを使ってプロジェクトの後半でコーディングした素材が、始めにコーディングした素材と少し異なるかもしれないことである。そのような「定義の漂流」は非一貫性の1つの形態であり、防ぐ必要がある。もちろん、この場合もやはり、持続的なチェックが役に立つ。コーディングを持続的に比較していれば、分析に一貫性がかけてきたとき、それに気づきやすくなる。もう1つ役立つのは、コードについてメモをとっておくことである。そうすれば、最初にコードを作ったときに背景にあった考えを後で思い出せる。一貫性のためのチェックの一環として、後のコーディングの段階でこれらのメモを読み返すようにしよう。

チーム　今では、質的研究プロジェクトは複数の研究者で行われ、時には複数の現場で行われることも多い。チームで研究するということは、質にとって脅威にもなり、助けにもなりうる。問題となりうるのは、まったく異なる仕事や見方を統合する必要があるためである。チームのメンバーがデータを部分的にしか見ておらず、分析について異なる考えを持っている場合には、特にそうである。

質的分析がチームで行われる際に、2つの方法がある。

1. **分業をする**。異なる研究者が、プロジェクトの別々のパートを担当し、異なる状況を調査したり、プロジェクトの違う役割を担う。たとえば、1

人が調整と執筆を行い、1人がインタビューを行い、1人が観察を引き受け、さらにもう1人が分析をする。ここでの問題は、これらの研究者たちが行う仕事をどうやって調整するかということと、どうやって研究者間の十分な意思疎通を確保するかである。単純な回答は、この章で論じた良い実践すべてに取り組み、チームが全員が分析の進展をシェアできるように、定期的に会議を開いて文書化しておくことである。チームのメンバー全員が、プロジェクトで作成された文書に十分にアクセスできることを保証する必要もある。これには、チームメンバーが作成したeメールや手紙や原稿に加えて、集められつつあるすべてのデータ、そして研究や分析を進めるための会議や話し合いの記録も含む。もしCAQDASを使っているなら、チームメンバーがオンライン上のデータやソフトウェアにアクセスできるようにすることも含まれる。この場合、データへのアクセスは読み取り専用にする（もしくは読み取り専用のデータセットのコピーを配布する）。分析に矛盾したり記録のない変更がなされたりするのを防ぐためである。

2. **一度に複数の人物が分析に携わる**。このためには、全員が他の人が何をやっているか確実に知っておくため厳密な協調が必要であるが、分析を共有することには利点もある。なぜなら分析者が互いに分析を比較し合うことはバイアスを防いだり、遺漏を見つけたり、一貫性を保証するために使えるからである。

コードの相互チェック

共同で分析を行うということは、1人の研究者の仕事をもう1人のものと照らし合わせてチェックすることができ、したがって研究者のバイアスを最小限に抑え、コーディングの信頼性を見極めることができるということである。たとえば、2人の研究者が同じデータを扱っている場合、一方の研究者のコーディングをもう一方のものと照合することができる。これは、すでに合意された一連のコードを有している場合にのみ意味があり、コードの定義の明確性と研究者がいかにうまく一貫してテクストをコーディングしたかのチェックである。必然的に、研究者によって、コーディングしようと思った特定の単語またはフレーズには若干の違いがあるものだ。どこでコーディングが始まりどこで

終わるかは、幾分好みの問題であることが多い。より重要なことは、コードの背景にあるコンセプト、または考えである。これはチーム内で合意に達しておかなければならない事柄である。コードが表すコンセプトは、明確で曖昧さがないものでなければならず、このような手順はチームがその問題に集中するのに役立つだろう。

一般化可能性[*]

　引用を使うのと同様、執筆において事例や前例を参照することによって、分析がデータにいかに根ざしているかを示すことができる。しかし、この方法には危険もある。1つは、過度の一般化への誘惑である。実際に意味しているのは「住宅を探している人の中の1人・・・」であっても、「住宅を探している人びとは・・・」と書いてしまいやすい。「住宅を探している人びと」というフレーズの中に「・・・の一部」という言葉が明示的ではないが含まれていると思うかもしれないが、「ごく少数派」「半数以上」「住宅を探している人びとの60パーセント」などと（どれであれ適切なものを）言う方が、読者は分析をずっと信頼するだろう。そのような言葉を使用すると、「選択的逸話主義」と呼ばれてきたものを防ぐのにも役立つだろう。選択的逸話主義とは、一般的な見解を示すために、典型的でない例を使うことである。分析を説明するために、並外れて興味深い例や風変わりな例を取り上げたくなるものである。ブライマン（Bryman, 1988）が指摘するように、論文ではほんの数個の事例しか提示されないことが多いため、読者はそれが代表的な事例なのかどうかわからず、著者もそれを選択した経緯について説明することはめったにない。危険なのは、興味深いが典型的ではない例を使って、正当な範囲を超えて一般的な像を描いてしまうことである。これも、頻度を参照することで防ぐことができる。

　研究プロジェクトで分析したグループや状況の域を超えて一般化することには、慎重である必要がある。量的調査においては、適切な無作為抽出法に基づいて、たとえば介護者だった男性の84パーセントに対し、女性は40パーセントしか支援組織からの支援を受けていなかった、と言えるかもしれない。サンプルが適切に無作為抽出されたものなら、そこから母集団全体に一般化して、一般的に、男性は女性よりも組織からの支援を受けていると正当に主張できる

だろう。しかし、質的研究の場合は、こう主張する根拠を持つことはめったにない。なぜならサンプリングがランダムであることはまずないからである。通常は、質的サンプリングは理論的基礎に基づいて行われる。つまり、特徴ある個人のサブタイプが、そのような個人が調査母集団に占める割合を考慮することなく、サブタイプの代表者として含められる（たとえば、高齢のアジア人女性）。彼らが含められるのは、彼らが興味深く変化に富んだ応答をすると信じる理由があるからである。グループ間に見られる差異は、それらがもたらす影響について何かを教えてくれるけれども、回答者の割合をより多くの人びとにまで一般化して用いるべきではない。

そこで書くときに、「グループの 50 パーセントは ··· のように考えた」のように述べるのはよいやり方である。そう書くことで、これが研究のサンプルにかなり共通した反応であることが明確になるからである。しかし、「したがって、（研究サンプルが引き出された）一般母的集団の 50 パーセントは ··· のように考える」とさらに述べるのはよいとは言えない。おそらく、サンプルから一般化してよい根拠はもっていないからである。せいぜい、「サンプルはかなり典型的であるので、母集団の半分ほどは ··· のように考えると予測される」と主張できるだけである。しかし、サンプルが典型的であり、かつ回答者に尋ねた質問と研究の進め方が、彼らの答えを歪めた可能性はほどんどないことの十分な証拠があることが必要である。

分析の倫理

倫理に適った実践は、分析の質を高める。同時に、不手際で報告が不十分な分析は、ほぼ確実に非倫理的である。研究はすべて何らかの害を及ぼし、コストを強いる。少なくとも、研究は、研究者が彼らの人生に接触するのを許可し、インタビューする時間をとってくれる人びとの善意によって成り立っている。幸運にも、良い研究というのは何らかの役に立つ。われわれの理解を広げ、人びとや社会に利益を与えるかもしれない。そしてとりわけ、実践や振る舞いに変化をもたらし、すべての人の利益になるかもしれない。研究における倫理の重要な点は、損害やコストを最小限に抑え、利益を最大限にすることである。

メイソンは、質的な研究と分析に固有の特質は、考慮に入れる必要がある 2

つの特有の状況を生み出すと主張している。豊かさと後から現れてくる説明である（Mason, 1996, pp.166-167）。

豊かなデータ

　質的データは豊かで詳細に富んでいる傾向があり、研究にかかわった人たちの匿名性とプライバシーを守るのが困難である。調査者は、親しい友人でなければ聞けないような詳細を知るだろう。このことは、研究者と情報提供者の関係は、一種の相互信頼であり一種の親密さであることを意味する。このことを反映した研究実践を展開することが重要である。ここで研究を支配する2つの原理があり、それは参加者に危害を加えることを避けるべきだということと、研究はそれとわかる何らかの肯定的な利益を生み出すべきだということである。いかなる種類の研究も、質的研究で主流の話すぐいのものでさえも、ただ時間の面だけにしても、参加者に何かしらのコストをかけている、という考えもある。しかし、実際のところ、多くの質的研究の参加者は参加を楽しんでおり、その活動から実質的な利益を得ている。それでもなお、話の内容が参加者にとってはストレスとなり精神を消耗させるものであったり、話したことで話者が何らかの危険にさらされたりするかもしれない（たとえば、その状況下であなたにそのことを知ってほしくないと思っている他者から）。だから、研究が引き起こすかもしれない危害を心配する必要があるのは、データ収集の時間だけではない。似たような問題を引き起こすデータ分析の側面がある。特に考慮すべき事柄は、以下の通りである。

- インフォームドコンセント*。情報提供者に、研究に協力しようと彼らが決断するのに関係する研究についての情報を提供し、提供者に馴染みのある言葉でそれを行う（たとえば、専門的になりすぎない）。書面による同意を得、もし参加者がそれをできなければ（たとえば、幼児）、代理人から同意を得る。上で論じたように、ここで重要なことは、参加者はいつでも参加を取りやめる権利があり、回答者による妥当性確認を行う場合、彼らには過去の発言であっても撤回する権利があるということである。
- トランスクリプションの**匿名性**。2章で、匿名性を保証するテクニックをいくつか論じた。秘密性とプライバシーを保証することは、収集された

データの豊かさゆえに、質的分析においてとりわけ問題となる。それが職場で行われる社内調査や研究ではさらに大きな問題となる。回答者や状況を識別できてしまい、匿名にしたり詳細を隠したりすることがより困難になるからである。インフォームドコンセントを得る一環として、すべてのデータの匿名性を保つのには限界があることをはっきりさせておく必要があるだろう。調査状況に近しい人びとは、誰が誰でどれがどこなのか、簡単にわかってしまうだろう。

　この問題は、報告論文で使用する結果をただ匿名にすればよいといった以上のことを含んでいる。許可のない人が匿名化されていないデータに決してアクセスできないようにすることが重要であろう。最も基本的なレベルで言えば、友人や同僚であってもオリジナルのデータを見せないということであり、彼らが他人と話してその情報が回答者や調査した場にいた人びとに伝わってしまうかもしれない場合、特に重要である。さらに問題なのは、争いが起こりやすかったり違法だったり危険だったりする、もしくはその３つすべてが当てはまるエリアで研究を行っている場合である。私の同僚が北アイルランドの元テロリストグループの一員だった参加者の研究を行った。誰にインタビューを行うのか非常に気を遣っただけでなく（彼らが信用する正しい経歴を持つ者）、トランスクリプトが安全なようにどこに保管するかにも非常に気を遣った。彼が北アイルランドに拠点を置いていなかったことが役に立ったが、それでも、保管場所に気をつけなければならなかった。もちろん、彼が刊行するいかなる研究も、十分に匿名性が保たれるのは言うまでもない（そうしなくてもいいという参加者の許可がない限りは）。

- **トランスクリプション***。当然（インタビューやフィールドノーツの）トランスクリプションは、できる限りオリジナルに忠実であるようにすべきである。しかし、２章で述べたように、書き起こしする人を雇った場合は、その人たちもすべてを聞いてしまう。つまり、このことによっていかなる秘密性も壊されないことと、彼らもトランスクリプションしていることの内容によって影響されるかもしれないということをはっきり認識しておかなければならないということである。ここで考えなければならないもう１つの問題は、最終論文で引用した抜粋に基づいて、人びとが参加者に対し

てどのような印象を得るかということである。人びとは普段そうであるように、途切れ途切れに、ためらいがちに、非文法的な口語体で話したかもしれない。そしてあなたはそれをある程度長く、トランスクリプションに残したかもしれない。しかし、ほとんどの参加者は（たとえ匿名化されていたとしても）自分の言葉を見たとき、それと認識するだろうし、なかには、このように言った通りに自分の発言が記録されているのを見て動揺する人もいるかもしれない。ここでも、抜粋を載せるのなら、インフォームドコンセント情報の中でこのことに言及するのが良いだろう。

• **処分か長期保存か**。近年、とりわけ倫理委員会の要請によって、研究者が一定期間を経過した後プロジェクトのすべてのデータを破棄することがますます一般的になっている。これが適切になされれば、その後秘密性と匿名性が破られる心配はなくなる（研究の刊行から持ち上がる心配を除けば）。しかし、私から見ると、廃棄は用心しすぎに思える。そしてもちろん、これはデータをアーカイブに保存する必要と直接ぶつかり合う。今では、質的データを再分析することへの関心が高まっており、これは古いプロジェクトのアーカイブされたデータ、あるいは少なくとも保存されたデータなくしては不可能である。さらに、自分の発言が変化をもたらすかもしれないと期待して、進んでプロジェクトのために時間を割いてくれた多くの回答者は、自分たちの言葉が破棄されていると知ったら傷つくだろう。そこで、長期の秘密性と匿名性が適切に対処されうるならば、研究者は他の研究者が後に使えるよう、データを保存する方途を探求すべきであると思う。これを行うもっとも簡単な方法は、この目的のために設立されたデータアーカイブにデータを預けることである。イギリスには国立データアーカイブがあり、基金による主要な研究プロジェクトと国家的重要性のあるデータセットのためにこれを行っている。しかし、大学や地方政府など、他の多くの機関も、アーカイブや保管所を運営している。国立データアーカイブは何が保存されるか、どのように匿名性が確保されるか、どのフォーマットでデータが保存されるかについて、よく定義された基準をもっている。この最後の点は、電子／デジタルデータを扱うとき、とりわけ重要である。インクは色あせ、紙は腐食して塵になるかもしれないが、紙ベースの記録は正しく管理されれば数百年もつ。しかしデジタルファイ

ルはそうではない。デジタル記録媒体によっては数年でデータ損失を起こしてしまうかもしれないが、これより短命なのがデータを格納するフォーマットである。わずか十年かそこらのうちに、古いソフトウェアで作成されたファイルはフォーマット方法が変わり、それが読めるソフトウェアはもはや入手できなかったり、新しいコンピュータでは作動しなかったりするため、読めなくなる。これは、地方のアーカイブにデータを保管しようとするときに考慮すべきことである。一番よいのは、国立データアーカイブが定める文書ガイドラインに従うことである。そうすれば、すぐになくなるフォーマットを使うことを避けられる。これは、CAQDASを使う場合に、特に問題になる。何年もの間に数多くのソフトウェアが生産、保守、販売を中止した。こういうソフトウェアで作成されたプロジェクトのファイルは、今では読むのが困難である。最善なのは、研究を出版して報告し、その中に実際の分析作業が保存されることである。データはテキストファイル、画像、映像で保存するのが好ましく、CAQDASのプロジェクト・ファイルのかたちでは保存しないことである。

後から現れてくる説明

　質的研究においては、最初の段階でどのようなことが明らかになってどのような結論が導き出せるかを予測することは困難である。研究の焦点が分析の途中で変わるかもしれず、このことが新たな倫理的ジレンマを生み出すかもしれない。メイソンが指摘しているように、このことは、このような後から現れてくる課題に対処するために、質的研究者は倫理的、政治的意識を持った実践を開発する必要があるということを意味する。このことが特に影響を与える事柄は、以下の通りである。

- フィードバック。あなたは、研究結果について、参加者に何らかのフィードバックをすると申し出たかもしれない。フィードバックは、参加者がそれを理解できるというだけでなく、秘密性とプライバシーが保持できていること、参加者が研究に協力するために払った努力が無駄ではなかった——研究は何らかの興味深く価値のある結果を生み出した——ことを立証するようなしかたで行わなければならない。

7章　分析の質と倫理 | 175

しかし、事はいつもそのように単純とは限らない。一般原理としては、研究はかかわった人たち、もしかしたらより広い社会にも、何らかの利益をもたらすべきである。しかし、もし研究者が、参加者は研究から何ら利益を得るべきではないと思っている場合、問題が起こる。すぐに思い浮かぶ例は、犯罪者やヘイトグループの研究者だが、もちろん、個人的な政治的立場によっては、もっと広範囲の人びとに対して、研究はしたいけれども研究から利益を受けてほしくないと思うかもしれない。研究者はいつも研究対象者に共感できるわけではない。たとえばサッカーのフーリガンや国民戦線のメンバー（イギリスの過激な人種差別主義者の政治団体）の研究者などである。

　参加者が分析を見たときに起こるもう1つの問題は、彼らの立場が十分に重視され信用されていないと感じるかもしれないということである。研究は多様な見方を調査したかもしれない。そして研究者はそれらのうちのどれにも、優先性や地位を与える理論的必要性を感じていないかもしれない。言い換えれば、相対主義*ないし構成主義の立場をとっているということである。参加者たちはそうはとらないかもしれない。そして研究者が参加者について言ったことが彼らの立場を軽視している、真実ではないとさえ思うかもしれない。ここで研究者がとることができる方策は、特定のグループに該当する箇所のみを抜粋した部分的な論文をグループごとに用意することである。比較分析*は、一般の人の目にはあまり触れない学術ジャーナルの、よりこういう事情を理解している読者のためにとっておけばよい。

- 出版。フィンチ（Finch, 1984）は、質的研究者は研究者と情報提供者の間に培われた高い信頼と信用のゆえに、他人が自分の研究をどう使用するだろうかについて予測する特別な責任がある、と論じている。ここで特に関連しているのは、先で取り上げたリフレクシヴィティにかかわるいくつかの問題である。たとえば、研究者が取り上げなければ、自分の意見を表明する機会などほとんどなかったであろう参加者に声を与えることである（とはいえ、上述したように、あなたは彼らが声を持つべきだとは思っていないかもしれない）。さらに、研究にスポンサーがついていて、特に分析の予測不可能性がスポンサーの利害に思いがけない影響を与える場合に持ち上がる特別な問題に、ここで言及する必要がある。ここ数年、スポン

サー（政府や警察も含む）が質的研究の最終結果に不満を持った医療や犯罪の研究事例がいくつかあった。この問題は対処するのが難しく、従うべき簡単なガイドラインもない。

━━━━ キーポイント

- 質に対する従来の関心は、研究が妥当である（何が起こっているかを正確に捉えている）、信頼できる（一貫した結果が得られる）、一般化が可能である（広い範囲の状況に当てはまる）べきだと示唆している。しかし、これらの考えを質的研究に適用することは困難で、不適切だとさえ論じる者もいる。
- 質的研究者は、その研究が必然的に自身の経歴、境遇、好みを反映してしまうことを認識しておく必要がある。その結果、そのような影響にオープンで、結論や説明がどのように導き出されたのかを明確に説明することが良い実践である。そのようなオープンさの鍵となる側面は、引用を用いて論文の中に根拠を呈示することである。
- トライアンギュレーションと回答者のチェックはどちらも、明らかなエラーや欠落を避けるために使用できる。トライアンギュレーションでは多様な情報源が使用され、参加者と共にトランスクリプションおよび／もしくは分析をチェックすることと相まって、新しい探求の方向や新たな解釈が提案されるかもしれない。適切な変異を説明し、コーディングの一貫性を確実にするために、絶えざる比較を行う（これはコーディングの定義が漂流するのも防ぐだろう）。
- チームで仕事をすると、仕事や結果の分析を協調させるための新たな問題がたくさん生まれる場合がある。しかし、たとえばコーディングを相互にチェックすることが可能だということでもある。
- 選択的逸話主義を防ぎ、より広範な状況に結果が当てはまると主張するしかたに慎重であることによって、過度の一般化への誘惑を避ける。
- 倫理で重要なことは、研究における利益に対する損害（極小であっても）のバランスをとることである。なぜなら質的データは大変詳細であるため、秘密性が破られるかもしれない危険性が常にあるからである。そのため、匿名性が特に重要なのである。

7章　分析の質と倫理

さらに学ぶために

以下の文献に、質的分析における質と倫理に関する問題が、より詳細に論じられている。

Flick, U. (2007b) *Managing Quality in Qualitative Research* (Book 8 of The SAGE Qualitative Research Kit). London: Sage.［フリック／上淵寿（訳）(2017)『質的研究の「質」管理』（SAGE 質的研究キット8）新曜社］

Flick, U. (2017b) *Managing Quality in Qualitative Research* (Book 10 of the Qualitative Research Kit, 2nd ed.). London Sage.

Kvale, S. (2007) *Doing Interviews* (Book 2 of The SAGE Qualitative Research Kit). London: Sage.［クヴァール／能智正博・徳田治子（訳）(2016)『質的研究のための「インター・ビュー」』（SAGE 質的研究キット2）新曜社］

Marshall, C. & Rossman, G. B. (2006) *Designing Qualitative Research* (4th ed.). London: Sage.

Ryen, A. (2004) 'Ethical issues', in C. F. Seale, G. Gobo, J. F. Gubrium & D. Silverman (Eds.), *Qualitative Research Practice*. London: Sage pp. 230-247.

Seale, C. F. (1999) *The Quality of Qualitative Research*. London: Sage.

訳者補遺

やまだようこ・麻生武・サトウタツヤ・能智正博・秋田喜代美・矢守克也（編）(2013)『質的心理学ハンドブック』新曜社

能智正博 (2011)『臨床心理学をまなぶ6：質的研究法』東京大学出版会

フリック, U. ／小田博志（監訳）(2011)『新版　質的研究入門：〈人間の科学〉のための方法論』春秋社

8章　コンピュータを用いた質的データ分析を始める

データの質的分析を支援するソフトウェア
プロジェクトに取り込むためのデータの準備
新しいプロジェクト
文書
コーディング

この章の目標

- 質的分析を支援するコンピュータソフトウェアの発展や、その強みといくつかの弱みについて学ぶ。
- 本章で詳細に検討する 3 つのソフトウェア、ATLAS.ti、MAXQDA、そして NVivo について、さらに知る。
- 文書の準備のしかた、プロジェクトの始め方、文書をインポートし分析する方法についての初歩を学ぶ。[訳注1]
- コンピュータソフトウェアを使ってテクストをコーディングしたり検索して取り出したりする方法を知る。

　テクノロジーの使用は、質的データ分析をさまざまなしかたで変えてきた。第一に、録音機器の登場は質的データの収集方法を変えただけでなく、新しい

[訳注1]　最近のCAQDAS は音声や動画など多様な資料を扱うことができるが、本章ではテキストファイルを中心に扱うため、分析対象となる資料を原著に即して「文書」と訳出した。

分析方法も可能にした。完璧だと思えるほどのインタビューや会話などの記録を容易に得ることができるため、何が言われ、どう表現されたかといった点について、はるかに詳細な分析が可能となった。ナラティヴ研究や会話分析、談話分析は、音声記録なしでは非常に難しいか、あるいはほとんど不可能だろう。しかし、1980年代半ば以降、質的研究に最もインパクトを与えてきたのは、パーソナルコンピュータだった。なかでも、最初のインパクトは質的データ分析用ソフトウェア（computer-assisted qualitative data analysis software: CAQDAS）の発展であり、より近年ではデジタルカメラやデジタルオーディオ、ビデオといったデジタル技術の導入である。

データの質的分析を支援するソフトウェア

前章までの内容から、質的分析を実施するにあたっては、膨大な量のテクストやコード、メモやノートなどを、注意深く、そして複雑に取り扱うことが必要であることがわかる。事実、効率よく、一貫して、組織的にデータを取り扱うことは、真に効果的な質的分析に必須である。そのような要望にぴったり応えてくれるのがコンピュータである。こうした分析のあらゆる側面を取り扱う強力で構造化された方法をソフトウェアは提供してくれる。根本的にはCAQDASはデータベースだが、ほとんどのデータベースよりはるかにうまくデータの処理を支援してくれる。そして、研究者が自分のひらめきやアイデア、検索や分析の結果をうまく記録するのを可能にし、分析できるようにデータにアクセスしやすくしてくれる。しかし、文章作成ソフトウェアが書いたり編集したりするプロセスをかなり容易にしてくれるものの、有意味なテクストを書いてはくれないのと同じように、CAQDASを用いることは質的分析を容易に、より正確に、より信頼性のあるものに、そしてより透明性のあるものにしてくれるが、ソフトウェアは決してあなたに代わってテクストを読んだり考えたりしてはくれない。CAQDASはレポートや要約を作り出すさまざまなツールを備えているが、これらの解釈は研究者の肩にかかっている。

精緻な検索機能と結びついたテクストのコーディングと取り出し（retrieval）を行うソフトウェアの導入は重要な発展だった。そうしたソフトウェアは文字列（あるいは画像の一部も）を選択し、それらにコードをつけ

るのを容易にするだけでなく、脱文脈化することなく、すなわち、どこにその文字列があったかという情報を失うことなく、同じコードが付けられたあらゆる文字列の検索を容易にする。最近になって、分析の手続きを支援するCAQDASも現れてきた。それらのソフトウェアにはテクストの特徴や関係を分析するのを支援するさまざまな機能がある。これらはしばしば、セオリービルダーと呼ばれる。しかし、それはソフトウェア自体が理論を構築することができるからではなく、研究者が理論的なアイデアを発展させ、比較対象や仮説検証を支援するさまざまなツールを持つからである、ということに注意すべきである。

CAQDAS の危険性

　CAQDASの使用によって多くの利点が得られる一方で、危険もある。フィールディングとリー（Fielding & Lee, 1998）は、著書の中でこの点を議論している。彼らはCAQDASを使っている研究者を対象とした研究の中で行われたインタビューに基づいて、経験という視点から質的研究とコンピュータによる支援の発展の歴史を分析した。数ある問題のうち、彼らが取り上げたのは、データから距離を感じるという点である。紙をベースに分析している研究者たちは、コンピュータを用いた場合よりも調査対象者の言葉やフィールドノーツに近いと感じていた。この要因はおそらく、多くの初期のソフトウェアでは、コーディングされたり取り出されたりしたそのテクストの文脈を分析するために、データに戻るのが容易ではなかったからだろう。対照的に、最近のソフトウェアはこの点において優れている。2つ目の問題は、多くのユーザーや何人かの専門家が指摘してきたように、そうしたソフトウェアはグラウンデッドセオリーに影響されすぎているのではないかということである。このアプローチは、4章と6章で論じたが、質的分析を行う研究者やソフトウェアの開発者双方の間でよく知られている。しかし、フィールディングとリーが指摘するように、ソフトウェアが洗練されてくるにつれて、特定の分析アプローチとの結びつきは薄れてきた。関連して、コーディングや取り出しを過度に強調することの危険性も指摘されている。実際、これらはCAQDASの中核である。一部の評論家は、この点が、データを分析するにあたってまったく異なるテクニック（たとえばハイパーリンク）を用いようとする分析者を阻害すると主張している。

8章　コンピュータを用いた質的データ分析を始める　181

しかし、多くのCAQDASによって最も支援される分析の主役がコーディングなのは明らかである。そして、いくつかのソフトウェアはリンクを作る機能を持つが、コーディングを支援する機能ほどにはよく開発されていない。

ソフトウェアの特徴

CAQDASにはすべて文字列のコーディングと取り出し機能が備わっているが、ソフトウェア間でアプローチには明確な違いが残っている。文章作成ソフトウェアのように1つのソフトウェアが市場を占めるといった状況にはない。あるソフトウェアはある種の分析に長けていて、また別のソフトウェアの方が他のものよりもある目的には向いているといった状況にある。もし分析を始める前に使用するソフトウェアを選ぶことができるなら、どのソフトウェアが何に向いているかを知ることが重要である。まずはソフトウェアの開発者が解説しているウェブサイトを見るのも1つである。たいてい、試用版をダウンロードできる。ただし、保存や実行に制限があるものや、機能に制限はないが試用期間が限られているものなどがある。

論文の執筆に際し、3つのソフトウェアが研究者によって最も頻繁に使用されると思われる。これらの多くは大学のネットワークを通して学生にも入手可能である。その3つとは、ATLAS.ti（アトラスティーアイ）バージョン8、[訳注2] MAXQDA（マックスキューディーエー）バージョン12（最初WinMaxとして始まったものの最新バージョン）、NVivo（エヌヴィボ）バージョン11（オリジナルのソフトウェアNud.istを発展させたもの）である。[訳注3] しかし他にもいろいろある。HyperResearchとQDAMinerは数十年来提供されているが、Quirkosとf4Analyseは比較的新しい。マルチメディア、とくに映像に特化したものもあり、Digital Replay System（DRS）、Transana、Mixed Media Grid（MiMeG）などがある。最近の発展はインターネット上で機能するソフトウェアの導入で、DEDOOSE、Saturate、QCAmapなどがある。最後に、AQUAD、QCAmap、QDAMiner Lite、RQDA、Weftのようなフリーウェアがあるが、もはやサポートされていない古いものがあるかもしれないので注意

［訳注2］　バージョンは本書日本語版翻訳時点（以下、現在という）。

［訳注3］　Starter、Pro、Plusの3種の設定があり機能が異なる。

が必要である。

　本章で取り上げる3つのソフトウェアは、以下のような類似した特徴を持つ。

- リッチテキストファイルの読み込みと表示
- （多くの場合、階層構造を伴う）コードのリストの創出
- コーディングされた文字列の取り出し
- コーディングされた文字列の、元の文書の文脈に基づく検証
- コードや文書に結びつけることが可能なメモ書き
- 柔軟なネットワーク化あるいはチャート化機能。チャート内の項目を直接プロジェクトの質的コードとデータにリンクできる。

　ただし、違いもある。MAXQDA と NVivo は階層的なコーディングに対し最もシンプルな支援しかないが、ATLAS.ti はネットワーク機能とコードグループを通して階層化を支援する。すべてのソフトウェアは Word 文書、PDF 文書を読み込んで、編集することができ、語句レベルでもコーディングできる。MAXQDA はおそらく最も学びやすく、最も親しみやすいインターフェースを持つ。どのソフトウェアにも強力な検索機能があり、比較のための表の使用を支援するマトリックス検索が可能である（後で取り上げる）。3つのソフトウェアすべてに、ネットワークを作るなどチャート化するための、非常に柔軟な機能が備わっている。ATLAS.ti は他のソフトウェアと同様、ネットワーク化（チャート化）機能をもっており、分析と直接結びつけられる論理的関係が内蔵されている。

　現在はすべてのソフトウェアで画像、音声、動画、調査データ（Excel のスプレッドシート形式のもの）の読み込み、表示、コードづけができる。ATLAS.ti はおそらく、長い映像や音声記録を最も扱いやすいインターフェースをもっている。本章の短い紹介ではこういう種類のデータの使用法について詳しく述べる紙幅がないので、ガイダンス映像やヘルプファイルを参照してほしい。

学習とヘルプ

いずれのソフトウェアにも専用のウェブサイトがあり、ソフトウェアを学ぶ

8章　コンピュータを用いた質的データ分析を始める　183

ための多くの支援が用意されている。それぞれ、訓練や学習のための素材集に
リンクされている。しかしなかでも最も役に立つのは、まずはそこにある文書
や映像を始めてみることである。この章では、それぞれのソフトウェアに取り
かかるのに必要な主な行為と手続きを概観するが、読者は用いたいソフトウェ
アの1つひとつの行為を学ぶためには、これら映像の視聴をお勧めする。私は
もう何年もこれらのソフトウェアを使っているが、ソフトウエアの使い方につ
いての短い映像は非常に役に立つと思った。それというのも、これらソフト
ウェアで何を扱うにしても多くの異なるやり方があり、映像は私があまり使わ
ない方法について思い出させてくれるからであり、また、ソフトウエアに新し
い機能が加わって学ぶ必要があるとき、その使い方を教えてくれるからである。
多くの場合、これらの映像はソフトウェアの使い方を教えてくれるが、どう質
的分析を行うかは教えてくれない。つまり、分析で何をしたいのかがわかって
いることが前提とされており、それをソフトウェアがどう支援するかを説明し
ているのである。この章では、ソフトウェアがどう振る舞うかだけでなく、ど
う分析を支援するかを説明して、この問題に取り組みたい。

　ソフトウェアの会社は、新規ユーザーをアシストする他の方法ももっている。
多くがトレーニングコースを開いており（対面とオンライン）、後日無料の映
像も提供されることが多い。会社はソフトウェアの機能の使い方を超えた支援
への要求があることに気づいていて、今ではそのソフトウェアを使ってどのよ
うに分析を行ったかについての質的研究者による報告や話、映像を提供してい
る。

　どのソフトウェア会社もオンラインフォーラムをもっており、ユーザーは使
用法についての質問を書き込むことができる。こうしたメッセージは他のユー
ザーにも読まれるが（非常に熟達したユーザー、たとえばそのソフトウェアに
ついての解説書の著者もいる）、ソフトウェア会社の専門家によっても読まれ、回
答される。このため信頼できる答えを得られることが多い。フォーラムはソ
フトウェアを学習しているときはあまり世話になることはないかもしれない
が、ある程度親しんでから操作に困ったときや、通常とは異なる種類のデータ
を扱ったり分析操作をするときには、答えを探す方法となる。新しく質問を書
き込む前に、同様の質問への回答がないか過去のメッセージを検索するように
しよう。

いったん何ができるのかを理解した後で役立つ、別の援助も用意されている。ソフトウェア内からアクセスするオンライン・ヘルプシステムである。これは、それぞれのソフトウェアの最も信頼のおける情報源であり、正しい質問のしかたがわかれば、特定の手続きを行うための正確で包括的な答えが得られる、すぐれた方法である。しかし、ソフトウェアを使い始めたばかりのときは、使いやすいとは思えないだろう。まず、ソフトウェアに何ができるのかを知っている必要がある。

Windows、Mac など

近年の重要な展開の1つは、上記3つのすべてのソフトウェアが、現在ではWindows でも Mac でも提供されていることである。数年前までは、Windows 版しかなかった。しかし、Mac 版はまだ Windows 版の全機能を満たしていない場合もある。MAXQDA はこの点で最も進んでいる。Mac 版も Windows 版もほとんど同一である。ATLAS.ti と NVivo の Windows 版は、いくつか Mac 版にはない機能があり、逆に Mac 版にあって Windows 版にない機能が1、2ある。この2つのソフトウェアのウェブサイトには、ある機能とない機能が比較して示されている。データとプロジェクトは2つの OS の間で互換性があるが、移行する前にその OS のバージョン「として保存」しなければならない。

タブレット版のあるソフトウェアもある。通常これは、機能限定版である。現場で必要な機能に絞られており、データを PC のソフトウェアに読み込んで完全な分析をすることが前提とされている。MAXQDA と ATLAS.ti は、iOS とアンドロイド用のフリー版がある。

これらソフトウェアには、複数プロジェクトをスマートに統合する機能もある。これはチームで研究しているとき非常に重要である。個々の研究者によってなされた分析作業の個別のプロジェクトを一緒に合わせるときに、柔軟に対処できるからである。NVivo は、この分野でおそらく最も進んでおり、サーバー版があって、複数研究者が同時に同じプロジェクトで一緒に作業でき、プロジェクトを統合する必要がない。

本章の残りの部分では、まず前章で述べた分析の種類を振り返りながら、これら3つのソフトウェアの基本的な機能を紹介する。そこではプロジェクトの立ち上げ方、分析に向けて資料を読み込む方法、そしていくつかのシンプル

な文字列のコーディングと取り出しのしかたを示す。次章では、CAQDASのツールのうち最も重要と思われる検索とクエリについて検討する。それぞれの基本的な機能の説明は、どのソフトウェアについても行う。その際、次のようなアイコンを用いて区別する。

ATLAS.ti： 　　MAXQDA： 　　NVivo：

> 説明に際しては以下の記号と慣例を用いる：
>
> ⇦ メニューやボタンなどをマウスで左クリック。
> ➡ マウスの右クリックで場面に応じたメニューを使用。これはソフトウェアのとても便利な機能である。文書や文字列、コードなどのソフトウェアで扱う多くの対象は、それらと結びついた、最も頻繁に用いられる機能からなるポップアップメニューと関連づけられている。実際のところ、多くの機能は、メニューバー、ツールバー上のアイコン、ショートカットキー、文脈に応じたポップアップメニューという4つの方法のうちから選択できる。ソフトウェアに慣れてくれば、自分自身のスタイルに最も適したかたちでこれらの方法を組み合わせて用いるようになるだろう。
> ⇔ マウスの左ボタンでダブルクリック。
>
> 　クリックするメニュー項目、ボタン名、その他の項目は鍵括弧で示す。階層メニューは水準間にコロンを用いて表示する。たとえば「編集」：「コピー」は「編集」メニューから「コピー」という項目を選択する、という意味である。

プロジェクトに取り込むためのデータの準備

　2章で、分析のためのトランスクリプションと電子ファイルを準備することについて論じて、ファイルを配置するいくつかの方法を提案した。そうした推奨に加えて、これら3つのソフトウェアを使うときに留意すべきガイドラインが、さらにいくつかある。すべてのソフトウェアが、プレーンテキスト（.txt）、リッチテキストファイル（.rtf）、Word（.doc; .docx）を扱える。そしてオープンドキュメント・フォーマット（.odf）のファイルを読み込めるものもある

（ボックス 8.1 参照）。また PDF ファイルも読み込め、文書のすべての書式と画像、映像のレイアウトを維持できる。これらすべての形式の文書をソフトウェア内で編集できるが（.pdf を除く）、通常は、それらを読み込む前に、文書編集と校正のほとんどを行っておく。

ボックス 8.1　プレーンテキスト形式、リッチテキスト形式、PDF

プレーンテキスト形式（.txt）

これは最低基準である。フォントの種類、色、フォントの大きさ、太字、斜体、ローマン体、そして行揃えといった情報を含まない。プレーンテキスト形式のファイルは文字と限られた範囲の句読点と記号のみを含む。

マイクロソフト Word 文書（.doc または .docx）

このフォーマットは、フォントの種類、色、サイズ、太字、イタリックとローマンに加え、行の両端揃えなどレイアウトのいろいろな側面を保持できる。ファイルをソフトウェアに読み込む前に、必要な書式設定を済ませておくのがベストである。しかし Word 文書は他にも脚注、コメント、画像など、多くの機能をもっている。これらは、ファイルを読み込んだ後ではソフトウェアでうまく扱えない。選択肢は、ファイルでこのような機能を使わないか（文書がインタビューのトランスクリプトやフィールドノーツなら、そうした機能はたぶん必要ないだろう）、あるいは文書を PDF として保存しておくとよい。

リッチテキスト形式（.rtf）

文書作成に Word を使っておらず、ソフトウェアが .doc や .docx で保存できないなら、.rtf で保存する必要がある。このフォーマットはフォントの種類、色、サイズ、太字、イタリックかローマンか、行の両端揃えなどの一定のレイアウトを保持できるが、脚注やコメントその他の文書作成ソフトウェアの多くの機能を保持しない。

PDF（.pdf）

これは、画像を含めすべてのレイアウトと視覚的特徴を取り込んで保持するようデザインされた、読み出し専用のフォーマットである。どのソフトウェアも PDF 文書を読み込み、全書式を保持できるが、ソフトウェア内で

8章　コンピュータを用いた質的データ分析を始める　│　187

編集することはできない。しかし、それらの文字列や画像部分のどこにでもコードをつけられる。

RTF、doc(x)、xls(x)（MS Excel)、HTML、PDF などに加えて音声、映像、画像ファイルにも対応している。この他に、SPSS、End Note、Evernote、Twitter などからの読み込みも可能である。

　ATLAS.ti では、段落をグループ化できる。段落グループの最後は2回の改行で示される。もし、コードにリンクされるように段落グループを引用として選択することが可能な自動コード機能を使用する場合、これは重要である。たとえば、対象者とのインタビューにおいて、それぞれの対象者の回答の最後で2回改行し、その他の場所では1回改行すればよい。

RTF、doc(x)、xls(x)（MS Excel)、HTML、SPSS などに加えて音声、映像、画像ファイルも使用できる。この他に Twitter や Survey Monkey（オンラインアンケートのソフトウェア）などからの読み込みも可能である。

RTF、doc(x)、xls(x)（MS Excel)、HTML、SPSS などに加えて音声、映像、画像ファイルに対応している。この他に、Facebook、LinkedIn、Twitter、YouTube なども読み込み可能である。また、段落を用いたファイルのセクションや部分についても認識する。これは MS Word と同じスタイルだが、1つ違いがある。それは、見出し1、見出し2といったように、見出しを用いてセクションが示されることである。セクションは見出しのスタイルを持つ段落で始まり、見出しスタイルで示される次の段落のスタート箇所で終わる。NVivo ではこのようなセクションの自動コーディングが可能である。共通する作業としては、段落に話し手の名前をつけ、見出しをつけることである。この場合も、検索機能を囲んだ対象セクション内に広げ、作られた新しいコードでコーディングできる。

一般的なポイント

- 繰り返し現れる話し手を識別する記号や質問のヘッダー、節のヘッダー、そしてトピックのヘッダーのスペルやスペースなどは、たとえばQU1：やQ1：といったように、両者を混ぜて用いることなく、文書を通して一貫させる必要がある。このように統一することは、文字列を検索する際に必要となる。曖昧検索でなく完全一致する文字列で探す文字列検索ツールの使用が容易になるからである。整理されたやり方でファイルを準備しよう。たとえば、話し手の名前（あるいは識別する記号）を最初に大文字で書いて、次に実際の文字列の前にコロンもしくはタブを入力するなど。話し手の名前を続く文字列と同じ行に示すのが通常である。しかし、NVivoを使う場合、そして名前だけを1行使って（すなわち、そのための段落に）示す場合、それを見出しスタイルとすれば、それがセクションの区切りとなり、特殊な検索と自動コーディング機能を使える。トランスクリプトを（オンラインでも印刷でも）読みやすくするように、それぞれの話し手の前には2回改行を入れる（ソフトウェアによっては自動的に2回改行が入れられて表示される）。
- 可能であれば、大量のデータをトランスクリプションする前に、CAQDASを用いて1、2のファイルで小さなパイロットプロジェクトを準備しよう。そして、コーディングや取り出し、文字列の検索をいくつか行い、データの書式設定が影響するかどうかテストしよう。

新しいプロジェクト

CAQDASを初めて開始する際、ソフトウェアのアイコンを🖱すると、既存のプロジェクトを使用するか、新しいプロジェクトを作成するかを選択する画面が現れる（MAXQDA、NVivoでは、この時点でチュートリアルファイルを開くという選択肢もある）。

「Create New Project」を🖱すると、プロジェクトの名前を入力するウィンドウが開く。ここにプロジェクト名を入れて「Create」を🖱すると新規プロジェクトウィンドウが開く。ここから、ボタンやメ

メニューバー

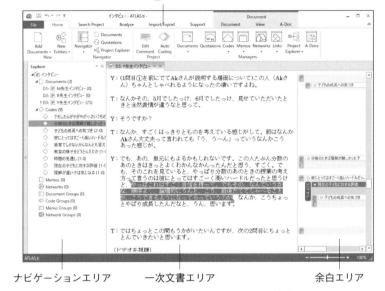

ナビゲーションエリア　　一次文書エリア　　余白エリア

図 8.1　ATLAS.ti のメインウィンドウ[訳注4]

ニューを使って ATLAS.ti のさまざまな機能にアクセスできる（図8.1 参照）。図 8.1 は一次文書と、いくつかのコーディングを示している。コーディングされた行は色のついたバーで示され、関連づけられたコードの名前が「余白エリア」のバーの上端に表示される。バーもしくはコードの名前を⇐すると、コーディングされた実際の言葉が強調される（⇐すると Quotation 機能を呼び出す）。メニューバーにはさまざまなタブ（File, Home, Search Project, Analyze, Import/Export, Support, Document, View, A-Doc）があり、機能別に配されたボタンを⇐するとプルダウンメニューから目的の管理画面を開くことができる。

［訳注4］　図中のテクストは、一柳（2016）による小グループでの学習時における教師の思考に関するインタビューにおける語りである。

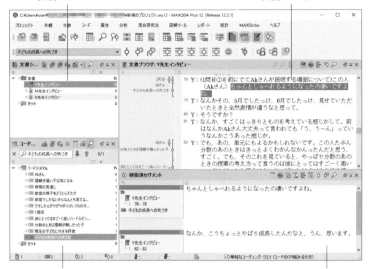

図 8.2　MAXQDA のメインウィンドウ

MAXQDA

「プロジェクトを開く」ダイアログが現れる。新規のプロジェクトを作成して「開く」を⇐する。「新規プロジェクトダイアログ」で「OK」を⇐し、ファイル名をつけて「保存」を⇐する。すると、MAXQDA のメインウィンドウが開く（図 8.2 参照）。「文書システム」「文書ブラウザ」「コードシステム」、そして「検索済セグメント」の4つのウィンドウが現れる。これらのウィンドウは独立して表示することも隠すことも可能だ。また、全画面表示にすることもできる。

NVivo

「ウェルカム」スクリーンが現れる。「新規プロジェクト」ボタンを⇐すると、「新規プロジェクト」ダイアログが表示される。「タイトル」の欄に名前を入力し、必要に応じて説明も記入する。「参照」ボタンを⇐し、プロジェクトファイルを保存する場所を選び、OK を⇐する。すると、タイトルバーに入力したプロジェクト名が入った NVivo のメインウィンドウが開く（図 8.3 参照）。

8章　コンピュータを用いた質的データ分析を始める｜191

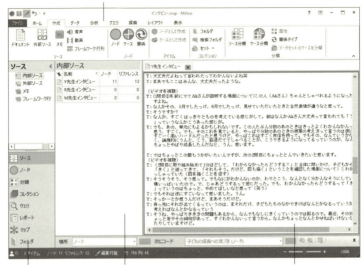

図 8.3　NVivo のメインウィンドウ

バックアップとセキュリティ

　プロジェクトを作り、分析を進めれば、ファイルやシステムができるが、それらを失いたくないだろう。そこで、定期的にデータを保存しよう。くわえて、一部のソフトウェアは定期的に自動でデータを保存してくれるか、バックアップファイルを作成してくれる。そうすれば、ソフトウェアやコンピュータがいつ故障しても、すべての作業を失わないで済む。

　作成されるデータのほとんどはとてもコンパクトである。コードやリンクについての情報はほんの少しの容量しか使用しない。しかし、文書やレポートは多くの容量を使用する。軽量の外付けハードディスクなどがバックアップにはお薦めである。しかし、書き換え可能な CD-ROM や DVD も含めて、大容量の持ち出し可能な記憶媒体でもよい。ただし、最近のハードディスクはとても信頼できるといっても、1つ保存したからといって決して安心してはならない。ハードディスクも機能しなくなることがある。コンピュータが盗まれることもあるだろうし、誰かが間違ってファイルを消してしまうこともある。プロジェ

クトを数か月進めた後で、すべての作業を失いたくはないだろう。大学に所属
しているなら、大学の安全な記録システムにアクセスできるだろう。大学は定
期的にバックアップをとっており、安全性が高い。

　データを確実に失わないようにするのと同様に、誰かが不正にアクセスしな
いようにする必要もある。このことは、参加者に匿名性を保証している場合、
特に重要である。研究グループの信頼できるメンバー以外、誰も参加者の実際
の身元や参加者が暮らしている地域や組織にアクセス可能であるべきではな
い。そうした情報を記した紙のコピーを鍵のかかった場所に保管しておいたと
しても、その電子データには不注意かもしれない。すべてのファイルをとにか
く暗号化するといった必要はないが、コンピュータと CAQDAS のプロジェク
トにパスワードをかけるのは賢明である。そして、パスワードを書いた紙切れ
をモニターに貼っておかないこと。データを最後に廃棄する際のことも考えよ
う。研究プロジェクトが終了を迎え、すべての公刊が終わり、すべてのデータ
を CD-ROM や DVD、外付ハードディスクに（少なくとも２つのバックアップ
を）アーカイブとして保存することを考え、それらを鍵のかかるどこか安全な
場所に保管する。それから、それ以外の場所（たとえばハードディスク）に保
存されているすべてのデータを消去する。ハードディスクやメモリースティッ
ク上の消去されたデータの上に上書きする特別なソフトウェアを購入するのは
価値があるだろう（コンピュータの消去は実際にデータを消去するわけではなく、
参照できないようにするだけである）。

文　書

　根本的に、３つのソフトウェアはいずれも基本的な２つのことをサポートす
る。それはテクストもしくは文書（マルチメディア文書を含む）の保存と操作、
そしてコードの作成、適用、操作である（ソフトウェアでは画像や音声、映像
を結びつけたり、それらにコーディングすることもできる）。これら２つの基本
的な機能を中心に、ソフトウェアにはデータについての新しいアイデアを創造
したり検討する（たとえば、検索したり、メモを書いたりチャートを書いたりす
る）ためのツールや、結果を取り出したり報告したりするためのツールがある。

8章　コンピュータを用いた質的データ分析を始める　193

新しくトランスクリプションされた文書をソフトウェアに取り込む

　新しいプロジェクトを始める際にできることは2つある。すなわち、書き起こされた文書（すでに書いたあらゆるメモを含む）を取り込むことと、コーディングシステムを設定することである。もちろん、データ分析に際し帰納的で、探索的なアプローチをとるのであれば、コードを考え始める前に文書を取り込み、読み込む必要があるだろう。一方で、コーディングにあたって既存の理論や研究に依拠するのであれば、最初にあらゆる文書を読み込むことなく、プロジェクトに既存のコードを入れておき、文書は後で追加することもできる。しかし、多くの場合、おそらく文書を読み込んで、文書からすべてではないにせよいくつかのコードを生成しようと思うだろう。そこで、まず何か文書を取り込む必要がある。

メニューバーの「Home」にある「Add Documents」:「Add File(s)」を⇦する。ファイルを選ぶダイアログの中からプロジェクトに割り当てたい（取り込みたい）ファイルを見つけ、選択する。次に「開く」を⇦する。メニューから選ばず、割り当てたいファイルをメインウィンドウに直接ドロップしてもよい。すると、その文書名が「ナビゲーションエリア」の「Documents」にリストされ、「一次文書エリア」にその内容が表示される。

文書システムのウィンドウ内で「文書」を➡し、「文書のインポート」を⇦する。ファイル選択ダイアログの中から、取り込みたいファイルを見つけて選択し、「開く」を⇦する。コードシステムのように、文書システムは階層構造になっていて、階層を開いたり閉じたりするには▶や▼ボタンを⇦する。

「ナビゲーションビュー」の中の「ソース」を⇦し、「ソース」ウィンドウの中で文書フォルダを⇦する。次に、「リスト」ビューウィンドウの中で➡し、「文書を取り込む」を⇦する。すると、「文書取り込み」ダイアログが開く。「参照」ボタンを⇦するとファイル選択ダイアログが開くので、その中からプロジェクトに取り込みたいファイルを見

図 8.4　ATLAS.ti の一次文書の表示例

つけ、選択する。そして「開く」を⇦し、「取り込みソース」ダイアログで「OK」を⇦する。

文書を分析する

一度ファイルを取り込めば、それらはプロジェクトの一部として保存される。そのため、いつでも分析することができる。

ATLAS.ti 「ナビゲーションエリア」で表示したい文書を⇦すると、「一次文書エリア」に文書が現れる（図 8.4 参照）。

MAXQDA 「文書システム」ウィンドウ内で、「文書ブラウザ」に内容を表示したい文書の名前を🖱（もしくは、「文書ブラウザ」に文書の名前をドラッグ）する。「文書システム」でアイコンが鉛筆と文書が一緒になったものに変わる。

NVivo 「ナビゲーションビュー」ウィンドウで「ソース」を⇦し、「ソース」ウィンドウ内で文書フォルダを⇦する。すると、「リストビュー」に文書のリストが現れる。表示したい文書の名前を🖱すると、リストの下もしくは右の「詳細ビュー」ウィンドウに表示される。

8 章　コンピュータを用いた質的データ分析を始める　| 195

コーディング

4章ではコーディングのプロセスを論じた。そこでは、明らかにしたい現象
や概念についての良いアイデアをデータ分析の前から持っていて、テクストが
その状況に適したものであれば、テクストを参照することなくコードを作るこ
とができると述べた。テクストの該当部分を選び、これら事前のコードを割り
当てるか、結びつけるかすればよい。一方で、3つのソフトウェアともテクス
トから直接コードを生成するのをサポートしている。いずれかの文字列を選ん
で、新しい、あるいは既存のコードをそこに割り当てていく。

ATLAS.ti では、コーディングのプロセスは分析している文字列、画像、メ
ディアから引用を作成することに基づいている。コーディングは一定範囲の文
字列を選択してからマウスの右メニューを用いて直接作ることもできるが、引
用をまず作っておいて、それを選択し、そこにコードリストからコード名をド
ラッグすることもできる。コードはファミリーやグループにもアレンジできる。
ATLAS.ti では、コード（文書や引用、メモも）を互いにネットワークで結び
つけることができる。「Network View」では、コードを階層的に組み合わせ
たり、他の方法で組み合わせたりすることができる。こうしたつながりには名
前をつけることができる。たとえば、コードの場合、あるコードは別のコード
の「一部分」とか、別のコードと「矛盾」とか、また引用の場合「批判」「正
当化」など。コード、引用、文書などは、Windows のエクスプローラのよう
な形で、「ナビゲーションエリア」に表示することができる。

MAXQDA ではコーディングは「コードシステム」ウィンドウでサポート
され、NVivo では「ノード」ウィンドウでサポートされる（NVivo はコードを
「ノード」と呼ぶ）。MAXQDA と NVivo のではすべてのコードは階層的に配
列される（6章参照）。もし階層のどの場所に新しいコードを置けば良いかわ
からない場合、一時的に「新しいコード」と呼ばれる置き場所となる親コード
を作成し、そこに子コードとして置いておけばよい。そして、後で、階層の別
のところに移動させればよい。

どのソフトウェアでも、コードを作り出したり、削除したり、統合したり、
移動したりすることができるし、参照するテクストを変更することができる。

また、いつでもコードが与えられた文字列を閲覧したり表示させたり、コーディングを変更したり、文脈の中でコーディングを見ることができる。これにより、紙で行うよりもコーディングの作業はずっと柔軟になる。たとえば文字列を検索するツール（次章参照）を使って、まず粗いコーディングを行ってから、見直して修正すればよい。コーディングされている文字列を変更することもできるし、しっくりくるように拡張することも縮小することもできる。思いついた時に、既存のコードに注を書き足すこともできる。また、たとえば、もし1つのコードで示された内容が実は2つの異なるテーマのアイデアを示していると判断すれば、コーディングされた内容を分割することもできる。コードを検索することもできる。そしてこれによって、リンクされたメモなどのデータを調べることで、データに問いかけ、理論を構築し、検証することができる。このことについては、次章でより詳細に検討しよう。

新しいコードを作成する

テクストを参照することなくコードを作成したい場合というのは、既存の理論や見つけたいと思う内容に関する期待があって、それに導かれている場合であろう。コードを作成する際は（どんなアプローチであっても）、コメントであれメモであれ（どちらもプロジェクトファイルに保存できる）、そのコードが何を示すかや、それについての考えを記録に残すことを忘れてはいけない。

「Codes」：「Codes」を⇐。「Free Code(s)」を⇐。ダイアログで名前を入力し、「OK」を⇐。すると、対応するテクストのないコードが作成される。

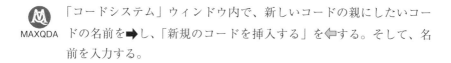

「コードシステム」ウィンドウ内で、新しいコードの親にしたいコードの名前を➡し、「新規のコードを挿入する」を⇐する。そして、名前を入力する。

「リボン」内の「作成」タブ：「ノード」を⇐し、ポップアップウィンドウの名前と追加情報を入力し「OK」を⇐する（図8.5参照）。

8章　コンピュータを用いた質的データ分析を始める　│　197

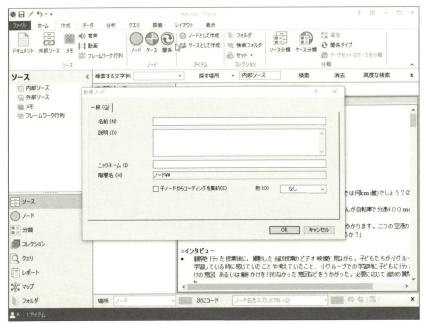

図 8.5　NVivo のポップアップウィンドウからの新規ノードの作成

ボックス 8.2　同じことを行うための別の方法

これらのソフトウェアで同じことを選んだり行ったりするのに、通常いくつかの方法がある。

1. メニューまたはリボンバー。たとえば、新しいコードを作成するのに、MAXQDA では「コード」メニュー、ATLAS.ti では Code Manager リボンの Code(s) ボタン、NVivo では作成リボン内の「ノード」ボタンを使う。
2. 通常、ある行為をするためのボタンかアイコンがある（新しいコード作成のために、MAXQDA ではアイコンバー内の Code System アイコン、ATLAS.ti では Code Manager 内にある）。
3. 多くの行為には、キーボード・ショートカットが用意されている（新しいコード作成は、MAXQDA では「ALT-N」、NVivo では「Ctrl-Shift-N」）。

4. 3つのソフトウェアとも、文脈に応じて変化するポップアップメニューを備えている。ウィンドウの異なる場所で右クリックすると、その場所、またはその対象に対して可能な操作のメニューが開く（たとえば新しいコードを作るのに、MAXQDAのコードシステム、ATLAS.tiの文書表示、NVivoの「ノード」一覧ウィンドウ）。もしどうするのか忘れたとき、これはたいてい、やり方を見つける最善の方法である。

コーディングのために既存のコードを使用する

最もよく行われるのがこの方法である。すなわち、たくさんのコードをすでに作成していて、単純に内容をコーディングしながら文書に取り組んでいる場合である。そういったとき、テクストを読みながら、すでにコードを与えた部分とほぼ同じテーマの部分を同定していく。最も簡単にこれを行う方法は、ドラッグアンドドロップである。

ATLAS.ti 「一次文書エリア」でコーディングしたい文字列の範囲を選択して➡し、「Select Code(s) from List」を⇐する。リストウィンドウから希望のコードを⇐し、「OK」を⇐する。もしくは文字列を選択したのち、「Explorer」の「Codes」からつけたいコードを選択した文字列の上にドラッグする。

MAXQDA 「文書ブラウザ」でコーディングしたい文字列を選択する。「コードシステム」ウィンドウから選択した文字列をコード名の上にドラッグする。もしくは、「コードシステム」でコードがアクティブになっていれば（あるいは、プルダウンメニューからも選べる）、ツールバーにある「アクティブなコードでコーディングする」または「右のコードでコーディングする」ボタンを⇐する。

NVivo 文書の中からコーディングしたい文字列を見つけ、範囲を選択する。➡し、「コーディング」を⇐する

8章　コンピュータを用いた質的データ分析を始める 199

トランスクリプトから新しいコードを作成する

　これは帰納的なアプローチを用いる場合に行う。テクストを読み、コーディングされうるテーマもしくは内容を同定する。そして、コードを作成し、同時に文字列にコードをつける。これを行う1つの方法は、コードをつけたい文字列を選択して、場面に応じて表示されるポップアップメニューを使うことである（選択した文字列の上で右クリック）。これは3つのソフトウェア全部で有効である。

ATLAS.tiではオープン・コーディングと呼ばれる。まず、「一次文書エリア」でコーディングしたい文字列の範囲を選択して➡し、表示されるリストから「Enter Code Names」を⬅すると、「Open Coding」ダイアログが開くので、コードの名前を入力し「Create」を⬅する。この他に、文字列の範囲を選択して➡し、表示されるリストから「Code in Vivo」を⬅するとその文字列をコード名としたコードが作成される。

「文書ブラウザ」内の言葉や短いフレーズを選べば、インビボでコーディングできる。文字列の範囲を選択したまま➡し、表示されるメニューにある「インビボ・コーディングする」ボタンを⬅するとその文字列の名前のコードが作成される。あるいは、文字列の範囲を選択して➡し、表示されるメニューにある「新規のコードでコーディングする」ボタン⬅すると、コード名を入力するダイアログが開くので、入力して、「OK」を⬅すると任意のコードがつけられる。

「詳細ビュー」でコーディングしたい文字列を選択して➡し、表示されるメニューにある「In Vivo コード」を⬅すると、その文字列の名前のコードが作成される。あるいは、文字列の範囲を選択して➡し、表示されるメニューにある「コーディング」を選択し、「新規のノード」を選んだ上で、名称を入力することで任意の名称のコードを作成することができる。

図 8.6　MAXQDA のコードシステムウィンドウ

既存のコードを検討する

一度コードをいくつか作ったり、もしくは何度かコーディングを行ったりしたのち、これまでに作ってきたコードを検討するためにこの手続きを行う。

一次文書が表示されると、コードが右側の「マージンエリア」に表示される（もし表示されなければ「View」:「Show Margin」を⇦）。コードをリストにするために、「Code Manager」:「Codes」を⇦する。あるいは、「ナビゲーションエリア」の「Codes」を⇦すると、「Code Manager」ウィンドウが開く。短いコメントや選択したコードについての説明を記入するための場所もある。

コードは「コードシステム」ウィンドウにリスト化されている（図 8.6 参照）。「〉」の記号を⇦すれば、階層を拡張したり縮小したりすることができる。

ノードは「リストビュー」ウィンドウにリスト化されている。ノードを⇦したのち、「ナビゲーションビュー」ウィンドウ内でノードを⇦する。ツリーノードの場合、プラスやマイナスの記号を⇦れば、「リストビュー」内での階層を拡張したり縮小したりすることができる。

8 章　コンピュータを用いた質的データ分析を始める | 201

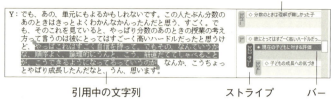

図 8.7　余白エリアのバーかストライプをクリックすると引用中の文字列が示される（ATLAS.ti）

文脈の中でコーディングされた文字列を表示する

ある程度コーディングしたら、文書がどのようにコーディングされたのかを確認するために文書を調べることができる。これはコーディング作業を再文脈化する際に最も重要なプロセスである。3つのソフトウェアはいずれも、コーディングされている行をバーやストライプで示している。バーやストライプを⇦すると文字列が強調され、コーディングされた実際の文字列を見ることができる。このように、コーディングされた文字列が現れる文脈を捉えることができるし、お望みならコードに対応する文字列の範囲を伸ばしたり縮めたりすることができる。

表示されたすべての文書について、ATLAS.ti では右端の「余白エリア」に関連するコードが常に表示される。コーディングされたバーやストライプを⇦すると、実際にどの文字列がコーディング「されているかが表示される（図 8.7 参照）。

「文書ブラウザ」に文書が表示されているとき、すべてのコーディング内容が左のコード列に表示される。コーディングバーを⇦すると、どの文字列がコーディングされているのかを見ることができる（p.191 の図 8.2 参照）。

「詳細ビュー」ウィンドウで検討したい文書を開く。「表示」：「コーディングストライプ」を⇦。必要な表示オプションを⇦（「最頻コー

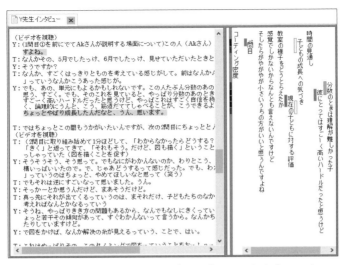

図 8.8　文書と該当するコーディングストライプ（NVivo）

ディングノード」や「直近コーディングノード」は便利なオプションである）。もしオプションが7つ以上のノードを含む場合、「選択したアイテム」ダイアログからちょうど7つを選択しなければならない。コーディングストライプは文字列の右のパネルに表示される（図8.8参照）。コーディングストライプを⇦すると、コーディングされた文字列が強調表示される。

文字列の取り出し（retrievals）

　ある程度コーディングをした段階で、特定のコーディングがなされた文字列すべてを検討したい場合があるだろう。このプロセスは取り出しと呼ばれる。文字列を取り出すことで、そのコードが示す特定のテーマについてのすべての参加者の語りの内容を知ることができる。そのため、取り出しは絶えざる比較（4章、6章参照）を支援する重要な機能であり、分析の質に貢献する（7章参照）。また、最終的な報告執筆で引用するため、取り出した文字列を文章作成ソフトにコピー&ペーストすることもできる。

「Home」:「Managers」:「Quotations」を⇐すると「Quotation Manager」ウィンドウが開き、すべてのコードと、そのコードが付けられた文字列（引用；quotation）がリスト化されて表示され内容を書き出すことができる。「Quotations」タブの中の「Output」:「Report」ボタンを⇐すると、「Quotations Report」ウィンドウが立ち上がるので、取り出したい内容を選んでチェックし、「Create Report」ボタンを⇐する。書き出された内容は保存または印刷ができる。また、文章作成ソフトにコピー＆ペーストすることもできる。

取り出しを行うすべての文書をアクティブ化する（たとえば、「文書システム」ウィンドウの文書グループ名を➡し「アクティブ化する」を選択すると、全文字列のアクティブ化ができる）。次に、コードをアクティブ化する（「コードシステム」ウィンドウのコード名を➡し、「アクティブ化する」を⇐する）。すると、アクティブになった文書のうち、そのコードでコーディングされた文字列が「検索済セグメント」に表示される（図8.9参照）。内容は保存または印刷可能である（たとえば、「プロジェクト」:「エクスポート」:「検索済メニュー」を⇐する）。また、文章作成ソフトにカット＆ペーストすることもできる。

必要なノードを見つけ、⇐する。そのノードにコーディングされた文字列が「詳細ビュー」ウィンドウの新しいタブに表示される。検出された文書の見出しと回数、そしてコーディングされている文書の数も表示される。これらの内容は文章作成ソフトにカット＆ペーストできる。

≡ キーポイント

- CAQDASは大きく、複雑な一連のデータを取り扱う上で非常に役に立つ。しかし、実際の分析のアイデアはあなた、すなわち研究者によって提供されなければならない。文字列のコーディングと取り出しは多くのソフトウェアの中心的な機能だが、本章で検討したソフトウェアは、これらの機能に加えて、分析を支援するための文字列やコードの部分検索

文書ブラウザの右に配置した検索済セグメント

図 8.9　MAXQDA の検索済みウィンドウ

といった機能も持つ。

- 一部の利用者から指摘される難点として、データとの距離が離れてしまうこと、ソフトウェアデザインにグラウンデッドセオリーの影響が強い点がある。しかし、近年のソフトウェアはコーディングを文脈において検討したり、元のトランスクリプションに戻るための非常に便利な機能が備わっている。そして、多くのソフトウェアがグラウンデッドセオリーに強く影響されているとはいえ、グラウンデッドセオリーとはあまり関連しない機能も今では多く有している。
- ATLAS.ti、MAXQDA、そして NVivo という 3 つのソフトウェアを本章では取り上げた。これらはすべて、オンラインの文書を扱ったり、コーディングを行ったり、文字列を取り出したり、文脈においてコーディングを示したり、メモを書いたりするための基本的な機能を同様に備えている。
- これらのソフトウェアに文書を取り込む前に、正しい形式にしなければならない。これらのソフトウェアは Word の .docx 形式に対応していて、

フォント、サイズ、段落のレイアウト、色などを保持する。

- すべてのソフトウェアは文書をプロジェクトとする。プロジェクトはあらゆるオンラインの文書、コーディング、メモ、属性、チャートなどを含む。忘れずに定期的にバックアップをとることが重要である。

- 新しい文書をプロジェクトに取り込み、分析したり印刷したりすることができる。

- 3つのソフトウェアはいずれもアレンジ可能で階層的に表示可能なコードリストのウィンドウを持つ。新しいコードをこのリストに加えることができ、テクストの一節を取り出してこれらのコードに結びつけることができる。あるいは、直接テクストの一節を選択して新しいコード名をつけることでリストに加えることもできる。

- 一度コーディングされると、あるコードと結びついた文字列を1つのファイルに書き出したり、印刷したりすることができる。もしくは、コーディングされた一節を、それがもともとあった文書の文脈において見ることができる。

さらに学ぶために

以下の文献から、コンピュータやソフトウェアを使って質的分析を行う際のより詳しい情報が得られるだろう。

Bazeley, P., & Jackson, K. (2013) *Qualitative Data Analysis with NVivo* (2nd ed.). London: Sage.

Friese, S. (2012) *Qualitative Data Analysis with ATLAS.ti*. London: SAGE.

Kuckartz, U. (2014) *Qualitative Text Analysis: A Guide to Methods, Practice and Using Software*. London: SAGE.

Silver, C., & Lewins, A. (2014) *Using Software in Qualitative Research: A Step-by-Step Guide* (2nd ed.). London: Sage.

以下のソフトウェア。ウェブサイトも参照。

ATLAS.ti atlasti.com/ja

MAXQDA www.maxqda.com/jp

NVivo www.nvivo.jp

訳者補遺

佐藤郁哉 (2008)『QDA ソフトを活用する 実践 質的データ分析入門』新曜社

佐藤郁哉 (2008)『質的データ分析法：原理・方法・実践』新曜社

戈木クレイグヒル滋子 (2016)『グラウンデッド・セオリー・アプローチ 改訂版：理論を生みだすまで』新曜社

9章　ソフトウェアを用いた検索や
その他の分析手法

検索
属性
コードと属性による検索

この章の目標
- 検索が重要な分析テクニックであることと、いかにコンピュータが検索を得意としているかを知る。
- CAQDASが支援してくれる本章で検討する2種類の検索、語彙検索とコード検索についてさらに知る。
- 前者は文字列の検索であることを理解する。
- 後者の検索が6章で議論した分析的な比較を行うのを可能にすることを理解する。

検　索

　質的分析の多くの時間は、テクストを読むこととテクストの中に何かを見出すことに費やされる。ときにこれは難しい。なぜならこの課題に集中し続けることは厳しいことだからである。テクストを読んでいると、思い浮かんだ他のことにたやすく興味が移ってしまう。これは質的研究における仕事上の落とし穴と言えるかもしれない。また、特定の語やフレーズの生起を見つけるような、繰り返しの課題に飽きたり注意散漫になったりすることもある。このことがコーディングに際して歪を生み、それゆえに分析から導き出される結果にお

209

ける歪みを生むリスクとなる。この点は、コンピュータが支援できる領域の1つである。コンピュータは退屈に悩まされることはない。ソフトウェアが行う検索（searching）、すなわち文字列またはコーディングされた文字列の特定の組み合わせの検索は、いつも正確である。コンピュータによる検索は読んだり考えたりすることの代わりにはならないが、テクストを検討したり分析したりする際にその完全性と信頼性を補助しうる。

語彙検索

3つのCAQDASはすべて、この課題に取り組み、高度な方法で文字列を検索することを可能にするツールを備えている。たいていの場合、文字列検索機能を用いる目的は2つのうちいずれかである。すなわち、テクストをコーディングするためか、もれがないかをチェックするためである。4章で、文書を読み、テクストの一部に印をつけるかコードをつけることでコーディングする方法を見た。このプロセスには、それが何についてのテクストかを決めること（コードやテーマ）、それをコードと結びつけること（テクストに印をつける）、そして同じテーマのテクストがさらにないか探し、そして同じようにコーディングを行うことが含まれる。検索機能は、いくつかの方法でこのプロセスを支援する。

自分のデータをよく知る　自分の発見したその文字列をさらにチェックする必要があるため、この種の検索は実際に自分のデータをよりよく知るための方法として用いられる。ここで適用する戦術は、理論的な直感に結びつく語句を探し、そしてオリジナルの文書から取り出されたり見出されたりした部分を調べるというものである。どのソフトウェアも検索の結果として新しいコードを作り出すことができる（自動コーディングと呼ばれることもある）。必ずしも結果を保持しておく必要はない。もしソフトウェアがほとんどその文字列を見つけられなかったり、逆にあまりにたくさんその文字列を見つけた場合などは、いつでもコードを削除したり、関係のない文字列の部分のコードを外したり、コーディングされた文字列の範囲を修正したりすることができる。

類似の一節を見つける　コーディングにおいては文書中に類似の一節を見つ

210

けることが重要となる。しばしば、すでにコーディングされた部分は他の箇所でも生起するだろう用語や語、言い回しを含んでおり、類似のトピックが問題になっていることを示す。これらの語を検索すれば、すべて見つけることができる。もちろん、このことは、そのコードをつけるべき箇所すべてが見つかるという意味でないのは明白である。関連していても検索語を含まない箇所もあるだろう。インタビュアーが検索語と同等の言葉や類義語を用いるなど、別のしかたで表現しているかもしれない。最初の検索で新しい文字列からそのような語がいくつか見つかったら、今度はそれらを新しい検索語として使用することができる。だが、そうしたとしても、検索が完璧である保証はない。研究関心の事柄について、検索語をまったく用いることなく語ることもあるだろう。そのため、文書をさらに読み、コーディングすべき他の候補を探さなければならない。

　コンピュータによる検索で関連する文字列を見つけられない場合もある一方で、まったく関係のない箇所を見つける場合もある。すなわち、検索語を含むが実際には問題になっているテーマやアイデアを含んでいない場合である。このことは、同じテーマに関するものであっても、異なる、あるいは逆の考えを表現している場合があるからである。その場合、新しいコードを作ることを考えるとよい。もともとのコードの考えとはまったく結びつきがないような場合には、その箇所を無視する（コーディングしない）ということもある。このように、いずれの検索結果においても、検索されたものを読み、その意味や取り組んでいる概念との関連性を評価するのは、人間なのである。ソフトウェアによる検索は、見落としたかもしれない箇所を見つけるのを助けるが、関連する箇所のみ見つけることを保証するものではない。

　否定事例を探す　文字列検索の別の重要な用途は、コーディングの完全性と妥当性をチェックすることである。これは、7章で議論したように（またFlick, 2007b, 2017b も参照）、いわゆる否定事例を探すことを意味する。徹底的にデータを分析したのち、ほんのわずかの（あるいはほとんどないに等しい）否定事例しか見つからなければ、その説明にはある程度の妥当性があり、データにある程度根ざしているという確信をいっそう持つことができる。あるコードから取り出された文字列を用いて特定の文脈に付随した否定事例がないかど

うかを確かめる場合、コーディングのときに、重要な例を見逃していないという前提に立っている。ここでも、人間の研究者には誤りを起こす可能性という限界がある。コードを作成していく際、コードをつけるべき文字列の重要な事例を見落としてしまうことは容易に起こりうる。それは、その特定の事例の中で文字列を見つけるとは思いもよらなかったからであり、あるいは、考えていたような言葉のかたちをとっていないからである。妥当性をチェックするにあたってとても重要な否定事例を見つけやすいのは、まさにこうした場合である。一方、コンピュータは、そうした間違いやすさに影響されない。そこで、コンピュータによる検索は、あるコードをつけるべきことが明らかな文字列（知ろうとする、あるいは考え得る言い回しやフレーズを用いているもの）がないということを確実にする方法の1つとなりうる。しかし、便利ではあるが、これに舞い上がってはいけない。コンピュータがすべてやってくれるわけでは決してない。どんな文字列検索にも当てはまらない例は常にあるだろうし、文書を注意深く読むことでしか見つからない例もあるだろう。

　この検索アプローチは語彙検索と呼ばれる。重要な語句の生起を見つけるためだけでなく、それらが起こっている文脈を検討するためにも、とても有効なアプローチである。これはその用語が含意する意味の範囲や、それに関連するイメージやメタファー*の種類を発見するのを可能にする。しかし、ウィーバーとアトキンソン（Weaver & Atkinson, 1994）が指摘するように、結果として得られるコーディングは、他の方略（たとえば、テクストを精読するなど）によって生み出されるものとはかなり異なるかもしれないことを知っておく必要がある。ただし、このことは強みにもなりうる。他のアプローチは、おそらく過剰に、分析者がもっている概念を反映する傾向がある。一方、語彙検索は、はるかにずっと開かれたものである。

　文字列検索を行う際、もっぱら問題となっている語句やテーマに限定する必要はない。テクストを一節ごとにチェックしていくと、他のアイデアやテーマ、コーディングする価値のある課題が思い浮かんだりして、それもコーディングに役立つ。すぐに新しいコードをその文字列に付し、思いついた考えをつかむためにメモを書くのがよい。それから、元の検索に戻るのである。

「Search Project」タブ

図 9.1　ATLAS.ti の文字列検索メニュー

シンプルな語彙検索をする

メニューバーの「Search Project」タブを⇦し、「Search Term」ウィンドウに検索語を入れる（図 9.1 参照）。

検索したい語句を入力する。もし必要であれば大文字と小文字を区別する「Case Sensitive」を⇦する。そして虫眼鏡アイコンがついた検索ボタンを⇦すると、プロジェクト内のすべての文書が検索され、該当する語句が見つかるとその語句が強調されたかたちで前後の文字列とともに「Text Search Result」ウィンドウに表示される。「Text Search Result」ウィンドウは独立して維持されるので、開いたままにして作業をすることができる。そのため、すべての適切な文字列をコーディングすることができる。一覧の中から任意の検索結果を⇦すると、その語句が生起している箇所を見ることができる。

「語彙検索」ボタンを⇦すると、「語彙検索」ウィンドウが開く。「新規」ボタンを⇦し、検索する語句を入力する。希望する検索のしかた（たとえば、語句（の一部でなく）全体を含むものだけを見つけるなど）にチェックを入れ、検索の実行ボタンを⇦する。すると、「検索結果」ウィンドウが開く（図 9.2 参照）。ここには、検索した文字列がどの文書で見つかったかが示される。それらを⇦すると、「文書ブラウザ」に、文脈の中で選択された文字列を見ることができる。文字列検索ダイアログは独立して維持されるので、開いたままにして作業をすることができる。このようにして、見つけた適切な文字列のすべてをコーディングすることができる。

9 章　ソフトウェアを用いた検索やその他の分析手法　| 213

図 9.2 MAXQDA の「検索結果」ウィンドウ

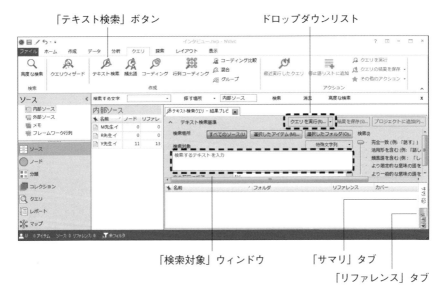

図 9.3 NVivo の「テキスト検索クエリ」ウィンドウ

NVivo

「ナビゲーションビュー」ウィンドウのリストから「クエリ」を⇐し、「テキスト検索」ボタンを⇐すると、「テキスト検索クエリ」ウィンドウが現れる（図 9.3 参照）。

「検索対象」ウィンドウに検索したい語句を入力し、ドロップダウンリストから「クエリを実行」または「実行して結果を保存」を選んで⇐する。結果は下部のウィンドウに表示される。右側の「サマリ」タブが選択されていると、文字列が見つかった箇所がリストで示される。それぞれのリストを⇐すると、見つかった文字列が強調されて表示さ

れる。「リファレンス」タブでは文字列が見つかった箇所の抜粋が表示される（スクロールして下がれば他の検索結果も見ることができる）。それらを読みながら、適切な文字列すべてをコーディングすることができる。

　検索時には、ワイルドカードや特殊記号を用いることで、一度に1語以上検索したり、たくさんのバリエーションを検索することができる（コードを区切る「｜」を入力するにはシフトと「¥」キーを使う）。

	検索文字列	予想される結果
ATLAS.ti	walk|walking|walks walk*	'walk' and/or 'walking' and/or 'walks' など 'walk' 'walking' 'walks' 'walked' 'walkers' などすべて
MAXQDA	複数の語を入力し、 「OR」ボタンを⇦	'walk' and/or 'walking' and/or 'walks' など
NVivo	walk OR walking OR walks walk*	'walk' and/or 'walking' and/or 'walks' 'walk' 'walking' 'walks' 'walked' 'walkers' などすべて

例

　こうしたプロセスを説明するために、事例を紹介しよう。これはイギリスヨークシャーで失業中の人びとに対して行われたインタビュープロジェクトからの例である。いろいろな質問項目の中で、彼らは職探しについて尋ねられた。何人かが仕事を見つける方法として情報ネットワークを利用すると語った。そして、ある者は職を見つけるための「口コミ」の役割について述べた。これについて他の人も語っているかどうかを調べるために、関連する言葉の検索が実行された。たとえば「仲間（mate）」「身内（relative）」「友人（friend）」といった語が検索された。

　このような検索をすると、結果として関連するもの、少し足りない部分があるが関連しているもの、誤ったもの、検索されたが関連のないものなどが見つかる。上記の「仲間（mate）」「身内（relative）」「友人（friend）」の検索で

9章　ソフトウェアを用いた検索やその他の分析手法　215

は、次のような文字列が見つかった（見つかった語は見分けられるように太字
にした。また、ここに出てくる話し手の何人かはヨークシャーなまりを用いてい
ることを付け加えておく。たとえば定冠詞を省いて 'on the' を 'ont' と言った
り、'I was' ではなく 'I were' と言うなど）。

トム：
　いつも水曜か木曜の新聞を見るんだ、地方紙さ、それだけだ。それと、世の
中の動きに耳を傾け続けようとしてるんだ、万が一自分だけが知らない何かが
あるかもしれないし。だから友人（**friends**）に訊く、周りに訊くのは続けてる
よ。

アサド：
　わからない・・・。口コミが一番だと思うぜ。思いがけず仲間（**mate**）が「お
まえの気に入りそうなまずまずの仕事があったぜ」って言うかもしれない。そ
れが何よりだ。

ブライアン：
　彼はストーンヘイブン大学で化学技術士をしてる。僕は彼と働いてるんだ。
だけど実際は、空いている席の数は比較的（**relatively**）少なくって。経験の
ある講師でなければ、もちろん機会は減る。

インタビュアー：
　その仕事をどうやって聞きつけたの？
マルコム：
　俺の友達（**friend**）さ、ちょうどこの通りに住んでる。やつはある部署の部
長なんだ。

アンナ：
　仕事に戻ったの、9月から3月。解雇されるまでね。その後12か月、いえ、
11か月家にいたわ。DHSS に勤めている友人（**friend**）がいたんだけど、彼
女が私に言ったの。「家にいる必要があるっていう書類を医者からほしいんで

216

しょ」って。

　最初の2つの検索結果であるトムとアサドからの引用、それから4つ目のマルコムの例は目的に関連していると思われる。しかし、アサドが実際に情報ネットワークを用いているのか単にその話をしているだけなのかは、はっきりしない。そのため、トランスクリプトの残りを含めて、さらなるチェックが必要となる。3つ目のブライアンの検索結果は誤検出である。これは「身内（relative）」という文字が「比較的（relatively）」という語の頭に含まれるために起こっている。これは、検索する際に、完全一致の場合のみに絞るというオプションを用いたり、検索する語の後にスペースを挿入することで避けたりすることができる。最後のアンナの例は、確かに友人についての語りであるが、実際には情報ネットワークの使用に関するものではないため、無関係である。これらの例は、いかに検索によって見つかった文字列を十分チェックする必要があるかを示している。検索結果を読み通し、結果が本当に関係するものかどうかを決める必要がある。もしソフトウェアがその文字列をすでにコーディングしていたら、関係ない結果のコードを解除する必要があるだろう。そしてもしかしたら、すべての関連する文字列を含めるために、コードを拡張する必要があるかもしれない。あるいは、読んで間違った検索結果であれば、それを単に無視すればよい。そして、本当に「当たり」の場合に、新しいラベルでコーディングしたい文字列は何かを判断すればよい。

　関係のない検索結果を得ることの他に、単に「仲間（mate）」「身内（relative）」そして「友人（friend）」に基づいて検索するだけでは、仕事を見つけるための情報ネットワークの使用に関する議論のすべては見つからないだろうことは明白である。ここで、作業を前に進めるための方略がいくつかある。

- 見つけた文字列をよく読むこと。すると、さらに検索することができそうな他の語が使われているかもしれない。それらを使って、他の関連する箇所を見つけられるかもしれない。たとえば、「仲間（mate）」「身内（relative）」「友人（friend）」という語を用いて検索して見つかった関連する文字列すべてを通して読んでいくと、次のような検索に追加する語が見つかった。「インフォーマルな（informal）」「商売している（in trade）」「取

9章　ソフトウェアを用いた検索やその他の分析手法　217

引で（in the trade)」「連絡をとる（contacts)」「家族（family)」である。「身内（relative)」がもともとの検索語だが、いくつかの事例では人びとが直接特定の身内に言及していることもわかった。だから、（少なくとも）父、母、娘、息子、叔父、叔母といった語もまた役に立つだろう。

- これらの語や、類義語を用いたり自分自身の知識から付け加えられる他の言葉を用語集として保存したりしておこう。これらの語も検索し、あらゆる関連する検索結果をオリジナルのコードでコーディングされた文字列に追加しよう。たとえば、類語辞典で「インフォーマルな（informal)」という語を調べると、「カジュアルな（casual)」「非公式の（unofficial)」が検索候補のさらなる語として出てくる。この用語集や検索したいあらゆる文字列を、CAQDAS のプロジェクト内のメモに保存しておく。そうすれば、いつも Ctrl-X や Ctrl-V（Mac では Cmd-X と Cmd-V）といったキーボードのショートカットを使って、検索ダイアログに切り出してペーストできる。備考：MAXQDA では、言葉や文字列の組み合わせを検索条件として、後で使えるように保存できる。NVivo では、プロジェクトに検索条件を付け加えることができ、後で簡単に再度検索できる。

メタファー*や説明を検索する

ここまで、テーマに関する内容についてコードを作ったり増やしたりする方法として文字列検索を扱ってきた。しかし、文字列検索は直喩やメタファーの使用を含めて、言語の実際の使用について分析する際にも用いることができる。言い換えれば、回答者のディスコースを分析するのに使える。たとえば、上述のように仕事探しについての語りの中に運命論の根拠を探そうとしているとする。そのためには、運命論的な見方を表現する特定の語や言い回しの使用を検索すればよい。仕事探しプロジェクトの文書の1、2にざっと目を通した結果、次のような言い回しが運命論と関連すると思われた。

あきらめる（give up)、先がない（pointless)、罠にはまる（in the trap)、はめられる（trapped)、とぼとぼ歩く（plodding on)、もう限界（can't handle any more)、絶望（desperation)、単なる運（just luck)、そういう日はそんなもの（way it goes on the day)。

これらの語や言い回しが起きているところをすべて見つけるために検索する。また、同じ意味の他の言葉を見つけるのに、文書作成ソフトウェアの類義語機能を使うこともできる（Word では［校閲］→［類義語辞典]）。

　メタファーや説明（6章参照）について、文字列検索ツールは特定の表現の使用を知らせてくれるとともに、その使用がどれだけ一般的かの良い指標にもなる。ヨークシャーでの失業者プロジェクトにおいて、運命論的なディスコースを探した際、インタビュイーがどのくらい「運」について語ったかが明らかとなった。「運（luck）｜幸運（lucky）｜不運（unlucky）」といった文字列を検索して、その文字列のある段落を読むと、彼らがなぜ無職のままなのか、もしくは他者がどうやって仕事を得たかを主に説明しようとしていることがわかった。これは単に無職の人たちによる説明の分析のスタートでしかないことに注意しよう。他にどんな種類の説明をしているのかをチェックする必要があるし、そのためには再び何回か読まなければならない。しかし、これは、検索によっていくつかの新しい表現が見つかるなら、十分報われる。たとえば、「運（luck）」という語を検索した際に、何人かが「幸運（fortunate）」という表現を語りの中で用いていることがわかった。この「幸運」を、検索文字列に追加できるだろう。

　検索は、使われている語がテーマに関する内容を示している場合は、テーマについての項目を探すのに向いている。しかし、語り方の分析には向いていない。ここでは、何が言われているかではなく、いかに言われたか、なぜ言われたか、そして言うことで何を意図しているのかが重要である。そのため語の単純な検索では（たとえ用語集を用いても）十分ではないだろう。しかし、このとき異なる種類の検索を組み立てることができる。たとえば、語りを進めるときに人びとが用いる言葉の種類を検索することができる。ある種の会話をしている際、「消防士として話すんだけど…」「祖母としての経験では…」「自転車乗りならみんな同意することだけど…」のような言い回しで、彼らのアイデンティティのある側面を表現しようとしていることを告げるかもしれない。そこで、「として話す」「としての経験では」「みんな…賛成」、その他、似ている表現を、これらのナラティヴが進んでいく中に見つけることができるだろう。ボックス 9.1 に良い検索のしかたをまとめた。

9章　ソフトウェアを用いた検索やその他の分析手法 ｜ 219

| ボックス9.1 | 文字列検索機能を創造的に用いて、妥当性を高める |

- 検索機能を用い、見つかったものを読むことで、データに精通する。
- さらに関連する語や表現を用いて、これまで検討してきた文字列を検索する。
- 新しい検索で見いだされた結果と、関連する以前の検索から生まれたコードとを統合する。
- 検索語の用語集を作成し、類義語集や自分自身の知識を用いて書き加えていく。用語集をメモに保存する。
- 比喩として使われているなど、特定の種類の用例を探す。そして、若い回答者と年配の回答者のように、プロジェクトデータ内の異なる小集団を対比的に分析する。
- 否定事例、すなわち、想定する説明に当てはまらない事例を探すために検索を用いる。
- 支配的だと思うテーマが本当にそうかどうか検索によって確認する。想定するよりもあまり生起していないかもしれない。
- コーディングを遺漏のないものにするため、そしてテーマに関して生起している事柄をすべて実際にコーディングしているかを確かめるために検索を使う。
- 知見を別の段落にも広げる。そして知見をレビューし、コーディングされた文字列に適切なものを加えたり、そうでないものを取り除いたりする。
- 分析をうまくコントロールするために、メモを検索する。

(Gibbs, 2002, p.123 より援用)

属　性

　属性は質的分析において用いられる変数データの一形式である。典型的には、研究における個々の事例に、それぞれの属性に対する値が割り当てられる（もしその属性が適用されなければ何の値も与えられない）。一般的な例としては、回答者の性別（男性か女性か）、回答者の年齢や居住地がある。しばしば、こうした情報は資料のサマリーシートに記録される。これは量的調査におけるカテゴリー変数と似ている。しかし、質的分析では、属性や値を研究における別

一次文書を文書ファミリーに割り当て
たり解除したりするためのボタン
図 9.4　ATLAS.ti の「Document Group Manager」

の分析単位、すなわち状況や出来事にも適用することができる。それゆえ、研究に参加する各企業や団体のような個々の条件に関して、従業員数や会社名、経営者を記録することがある。あるいは、出来事に関して、日付、時間、場所を記録することもある。そのような属性は、たいてい人物や状況などについての事実の問題にすぎない。しかし、のちに分析する際に、もしかしたら属性として示されて、違う事例にも適用しうるかどうかを判断する際の分類や分類法に展開するかもしれない。一番多くの場合、属性は比較（次節を参照）を行うために、コードを用いた取り出しや検索を統制するのに使われる。

プロジェクトで属性を設定する

　ATLAS.ti では直接属性を扱わない。しかし、文書やコードをグループにし、それらを用いて検索することができる。メニューの「Home」:「Documents」:「Document Groups」を⇐すると、「Document Group Manager」ウィンドウが開く（図9.4参照）。新しいグループを作るには、「New Group」ボタンを⇐する。グループの

9章　ソフトウェアを用いた検索やその他の分析手法 | 221

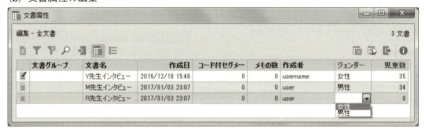

図 9.5　MAXQDA の文書属性ウィンドウ

　　名前（実際上、属性の値にあたる）を入力し、「Create」を⇐する。このグループに文書を割り当てる場合、（右側にある）メンバーではない文書を⇐し、「＜」ボタンを⇐する。

　　コードやメモもまた、「Code Groups」や「Memo Groups」マネージャーを使って同じようにグループに割り当てることができる。

「属性」：「文書属性」の一覧表を⇐してウィンドウを開く（図 9.5 (a) 参照）。「新規の属性」ボタンを➡し、ダイアログに属性の名前（たとえば性別）を入力し、該当するタイプを選択する（もし属性の値がテキストデータ（例えば、「女性」・「男性」）であれば、テキストを選択する）。そして「OK」を⇐する。次に、上部のツールバーの「編集」を⇐して「編集」ウィンドウを表示する。新しい列は値の名前が見出しになっている。この列のセルを⇐し、この文書の値を入力す

図 9.6　NVivo の事例の属性プロパティ

る。いくつかの値を入力すると、プルダウンメニューを使って入力済みの値から選択することができる。セルを◆し、それからプルダウンメニューを引き出すために右端の三角を⇐し、希望の値を⇐する（図9.5（b）参照）。

NVivo

Nvivo では、属性ファイルを Excel ファイルなどの一覧表にまとめていれば、それを読み込んでケース名（たとえば、1 ファイルに複数の話者がいてそれぞれの発言にケース名が紐付けされている場合）やファイル名（1 ファイルに 1 話者の場合）と結びつけることができる。まず事前に 1 列目に割り当てたいケース名またはファイル名（NVivo に読み込み時に指定するドキュメントプロパティの「名前」）、2 列目以降に属性を入力したファイルを作成しておき（1 行目は属性名）、メニューバーの中からデータを選択し、その中の「分類シート」を⇐する。開いたダイアログで先ほど作成したファイルを選んで「次へ」を選択し、ファイルごとに属性を設定する場合は「ソースの分類」、同じファイル内の複数の話者や場所などを分けたい場合には「ケースの分類」をプルダウンメニューから選んで、さらに「存在しない場合は、新しい属性を作成」と「既存のソースまたはケースの分類を更新」にチェックが入っているのを確認して「次へ」を選択し、「名前として」：「このプロジェクトでのこれらのソースの場所」を選んでから、そのソー

9章　ソフトウェアを用いた検索やその他の分析手法 | 223

スの場所を指定して「終了」を選択する。なお、これらの属性は、ナ
ビゲーションウィンドウにあるソースを➡して、ドキュメントのプロ
パティを⇦して表示されるドキュメントプロパティの属性値タブにお
いても変更することができる。また、「ナビゲーションビュー」:「分
類」の「ケースの分類」または「ソースの分類」を⇦すると表示され
ている分類を➡して表示される選択肢の中から「属性プロパティ」を
⇦すると分類の確認や追加などが行える（図9.6参照）。また、「ソー
ス」:「内部ソース」で表示されるファイル名を⇦すると表示される
「コンテクストメニュー」から「ドキュメントプロパティ」を表示さ
せる、あるいは、「ノード」:「ケース」プロパティで、表示されるケー
ス名を⇦すると表示される「コンテクストメニュー」から「ドキュメ
ントプロパティ」を⇦しても、それぞれに付された属性が変更できる。

コードと属性による検索

　3つのソフトウェアは、いずれもすでにコーディングされた文字列を検索し
て取り出す機能、すなわちコードと属性による検索機能を持っている。これに
よって、分析に必要な比較を非常に充実させることができる。6章で論じたあ
らゆる種類の比較は、「検索」または「クエリ」ツールを使用し、コーディン
グされた文字列を検索して調べることによって実行可能である。
　文字列検索を行う際、検索されるのは文字列であり、文字列の中が検索され
ることは明白である。このことは、コードや属性による検索の場合、あまり明
確ではない。しかし、同じことが言えると認識することが重要である。これら
の場合、検索において比較されるのは、コードや属性としてコーディングされ
た、もしくは結びつけられた実際の文字列である。それゆえ、最も単純な場
合、1つあるいは別のコードのどちらかに該当するものを検索するならば、比
較されるのは、それらのコードとコーディングされた文字列になる。検索の結
果、もしあれば、いずれかのコードでコーディングされた文字列（両方のコー
ドでコーディングされたものも含む）がすべて見つかる。
　3つのソフトウェアはいずれも、2つかそれ以上のコードを（そして時には
属性も）組み合わせて検索することができる。そうした組み合わせは、合致す

るか否かの論理型（Boolean）検索か近接（proximity）検索かの2種類に分けられる。論理型検索は「and」「or」「not」のような論理的な単語を用いてコードを組み合わせる。このタイプの検索の名前は、これを初めて公式化した数学者ブールにちなみ、「ブール検索」とも呼ばれる。一般的な論理型検索は「or」（「組み合わせ」もしくは「結合」とも言われる）、と「and」（「共通集合」とも呼ばれる）である。これに対し、近接検索は、近接する他のコーディングされた文字列を検索し、時にはある文字列の後にもう1つの文字列がある場合や文字列に複数のコードが重なっている場合を対象とする。一般的に用いられる近接検索は「followed by（の前）」（「連続」や「先行」とも呼ばれる）、そして「near（近く）」（「共起」とも呼ばれる）である。表9.1はそれらの機能の説明と例である。論理型検索も近接検索も、データを調査したり直観を確認したりするのに便利である。ただ、コーディングが一貫していて明確であるので、論理型検索はデータについての仮説やアイデアを検証するのに最も有効である。これに対し、近接的検索はより思案しながら用いるのに有効であり、しばしばコーディングの初期段階で、データを探索するために用いられる。

　たとえば、6章の表6.5の各セルの内容を集めるためには、「ルーチン」「偶然」「企業家的」といったコードを用いてコーディングされた文字列が必要であり、かつ性に関する属性づけがあるか、文書を「男性」「女性」という2つの文書グループでまとめておく必要があるだろう。そこで、属性の値「男性」and「ルーチン」でコーディングされた文字列を検索し、それから属性の値「女性」and「ルーチン」でコーディングされた文字列を検索することになる。そして、これを「偶然」と「企業家的」についても繰り返す。

「ルーチン」とコーディングされ、かつ、「男性」もしくは「女性」の属性を持つ文字列を検索する

　　男性の文書グループ、そして女性の文書グループを設定する（先述のように）。メニューバーの「Analyze」：「Query Tool」ボタンを⇦する（p.227の図9.7参照）。「Query Tool」ウィンドウが開く（p.227の図9.8参照）。「Codes」リスト内の「ルーチン」コードを⇨すると、名前が「Query」エリアにコピーされる。見つかった引用文のリストは結果リスト（右下）に表示される。結果リストの中の各引用文のサン

表 9.1　コード A とコード B を用いた一般的な論理型検索と近接検索の例

検索	得られる結果	一般的な使用例
A and B	A と B の両方にコーディングされた文字列のみ。A もしくは B のいずれか、もしくはどちらにもコーディングされていない文字列は含まれない。	A が「説明する」で、B が「ずる休みする」なら、A and B の検索で、回答者がなぜ学校を欠席するかを説明しているすべての箇所が見つかるだろう。
A or B	A もしくは B もしくはその両方にコーディングされているすべての文字列。注意として、「or」を用いた検索は、3 つないしそれ以上のコードを一度に検索するときに有効である。この場合、いずれかのコードでコーディングされている文章が見つかる。	パートナーと別居している人びとについてのプロジェクトにおいて、A が「捨てられた」、B が「いつのまにかバラバラ」、C が「相互の合意」とすると、A or B or C の検索では、人びとが語る別居の理由のすべてが見つかり、まとめられるだろう。
A followed by B	コード B に分類される文字列が後に続いているコード A の文字列。どの程度近くにあるかを特定する必要がある。	同じくパートナーと別居している人びとについてのプロジェクトにおいて、A が「ターニングポイント」で B が「訓練」ならば、A followed by B（B の取り出し）の結果、人びとがターニングポイントの後の訓練について語っている箇所が示されるだろう。
A near B	他のコードでコーディングされた文字列の近く（前後もしくは重なっている）に現れるあるコードでコーディングされた文字列のみ。たとえば「2 段落以内」のように、near の意味を定義する必要がある。	ホームレスのプロジェクトにおいて、A が「ホームレスになる」、B が「怒り」ならば、A near B で検索した結果（A の取り出し）、怒りの表出を伴ってホームレスになることについて語っている箇所が示されるだろう。

　プル文字列を🖱すると「一次文書エリア」に切り替わり、コーディングされた文字列が強調されて表示される。

　「Query Tool」ウィンドウに戻り、「Edit Scope」ボタンを🖱し、「Document Groups」リストの「男性」グループを🖱すると、「Scope」エリアに「男性」グループがコピーされる。「Query Tool」の検索結

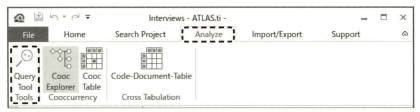

図 9.7　ATLAS.ti の「Analyze」タブと「Query Tool」ボタン

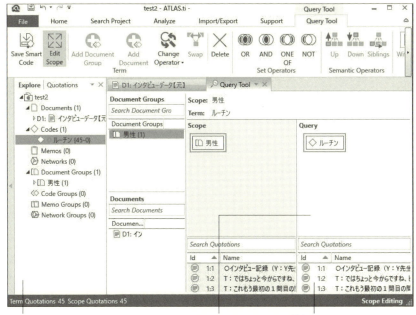

図 9.8　ATLAS.ti の「Query Tool」ウィンドウ

果を表示するエリアにある引用文のリストもまた、男性グループにある文書の引用文のみを示すように減る。結果リストの引用文を一つひとつ順に🖱️して検討する。そして、一度「Delete」を選択して男性グループを「Scope」から外してから「女性」グループの文書内の引用文のみを示すために「検索ダイアログのスコープ」で「女性」グループを🖱️し、このプロセスを繰り返す。

9章　ソフトウェアを用いた検索やその他の分析手法 | 227

MAXQDA

最初に、男性の文字列だけが選択された状態にする必要がある。文書グループを選択し、「文書属性によりアクティブ化する」ボタンを⇐、「性別」を🖱し、変数値の欄に「男性」を入力し、「アクティブ化」を⇐する（文書にすでに「男性」や「女性」といった属性を割り当てていることが前提である）。「コードシステム」ウィンドウで、「ルーチン」というコードを見つけて⇐し、「アクティブ化する」を⇐する。これで、「検索済セグメント」ウィンドウには男性の文書内にある「ルーチン」とコーディングされた文字列のセグメントのみが示される。女性の文字列について、「文書システム」ウィンドウで文書グループを➡し、「文書属性によりアクティブ化する」ボタンを⇐する。値ボックスのプルダウンメニューから「女性」を選択し、「アクティブ化する」を⇐する。ここでも「ルーチン」というコードがアクティブ化されていることが前提で、「検索済セグメント」ウィンドウに女性の文書内にある「ルーチン」とコーディングされた文字列のセグメントのみが示される。

NVivo

「ナビゲーションビュー」のリストにある「クエリ」：「コーディング」を⇐すると、「コーディングクエリ」ウィンドウが開く（図9.9参照）。「検索場所」は3つのボタンから選ぶ。デフォルトでは「すべてのソース」が選択されているが、「選択したアイテム」または「選択したフォルダ」を⇐するとプロジェクトアイテムまたはフォルダを選ぶ別ウィンドウが現れるので、必要な箇所を選択して「OK」ボタンを⇐する。次に、検索条件を設定する。プルダウンメニューから当てはまる条件を「すべて」または「任意」から選ぶ。その下のプルダウンメニューで次にコードと選択したすべてのノードを選び、その右にあるボタンを⇐すると「プロジェクトアイテムを選択」ウィンドウが現れるので、検索するアイテムにチェックを入れて「OK」を⇐する。次に「クエリを実行」を⇐すると、下部のウィンドウに結果が表示される。

図 9.9　NVivo コーディングクエリウィンドウ

　文字列および／もしくはコードの検索を行うだけではなく、それ以上にたくさんの検索方法がある。3つのソフトウェアのすべてが、かなり複雑な検索や複雑なコード（そして MAXQDA の場合は変数、ATLAS.ti の場合はグループ、NVivo の場合は属性）の組み合わせを可能にしている。とりわけ強力な検索フォームの1つが、NVivo の「高度な検索」であり、他のソフトウェアにも類似の機能がある。これがあれば、1度の検索で、6章で記述したようないくつかの表を作成する文字列を発見できる。マトリックス検索の考え方は、あるコードのグループに対して別のコードのグループ（NVivo では、コードもしくは属性のグループ）を検索するというものである。6章の例に NVivo を用いた検索すると、3つのコード「ルーチン」「偶然」「企業家的」に対する性別（男性か女性）を検索した結果得られる6つの文字列グループを、1回で見つけることができる。選んだ検索のタイプ（上の例では「and」）は、それぞれのコードおよび／もしくは属性のペアに順に適用される。すなわち「ルーチン」の「男性」、「ルーチン」の「女性」、「偶然」の「男性」、「偶然」の「女性」、「企業家的」の「男性」そして「企業家的」の「女性」である。

9章　ソフトウェアを用いた検索やその他の分析手法 | 229

検索の利点と欠点

　検索はCAQDASで使用可能な最も強力なツールの1つである。何がそこにあるのかを見るためだけに、探索的にアプローチする場合にも、直観を確かめる場合にも用いることができる。上述したような文字列検索は探索的なアプローチにとても向いている。しかし、次のような使い方でコード検索を行うことも可能である。たとえば、応答のディメンションを精緻にするために使ったり、分類を展開したり、階層になったコードの内容や構造を改良したりするのである。ヨークシャー州における失業者のプロジェクトを例にあげると、仕事を見つけるためのさまざまなサービスについての評価を述べた文字列をすべて集めるためのコード検索を行うとしよう（たとえば「or」検索で）。この文字列を通読すると、サービスに対してさまざまに異なる種類の応答があることに気づくだろう。ある者は役に立つと感じ、他の者は手の届かないものだと感じ、また別の者は自分には無関係だと感じている。評価に対する概念のディメンションとして、これらの考えを新たにコーディングする（見つけた文字列からそれらをコーディングする）ことができる。

　コードの検索は直観やアイデアのチェックのために、要するに仮説検証のかたちで用いることもできる。たとえば、認知症の人を介護する人びとについての研究で、男性の介護者は、州のサービスとボランティア団体や慈善団体の両方から、より多くの、もしくはさまざまな種類の支援を受けているという直観を持つかもしれない。さまざまなサービスや団体から与えられるさまざまな種類の支援に関するコードに対して、属性／変数／文書グループの「ジェンダー」で検索を行うと、男性と女性に関する文字列が比較可能なかたちで検出されるだろう。その結果、女性についてまったくないコードがあることがわかるかもしれない。このことは、彼女たちがこの手の支援にまったく言及していないことを示唆している。しかし、コーディングされた文字列の有無以上に重要なのは、男性がサービスについて言っていることと女性が言っていることの実際の内容を比較することである。このような比較を行うことで、いかに女性と男性が受けている支援が異なるか（あるいは似ているか）についての実際の感覚が得られるだろう。

信頼性と検索

　一方で、コードや属性の検索が役に立つのは、研究者のコーディングもしくは属性の割り当ての適切さにかかっている。もしコードの定義が不十分であったり、一貫性なく割り当てられていたり、さらには概念的に重複していたり混乱していれば、コード検索の結果はバイアスのかかった信頼できないものとなるだろう。コードが明確に定義され、それに基づいてコーディングされた文字列が適切で一貫しているように保証するのは研究者にかかっている。そのためには、コーディングで見落とされている文字列がないかを探し続けることが必要である。しかし、完璧に近いコーディングであっても、コードや属性の検索は仮説検証やパターン検索のための完璧なツールではない。検索結果として見つかる関係性（もしくはそれらを見つけられなかった場合）が信頼できるのは、そうした検索に組み込まれている想定を文字列が反映しているときだけである。これらの想定には、記録された文字列がすべて揃っている（実際に起こったこと、言われたかもしれないこととなど、関連する事柄がすべて記録されている）、そして文字列がよく構造化されている（問題についてのすべての議論が文書にまとめられている）といったことが含まれる。

　最後の点は、近接検索で特に問題となる。近接検索は、人びとがある事柄について語るとき、それと関連した内容をその前後で語ることが多いという事実に依拠している。これは場合によっては異なる。たとえば、

- 人びとはインタビューや議論のその時点で目的に適うという理由で、特定の論点を一度に持ち出すが、のちには、まったく異なる一連の関連する問題を一度に持ち出すかもしれない。
- インタビューの後半になって、回答者は前に言うつもりだったことを思い出すことがしばしばある。

　このため、関連する内容がトランスクリプトの中で一緒に現れたり互いに近くに現れたりしないかもしれない。コッフィとアトキンソンの忠告を思い出すのがよいだろう。

　　質的データは本質的に予測不可能な構造を持つので、共起や近接といった

ことは必ずしもカテゴリー間の分析上重要な関係を示しているわけではない。共通して起こるコードがより重要だと想定するのと同じくらい、あてにならない。頻繁に起こるからといって、分析上重要というわけではないし、また、近接しているからといって関係しているとは言えない。そうは言っても、研究が展開するにつれて、アイデアとデータの2つの間を繰り返し行ったり来たりする一部として、このような方法にはアイデアや考えをよく調べるという、一般的な発見的価値を見いだせるであろう。

(Coffey & Atkinson, 1996, p.181)

■■■■■ キーポイント

- 文字列検索(コンピュータを用いた語彙検索)は、コーディングのために似たような言い回しを見つけたり、否定事例を探したり、もしくは単純にデータについてよく知ることで、分析に役立てることができる。語彙検索は効率的である。すべての検索語について、その結果から、適切かどうかを判断できる。すなわち、検索の結果は、適切かどうかを確かめるためにチェックされなければならないということである。

- 語彙の検索は、まさに検索される語次第である。ゆえに、検索語に関連する語のリストを集めておくことが必要である。これらは既存の理解や理論によって、さらには類語辞典を用いたり、見つかった語句の近くに関連する語がないかと文字列を探したりすることで作成される。

- 属性は、事例や状況についての率直な情報を貯蔵するための1つのシンプルな方法である。属性を調べることで検索に磨きをかけることができる。

- 3つのソフトウェアはすべて、コードを使った検索をサポートする。この場合、検索されるのは特定のコード(単数・複数)に合致するすべての文字列である。そうした検索は論理型検索(たとえば、A and B、A or B)と近接検索(たとえば、A followed by B)で複数組み合わせて行うことができる。

- 語彙検索もコード検索も、どちらもデータを探索したりデータに精通するために使ったりすることができる。コード検索は(比較を用いて)パターンを見つけたり、データにおける関係性についての直感を確かめた

232

りするのに用いることができる。

さらに学ぶために

　以下の本は、より詳細に質的データを分析する際のコンピュータの使用について探っている。

Bazeley, P., & Jackson, K. (2013) *Qualitative Data Analysis with NVivo* (2nd ed.). London: Sage.

Friese, S. (2012) *Qualitative Data Analysis with ATLAS.ti*. London: SAGE.

Kuckartz, U. (2014) *Qualitative Text Analysis: A Guide to Methods, Practice and Using Software*. London: SAGE.

Lewins, A., & Silver, C. (2014) *Using Software in Qualitative Research: A Step-by-Step Guide* (2nd ed.). London: Sage.

訳者補遺

佐藤郁哉 (2008)『QDA ソフトを活用する 実践 質的データ分析入門』新曜社

佐藤郁哉 (2008)『質的データ分析法：原理・方法・実践』新曜社

10章 すべてを総合すると

読むこと
書くこと
コーディング
関連性とパターン
分析の質

この章の目標

- この本で示してきた質的分析の異なるステップについて、相互の文脈と
  関係の中で理解する。
- 再び、読むことと書くことの文脈にコーディングを置くことで、質的分
  析に関してより包括的な理解を深める。
- 分析の質の問題についてさらに知る。

読むこと

　質的分析の初心者が最も難しいとわかることの1つが、自分のデータを十分
に解釈することである。分析初心者はトランスクリプトを読み、最初に注目し
た内容の解釈のような、直接的で、印象に基づいた、表面的な読み方をしがち
である。そのような解釈では、質的データが多層的なものであること、そして
質的データが異なる、しかし同時にもっともなしかたで解釈されるかもしれな
いということを認識できない。

　本書は、読者が複数の解釈を見つけ、それらを記述的なレベルからより分析

235

的なレベルへと高めるのを支援するためのテクニックやアプローチをいくつか示そうとしてきた。これに関して重要なのは、より注意深くテクストを読む（もしくは、テクストではないデータを分析する）こと、すなわち、「集中して読むこと」と呼んできたものを行うことである。いつも、テクストの中や状況においてはたくさんのことが起こっている。述べられていることは豊かで多様である——人びとは一度にさまざまなしかたで理解されうる事柄を行っている——というだけではない。人びとは振る舞いや自分自身を表現するしかたによって、自分自身や彼らの住む世界について多様な事柄を示しているのである。テクストを読み、さらに読み直し（テクストではないデータなら再分析し）、それに十分に精通し、そして読み直すたびに新しい質問をするのである。

書くこと

あらゆる質的分析は書くことを伴う。データを集めたりそれを分析したりするのに苦労したし、もちろん、参加者が努力してデータを提供してくれたことを考えると、結果を書き上げ出版することは大いに意味がある。しかし、質的データ分析において書くことにはそれ以上の意味がある。データについて書き、さらには書き直すことは、分析自体の本質的な側面なのである。データについて書くことは記録を残す形式であり、同時にプロジェクトに関するアイデアを発展させる創造的なプロセスでもある。この基本的な形態はノートやメモをとることである。これらはすべてアイデア生成を助け、分析の一部となるだろう。それは、自身の立場、視点、理論や偏見さえもがたどりついた分析をかたちづくり、生み出してきたプロセスの証拠を提供し、その道筋を明確にするだろう。たぶん研究日誌をつけて分析の過程について書くことは、自身の研究についてリフレクシヴになることを支援し、いかに自身の立場や興味、偏見が分析を導いているかに気づかせてくれるだろう。

コーディング

本書ではコーディングを中心に据えた。質的研究者のすべてがコーディングを行うわけではないが、多くの者にとってデータを分類し、その膨大な量の

データを把握するためには重要なテクニックである。コーディングはさまざまな方法でなされうる。もっとも一般的なのが、データのテーマに関する内容に基づくカテゴリー化である。これは、同じコードで分類されたすべてのデータを比較的素早く検索したり比較したりすることを容易にする。コーディングされたデータはいくつかの行為や状況、方略、意味、情動など、興味のある事柄の例である。しかし、コーディングはテクストに印をつけるなどの方法で、もっと独特な使い方も可能である。たとえば、強調したり、丸で囲ったり、下線をつけたり、コメントしたりなど、おそらく分析の後半に再度戻れるように、興味のある事柄を示すこともできる。このように使うと、コーディングはカテゴリー化というよりも、ブックマークにより近い。1行ごとのコーディングはこのようになりがちだが、1行ごとのコーディングから多くの素材を発見するだろうし、そうでなくても印をつけたデータが最終的にはより体系的で、テーマに沿ったコードにカテゴリー化されることもあるだろう。

　コードは分析における概念やテーマ、もしくはアイデアを示している。定義やメモと共に、すべてのコードをリスト化したコードブックを作成しておくべきである。ある研究者は、こうした単なるコードのリストは、分析ではなく、組織する方法にすぎないという。一方、他の研究者は、組織することには分析的な目的がありうるため、分析の重要な一部だと言う。ポイントは書くときに、決してコードブックのメインのコードにのみ頼ってはならないということである。印象に基づいていて、逸話的で、単にデータの中で見つかったメインテーマの記述や要約としてまとめられた、不十分な学生の研究（出版された研究も）の例は山ほどある。興味深い内容にもかかわらず、とりわけ他者がめったに経験できないような環境もしくは状況について扱っているにもかかわらず、すでに知られていることを要約したにすぎないものにとどまっていることがしばしばある。これを乗り越える必要がある。データを再分析し、すでに言われたりなされたりしていることから、必ずしもすぐには明確とは言えないような現象を見つけよう。卓越した分析作業はこれを行い、何が起こっているかを説明し、理解するための理論をもたらす。際立つ研究は、新しい理論、もしくは少なくとも、既存の理論の新しい適用を示唆している。

関連性とパターン

　記述的で印象に基づいた研究を乗り越える1つの方法は、データの中にパターンや関連性を探し出すことである。異なる事例や環境、行為者、状況、動機などにまたがる相違や共通性を探し、それらを調査するために属性／変数、そして表を用いる。そうした探求の1つの結果として、なぜ見出した相違や共通性が生じるのかといった疑問に直面する。そして、そのパターンの説明や理由を提出することを余儀なくされる。このとき、質的データの豊かさが助けとなる。厚い記述は人びとの動機や意図、方略についての証拠を提供してくれるし、それゆえに、なぜそう振る舞うのかに対する示唆を提供しうる（そのときにはそれに気づいていなかったり、直接は語っていなくても）。しかし、不完全もしくはバイアスのかかったデータに基づいて説明を提出する危険もある。データの検討において、徹底的で分析的になることが重要である理由はここにある。説明が共通の状況か一般的ではない状況に基づいているかの程度について、そして説明においてどの程度証拠が確信の持てるものであるかについて、オープンである必要がある。

分析の質

　その通りにすれば分析の質が確実によくなるような単純な公式は存在しないし（より広範な議論については、フリック（Flick, 2007b, 2017b も参照）、知らないうちに、逸話的になったり、バイアスがかかったり、不公平になったりしないような公式もない。唯一のアドバイスは、分析を注意深く、包括的に行うことである。コードの階層や表の使用や絶えざる比較、そしてもちろん、頻繁にトランスクリプトやノート、メモを読み直すことで、分析が徹底的であるだけでなく、収集したデータによって確実にうまくバランスがとられ、支えられているようにすることができる。CAQDAS は包括的で徹底的な研究を確かにすることを支援できる。しかし、今や多くの研究者が分析作業に対してこれらのソフトウェアが計り知れないほど役に立つことを認識しているにもかかわらず、ソフトウェアの使用は必須ではない。コンピュータは代わりに解釈することは

できない。結局、解釈を導き出したり、分析の説明を作り出したり、そして適切な理論によって分析全体を支持したりするのは、人間の研究者の責任なのだ。これを勤勉に、包括的に、徹底的に行うことが、分析を良質なものにするだけではなく、最終的に興味深く、説得的で意義深いものにするのを助けるだろう。

10章　すべてを総合すると　239

訳者あとがき

　本書は、Graham R. Gibbs (2017) *Analyzing qualitative data* (2nd ed.). SAGE. の全訳である。SAGE 社から刊行された「SAGE 質的研究キット」の 6 巻目にあたり、2007 年の初版から 10 年を経て増補改訂された第 2 版である。本書は、『質的データの分析』のタイトル通り、質的なデータの分析の一連の過程と手法について、段階ごとに詳細に説明している。本書の特徴を端的に示すならば、「実践的・実用的」ということになるだろう。

　例えば、質的データの分析で避けては通れない、インタビュー録音や観察記録を文字化する「トランスクリプション」に関して、2 章「データの準備」では「トランスクリプションの間違いの例」（表 2.1）が具体的に示されている。また、3 章の「書く」では書くことに関する「2 つの黄金律」（表 3.1）——（a）早めに、かつちょくちょく書く。（b）ちゃんと書こうとせず、とにかく書く——がその理由（「書かないままでいればいるほど、その作業は苦痛になる」等）とともに示されている。このような質的データの分析過程で生じるヒューマンエラーや作業に対する姿勢についての言及と具体的な例示からは、世界中の質的研究者が身につまされる質的研究者ならではの苦労（「質的研究者あるある」）を筆者が熟知していることが伝わってくる。

　また、4 章「主題コーディングとカテゴリー化」、5 章「伝記、ナラティヴ、言説的要素の分析」、6 章「比較分析」の章では、実際のインタビューのデータを例にして、それに対するコーディング等の分析作業を説明している。トランスクリプトに丸印や色が付されたコーディングの図（図 4.1）や事例間の比較例の表（表 6.4 など）によって、実際の質的データの分析過程を共有しながら理解することが可能となっている。

　本書の実践的・実用的な特徴は、8 章「コンピュータを用いた質的分析を始める」、9 章「ソフトウェアを用いた検索やその他の分析手法」において、ひときわ顕著に表れている。具体的なソフトウェアによる分析の手法を詳細に説

訳者あとがき　241

明しており、ソフトウェアの取扱説明書並みかそれ以上の詳しさである。コンピュータによる質的分析に対する心理的ハードルを低め、活用を後押ししてくれるに違いない。なお、これらの章で紹介されている3つのソフトウェア（ATLAS.ti、MAXQDA、NVivo）に関しては、翻訳時点での最新バージョンに即した内容に更新している。その過程では、武蔵野美術大学の荒川 歩先生に多大なご尽力をいただいた。実際にソフトウェアを使いながら、翻訳原稿の内容の確認や修正のご指摘をいただくなど、荒川先生のご協力なしでは本書は完成しなかったといえる。改めて、深く御礼を申し上げる次第である。

　以上に述べたように、本書は質的データの分析を、実践的・実用的に説明したものである。しかし、それは本書が単なるマニュアル本であることを意味しない。本書は、実践的・実用的でありながらも、1章「質的研究の特質」において質的研究の拠って立つ認識論に言及し、7章「分析の質と倫理」、10章「すべてを統合すると」において「分析の質」を問うている。それには分析における倫理も深く関わっており、質的分析が単に手順や手続きを修得すれば可能になるものではないことを指摘している。本書が分析の手法に焦点を当てているからこそ、それを用いる人間のあり方に対する省察が不可欠であるといえる。このことは、本書の最後を締めくくる10章ではっきりと述べられている。

　　「コンピュータは代わりに解釈することはできない。結局、解釈を導き出
　　したり、分析の説明を作り出したり、そして適切な理論によって分析全体を
　　支持したりするのは、人間の研究者の責任なのだ」（本書、p.238-239）

　最後に、本書の翻訳にあたり、新曜社の塩浦暲氏には、翻訳の機会を与えていただき、さまざまに適切なご助言等をいただいたことに深く感謝申し上げます。また、同社の大谷裕子さんにも常に丁寧かつ迅速な対応で翻訳作業を支えていただきました。改めて御礼申し上げます。

2017年10月

砂上史子・一柳智紀・一柳 梢

用語解説

CAQDAS（computer-assisted qualitative data analysis software）
コンピューターで行う質的なデータ分析。コンピュータは、支援するだけである。ソフトウェアが分析してくれるわけではない。フィールディングとリー（Fielding & Lee, 1991）によって導入された用語。

アクシャル・コーディング（axial coding）
グラウンデッドセオリーにおける第二段階のコーディング。このコーディングにおいて、カテゴリー間の関係が探究され、カテゴリー間の結合が作られる。分析者は、データ中の中核的な論点やテーマを表していたり、強調したりしているコードの選択を開始する。

一般化可能性（generalizability）
調査者が特定の標本や例で見出した説明や記述を、より広範な人びとに当てはめることが正当である程度。

インフォームドコンセント（informed consent）
個人の自由意志によって調査に参加する同意を得る過程。それは、彼ら自身に対して想定される利益と危険の十分な理解に基づく。

エスノグラフィー（ethnography）
特定の社会的場面を調べ、人びとのグループの文化を組織的に記述する、マルチメソッドによる質的研究のアプローチ。エスノグラフィー的調査の目的は、調査対象者たち自身のネイティブな／インサイダーの、世界の見方を理解することである。エスノグラフィーはそもそも人類学に関連し、フィールドワークのような、ある時間をかけてコミュニティに「住み込む」という、自然主義的なデータ収集を今も好む。

用語解説 │ 243

エピファニー（epiphany）
ある人物の伝記やライフヒストリーにおける、ターニングポイントとなる出来事。それは伝記を、そのエピファニーの前後で対照的な時期に分ける。人びとは共通して、エピファニーによって変化した、あるいはその後で異なる人物になったとして自身を描く。

オープン・コーディング（open coding）
グラウンデッドセオリーにおけるコーディングの第一段階。この段階では、関連するカテゴリーを確定するために、テクストがリフレクシヴに読まれる。文章が読み込まれるにつれて新しいコードが生まれ、理論的あるいは分析的な（単なる記述的なものではない）名前が与えられる。関連のあるテクストは一緒にまとめられ、同じコードがつけられる。分析では、カテゴリー（コード）のディメンションの展開が試みられるだろう。

解釈的コーディング（interpretative coding）
調査者がある概念、アイデア、説明、理解を生成するために、内容を解釈するデータのコーディング。解釈は、回答者自身の見方や経験、調査者の見方や理解、あるいは既存の理論や枠組みに基づく。

間テクスト性（intertextuality）
あるテクストが他のテクストの中で繰り返されること。これは、明示的な相互参照の形式をとることもあれば、形式面からのアプローチであったり、暗に含まれるテーマであったりするかもしれない。

帰納（induction）
多くの特定の意見や出来事や観察から、場面や現象についての一般的な理論や説明への論理的移行。

グラウンデッドセオリー（grounded theory）
グレイザーとストラウスにより導入された質的調査の帰納的形態。データ収集とデータ分析が一緒に行われる。データから理論を組織的に発見するために、絶えざる比較と理論的サンプリングが用いられる。つまり、理論は、抽象により生成されるというより、むしろ観察に根ざしていてそれから離れることがない。事例や場面や協力者のサンプリ

ングは、展開途上の説明の限界を検証する必要性に基づいてなされる。説明は、常に分析中のデータに根ざしている。

ケースブック（casebook）
質的なデータ分析のプロジェクトで使用されるコードのリスト。通常は、それらの定義やコーディングのための一連のルール、ガイドラインを含む。コーディングフレームとも呼ばれる。

研究倫理（research ethics）
社会調査が実施される際の、何が容認され正しいのか、何が容認されず間違っているのかということに関する、一連の規範や原則。

検索（search）
CAQDAS の中核的な機能の1つ。語彙検索（テクスト中に繰り返し出てくる言葉やフレーズを検索する）とコード検索の両方を含む。コード検索の場合、検索によって見つけ出されるものは、特定の方法でコーディングされた（あるいは、されていない）テクストの節であり、特定の方法で他のコーディングされた節に関連づけられる（たとえば、それらは重複していて、両方のコードで分類されている）。

語彙検索（lexical searching）
回答者が使用した語やフレーズの生起を見つけたり、それが使用される文脈を研究したりするためのテクスト検索。

コーディング／コード化（coding）
何らかの考えや概念を表す文書内のテクストの一節や画像の一部を取り出して、その考えや概念を表すよう名づけられたコードに結びつける行為。これはつまり、そのコード、そして／あるいは定義が指示する特徴を、同様にコーディングされた他の節やテクストと共有していることを示している。あるコードに結びつけられた全ての節や画像は一緒に検討することができ、パターンを同定することができる。

用語解説 | 245

コーディングブラケット（coding braket）

伝統的には、これはテクストの行がどのようにコーディングされたかを示すために、そのテクストの余白に関連する名前を添えて引かれた（カラーの）線やブラケットを指す。CAQDASでは、文書の横の囲み内に、垂直な色のついた線で（オプションで）示される（MAXQDAでは左側、ATLAS.tiやNVivoでは右側）。それぞれ、コーディングされているテクストのコードのタイトル名がつけられる。

コード（code）

データについてのアイデア、テーマ、理論、それらのディメンション、特徴などを表す用語。質的研究におけるテクストの節や画像などが同じアイデアやテーマ、特徴を表していることを示すために、それらを同じコードに結びつけることができる。

コード検索（retrieving codes）

パターンや共通性があるかを検証するために、単一のコードに分類された全てのテクストを一緒にまとめる過程。

参与観察（participant observation）

エスノグラファーに最もよく用いられている方法。調査者はコミュニティやグループの生活に参加し、そのメンバーの行動を観察する。秘かに行われる場合もあれば、公然と行われる場合もある。

実在論（realism）

現実は、われわれの思考や信念、経験からさえも独立に存在するという見方。研究は、現実を単に構成するというより、この現実についての直接的な情報をもたらすことができる。しかしながら、より鋭敏な実在論者は、言語の中に存在する構成的性質を認識している。

自動コーディング（auto-coding）

調査結果をコーディングするためのCAQDASの機能。

社会構成主義（social constructionism）

社会的、文化的世界の現象とその意味は客観的なものではなく、人間の社会的相互作用のなかで作られる、つまり、それらは社会的に構成されるという認識論的な見方。このアプローチは、もっぱらというわけではないが、しばしば観念論的な哲学をよりどころとする。

叙述的コーディング（descriptive coding）

研究における人びと、出来事、場面などの、単なる表面的な特徴に言及するようなコーディング。

事例（case）

研究対象となる個々の単位。事例は、人物、制度、出来事、国や宗教、家族、境遇や組織などでありうる。そのいずれであるかは、実施される個々の研究による。

信頼性（reliability）

異なる観察者や調査者など（あるいは、異なる場面における同じ観察者など）による観察や、同じ研究対象からのデータ収集がどれほど一致するかの程度。同じ研究対象とは何であるのかがしばしば明確ではない質的研究では、この概念は非常に議論を引き起こすものとなる。

説明（account）

インタビューの回答者が、自らの行為や場面を説明したり、正当化したり、言い訳したりするなどを試みる、特定の形式のナラティヴ。

セレクティブ・コーディング（selective coding）

グラウンデッドセオリーの最終段階。中心的な現象や中核カテゴリーが取り出され、他の全てのカテゴリーがそれに関連づけられる。

相対主義（relativism）

概念的、あるいは倫理的な意味における、真実や道徳を判断する絶対的な基準の拒否。文化相対主義は、文化が異なれば現象を定義する方法も異なるという見方である。その

用語解説 | 247

ため、ある文化の観点は他の文化の観点を判断することや、理解することにさえ用いることができない。

属性 (attribute)
1 人あるいは複数の人物、事例、あるいは場面が持つ一般的な性質。まさに質的研究における変数のようなもの。集団内あるいは集団間の類似性は、属性によって同定される。ある属性（例：ジェンダー）はいくつかの値を持つかもしれないし（例：男性、女性、関連を持たない）、各事例は、それぞれの属性に対して 1 つの値だけを割り当てられる。

絶えざる比較 (constant comparison)
グラウンデッドセオリーの調査を通して用いられる手法。理論的カテゴリーをより洗練させ、発展させるために、新たに収集されたデータを以前に収集されたデータやそのコーディングと不断に比較する。その目的は、調査を新しく、かつ実りある方向で行えるようにすると思われる新たに生じたアイデアを、検証することである。

妥当性 (validity)
その説明が、言及している社会的現象を正確に表している程度。現実主義者による調査では、それは、研究対象の状況、そして／あるいは人びとの真の姿を提供する程度を意味し、しばしば内的妥当性として言及される。外的妥当性は、研究対象の集団や場面から収集されたデータが、より幅広い人びとに一般化されうる程度を指す。ポストモダン論者は、単一の世界の真の姿を調査が提供することの可能性を疑い、妥当性の可能性そのものに異議を唱える。

ディスコース分析 (discourse analysis)
会話やテクストにおいていかに社会的世界のバージョンが作り出されるか、とりわけ、調査参加者が自分自身や他者をどのように構成するかを重視するアプローチ。会話やテクストのすべての特質は、何らかの行為を行っている（たとえば、権力を行使し他者をコントロールする）と見なされる。

データ (data)
社会調査を通じて収集され記録された情報の項目、あるいは単位（単数形は datum）。

データは数字で表されたり（量的）、言葉や画像、物から成っていたりする（質的）。自然に生じるデータとは、調査者が居合わせようとそうでなかろうと生じたであろう出来事を、記録したものである。たとえそうであっても、データは、「そこにあって」、収集されるのを待っているわけではない。データとは、調査自体による産物であって、調査プロセスによって決定されるものである。

データ・アーカイブス（data archives）
調査研究によって収集されたデータを収めたアーカイブの一形式。一般的にこれらは、質問紙調査を量的にコーディングした資料や、社会調査研究の一部として収集された質的な資料であり、それらはアーカイブによって、二次的分析のために利用可能な形にされる。

テーマ（主題）（themes）
質的データの分析の中で、先行する理論や調査協力者の生きられた経験から生じた、繰り返し表れる論点や考えや概念。テクストをコーディングする際のコードを確立するために用いられる。

テクスト（text）
狭い意味では、これは書かれた文書を意味する。しかしながら、この用語は、「読む」ことが可能なすべてに言及するものへと拡大されてきた。つまり、何であれ、解釈可能な意味を持つものである。例としては、広告、音楽や映画の部分などである。記号論者は、レスリングの試合とコカ・コーラほどにかけ離れたものも、その文化的含意を分析するに値する「テクスト」と見なしてきた。

伝記（バイオグラフィー）（biography）
ある人の人生についての詳細な、記述による説明やナラティヴ。通常ある構造を持ち、しばしば、**エピファニー**すなわちターニングポイントを伴う、鍵となる重要なテーマによって表現される。ナラティヴは通常、時系列的である。

匿名化（anonymization）
トランスクリプションと研究報告の両方において、人びとや組織の名前や場所、詳細な

用語解説 | 249

どを変えて、それらが特定されることがないようにし、かつ全体的な意味は保持されるようにするプロセス。

トランスクリプション（transcription）
会話の音声や映像の記録、手書きのノートを、活字や文書作成ソフトウェアの形式に変換する過程。言葉の語られ方の側面を示すために、特殊文字が用いられることがある。

ナラティヴ（narrative）
出来事や経験を物語るテクストや話。通常、個人的な側面を含み、個人的な観点から語られる。

ナラティヴ分析（narrative analysis）
テクストの中で、プロセスや継起を構築するにあたって作用している文章上の仕掛け（textual device）を研究する、ディスコース分析の形式。

バイアス（bias）
調査研究の結果を組織的に歪める何らかの影響。現実主義者のアプローチでは、これは研究対象の真の性質を曖昧にするものであり、研究者自身やサンプリングを含むデータ収集の手法によって生じるとされる。相対主義者や解釈的観点からすると、調査結果にバイアスが生じていると言えるような真の性質というものは存在しないのであるから、バイアスはほとんど意味をなさない。しかし、調査についてのリフレクシヴな説明においては信頼の問題が取り上げられ、バイアスの概念が吟味される。

比較分析（comparative analysis）
同じ時点における異なる場面あるいは集団のデータ、あるいは時期を異にする同じ場面、同じ集団のデータを比較すること。共通点や相違点を明らかにするために行われる。（**絶えざる比較**も参照）。

秘密性（confidentiality）
調査チーム以外の他の人びとや機関に開示されることがないように、調査協力者から提供された情報の本質を体系的に保護すること。

フィールドノーツ（field notes）
調査者が調査しているフィールド「環境」の中にいる時に、考えたことや観察したことについて記した覚え書き。

分類法（taxonomy）
項目の厳密なヒエラルキーによる分類。項目間の親と子の関係は、「一種の〜」「一タイプの〜」とされる。

飽和（saturation）
グラウンデッドセオリーにおいて、既存のデータやカテゴリーに基づく予測や期待が、追加されたカテゴリーや事例から得られたデータによって繰り返し確認される状況。追加されたカテゴリーや事例が新しいアイデアを含まないように見える場合、それらは飽和したと言える。さらなる適切な例を探すことが無益と思われ、データ収集を終えることができる。データの飽和とも呼ばれる。

ポストモダニズム（postmodernism）
合理性や進歩といった近代的価値、人間性や社会・文化的世界についての包括的な言説を追究する社会科学の進歩と概念を否定する、知識層の社会運動、あるいは流行。その代わりに、ポストモダン論者は、現代的な経験の断片化し、分散した性質を強調しつつ、圧制的な大きなナラティヴの衰退を祝福する。その極端な姿においては、絶対的な真実や知識の存在や、社会的現象を説明する科学の力を否定する。

メタファー（metaphor）
一種の修辞的方法として、会話やテクストの中で想像を用いること。メタファーの使用は、文化的に共有されたアイデアや、表現する難しさを示しているかもしれない。

メモ（memo）
研究プロジェクトの一次データやコードに対する調査者のコメントを書き留めた、分析で用いられる文書。メモは、バラバラの文書であったり、特定のデータと結びつけられていたり（特にCAQDASにおいて）、調査日誌として集められたりする。

用語解説　251

モデル（model）

研究フィールドにおける重要な要素間の関係を表すために、しばしばグラフや図形を用いてデザインされる表現手段。モデルには予測的なもの、因果関係を示すもの、さらには記述的なもの、数学的なもの、絵図的なものもある。

唯心論（idealism）

世界は人びとの心の中に存在し、人びとの思考から独立した純粋に外的な現実は存在しないという見方。

ライフヒストリー（life history）

協力者のライフストーリーに焦点を当てたインタビューの形式。そのようなインタビューは、ライフコースに沿って時系列に構成されがちであるが、他の点では比較的自由である。

リフレクシヴィティ（reflexivity）

広い意味で、これは、調査者が不可避的に、彼らの環境についての見方や関心を何らかのしかたで反映するという見方に言及している。この用語はまた、データを生み出しているときであれ、説明を記述しているときであれ、調査における彼らの行動や価値を省察する、調査者の能力にも言及している。

倫理（ethics）

何が道徳的に正しく、何が間違っているのかという問いに対する哲学の分野と、日常的思考の領域。

レトリック（rhetoric）

人びとを説得したり、人びとに影響を与えたりするための言葉の使用や、そのような手法の研究。特定の印象を与えたり、特定の解釈を強調したりするために、話し手や書き手が用いる言語的方略に関わっている。

文　　献

Angrosino, M. (2007) *Doing Ethnographic and Observational Research*. (Book 3 of The SAGE Qualitative Research Kit). London: Sage.［アングロシーノ／柴山真琴（訳）(2016)『質的研究のためのエスノグラフィーと観察』（SAGE 質的研究キット3）新曜社］

Arksey, H. & Knight, P. (1999) *Interviewing for Social Scientists*. London: Sage.

Atkinson, J. M. & Heritage, J. (Eds.) (1984) *Structures of Social Action: Studies in Conversation Analysis*. Cambridge: Cambridge University Press.

Atkinson, P. (2013) 'Ethnography and craft knowledge', *Qualitative Sociology Review, 9*(2): 56-63.

Austin, J. L. (1962) *How to Do Things with Words*. Oxford: Oxford University Press.［オースティン／坂本百大（訳）(1978)『言語と行為』大修館書店］

Banks, M. (2017) *Using Visual Data in Qualitative Research* (Book 5 of The SAGE Qualitative Research Kit, 2nd ed.). London: Sage.［バンクス／石黒広昭（監訳）(2016)『質的研究におけるビジュアルデータの使用』（SAGE 質的研究キット5）新曜社（初版 (2007) の訳）］

Barbour, R. (2017) *Doing Focus Groups* (Book 4 of The SAGE Qualitative Research Kit). London: Sage.［バーバー／大橋靖史他（訳）（準備中）『質的研究のためのフォーカスグループ』（SAGE 質的研究キット4）新曜社］

Bazeley, P. (2013) *Qualitative Data Analysis: Practical Strategies*. London: Sage.

Becker, H. S. (1998) *Tricks of the Trade: How to Think about Your Research While You're Doing It*. Chicago and London: University of Chicago Press.［ベッカー／進藤雄三・宝月誠（訳）(2012)『社会学の技法』恒星社厚生閣］

Bazeley, P. & Jackson, K. (2013) *Qualitative Data Analysis with NVivo* (2nd ed.). London: Sage.

Becker, H. S. (2007) *Writing for Social Scientists: How to Start and Finish Your Thesis, Book or Article* (2nd ed.) Chicago: University of Chicago Press.［ベッカー／小川芳範（訳）(2012)『ベッカー先生の論文教室』慶應義塾大学出版会（初版 (1986) の訳）］

Bhaskar, R. (2011) *Critical Realism: A Brief Introduction*. London: Routledge.

Bird, C. M. (2005) 'How I stopped dreading and learned to love transcription', *Qualitative Inquiry, 11*(2): 226-248.

Blumer, H. (1954) 'What is wrong with social theory', *American Sociological Review, 18*: 3-10.

Bogdan, R. & Biklen, S. K. (1992) *Qualitative Research for Education: An Introduction to Theory and Methods* (2nd ed.). Boston: Allyn & Bacon.

Brinkmann, S. & Kvale, S. (2017) *Doing Interviews* (Book 2 of the Qualitative Research Kit, 2nd ed.). London: Sage.［クヴァール／能智正博・徳田治子（訳）(2016)『質的研究のための「インター・ビュー」』（SAGE 質的研究キット2）新曜社（初版 (2007) の訳）］

Brewer, J. D. (2000) *Ethnography*. Buckingham: Open University Press.

Bryman, A. (1988) *Quantity and Quality in Social Research*. London: Unwin Hyman/Routledge.

Charmaz, K. (1990) 'Discovering chronic illness: using grounded theory', *Social Science and Medicine, 30*: 1161-1172.

Charmaz, K. & Mitchell, R. G. (2001) 'Grounded theory in ethnography', in P. Atkinson, A. Coffey, S. Delamont, J. Lofland & L. Lofland (Eds.), *Handbook of Ethnography*. London: Sage, pp.160-174.

Charmaz, K. (2003) 'Grounded theory', in J. A. Smith (ed.), *Qualitative Psychology: A Practical Guide to Research Methods*. London: Sage, pp.81-110.

Charmaz, K. (2014) *Constructing Grounded Theory: A Practical Guide Through Qualitative Analysis* (2nd ed.) London: Sage. ［シャーマズ／抱井尚子・末田清子（監訳）(2008)『グラウンデッド・セオリーの構築：社会構成主義からの挑戦』ナカニシヤ出版（初版 (2006) の訳）］

Clarke, A. E. (2005) *Situational Analysis: Grounded Theory After the Postmodern Turn*. Thousand Oaks, CA: Sage.

Coffey, M. (2017) *Doing Ethnography*. (Book 3 of the Qualitative Research Kit, 2nd ed.). London Sage.

Coffey, A. & Atkinson, P. (1996) *Making Sense of Qualitative Data Analysis: Complementary Research Strategies*. London: Sage.

Corbin, J. M. & Strauss, A. L. (2015) *Basics of Qualitative Research: Techniques and Procedures for Developing Grounded Theory* (4th ed.). Thousand Oaks: Sage. ［コービン・ストラウス／操華子・森岡崇（訳）(2012)『質的研究の基礎：グラウンデッド・セオリー開発の技法と手順』医学書院（第3版 (2008) の訳）］

Crotty, M. (1998) *The Foundations of Social Research: Meaning and Perspective in the Research Process*. London: Sage.

Cryer, P. (2000) *The Research Student's Guide to Success*. Buckingham: Open University Press.

Daiute, C. & Lightfoot, C. (Eds.) (2004) *Narrative Analysis: Studying the Development of Individuals in Society*. Thousand Oaks, CA: Sage.

Delamont, S., Atkinson, P. & Parry, O. (1997) *Supervising the PhD: A Guide to Success*. Buckingham: The Society for Research into Higher Education and Open University Press.

Denzin, N. K. (1970) *The Research Act*. Chicago: Aldine.

Denzin, N. K. (1989) *Interpretive Interactionism*. Newbury Park, CA: Sage. ［デンジン／関西現象学的社会学研究会（編訳）(1992)『エピファニーの社会学：解釈的相互作用論の核心』マグロウヒル出版］

Denzin, N. K. (1997) *Interpretive Ethnography*. London: Sage.

Denzin, N. K. (2004) 'The art and politics of interpretation', in S. N. Hesse-Biber & P. Leavy (Eds.), *Approaches to Qualitative Research*. New York: Oxford University Press, pp.447-472.

Denzin, N. K. & Lincoln, Y. S. (1998) 'Entering the field of qualitative research', in N. K. Denzin & Y. S. Lincoln (Eds.), *Strategies of Qualitative Inquiry*. London: Sage.

Dey, I. (1993) *Qualitative Data Analysis: A User-friendly Guide for Social Scientists*. London: Routledge.

Edwards, D. & Potter, J. (1992). *Discursive Psychology*. London: Sage.

Emerson, R. M., Fretz, R. I. & Shaw, L. L. (2011) *Writing Ethnographic Fieldnotes* (2nd ed.) Chicago:

University of Chicago Press.［エマーソン・フレッツ・ショウ／佐藤郁哉・好井裕明・山田富秋（訳)(1998)『方法としてのフィールドノート：現地取材から物語作成まで』新曜社（初版 (1995) の訳)］

Emerson, R. M., Fretz, R. I. & Shaw, L. L. (2001) 'Participant observation and fieldnotes', in P. Atkinson, A. Coffey, S. Delamont, J. Lofland & L. Lofland (Eds.), *Handbook of Ethnography*. London: Sage, pp.352-368.

Fairclough, N. (2003) *Analysing Discourse: Textual Analysis for Social Research*. London: Routledge.［フェアクラフ／日本メディア英語学会メディア英語談話分析研究分科会（訳)(2012)『ディスコースを分析する：社会研究のためのテクスト分析』くろしお出版]

Fielding, N. G. & Lee, R. M. (1998) *Computer Analysis and Qualitative Research*. London: Sage.

Finch, J. (1984) '"It's great to have someone to talk to" : the ethics and politics of interviewing women', in C. Bell & H. Roberts (Eds.), *Social Researching: Politics, Problems, Practice*. London: Routledge, pp.70-87.

Flick, U. (2014) *An Introduction to Qualitative Research* (5th ed.). London: Sage.［フリック／小田博志ほか（訳)(2011)『質的研究入門：「人間の科学」のための方法論』春秋社]

Flick, U. (2007a) *Designing Qualitative Research* (Book 1 of The SAGE Qualitative Research Kit). London: Sage.［フリック／鈴木聡志（訳)(2016)『質的研究のデザイン』（SAGE 質的研究キット1) 新曜社]

Flick, U. (2007b) *Managing Quality in Qualitative Research* (Book 8 of The SAGE Qualitative Research Kit). London: Sage.［フリック／上淵寿（訳)(2017)『質的研究の「質」管理』（SAGE 質的研究キット8) 新曜社]

Flick, U. (2017a) *Designing Qualitative Research* (Book 1 of the Qualitative Research Kit, 2nd ed.). London: Sage.［フリック／鈴木聡志（訳)(2016)『質的研究のデザイン』（SAGE 質的研究キット1) 新曜社（初版（2007）の訳)］

Flick, U. (2017b) *Managing Quality in Qualitative Research* (Book 10 of the Qualitative Research Kit, 2nd ed.). London Sage.［フリック／上淵寿（訳)(2017)『質的研究の「質」管理』（SAGE 質的研究キット8) 新曜社（初版（2007）の訳)］

Flick, U. (2017c) *Doing Triangulation and Mixed Methods* (Book 8 of the Qualitative Research Kit, 2nd ed.). London Sage.

Flick, U. (2017d) *Doing Grounded Theory* (Book 9 of the Qualitative Research Kit, 2nd ed.). London Sage.

Flick, U., von Kardorff, E. & Steinke, I. (Eds.) (2004) *A Companion to Qualitative Research*. London: Sage.

Foucault, M. (1973). *The Birth of the Clinic: An Archaeology of Medical Perception*. London: Tavistock Publications.

Foucault, M. (1977) *Discipline and Punish: The Birth of the Prison*. London: Allen Lane.

Foucault, M. (1979) *The History of Sexuality, Volume One: An Introduction*. London: Allen Lane.

Frank, A. W. (1995) *The Wounded Storyteller: Body, Illness and Ethics*. Chicago: The University of Chicago Press.［フランク／鈴木智之（訳)(2002)『傷ついた物語の語り手：身体・病い・

倫理』ゆみる出版]

Friese, S. (2012) *Qualitative Data Analysis with ATLAS.ti*. London: Sage.

Geertz, C. (1975) 'Thick description: toward an interpretive theory of culture', in C. Geertz (ed.), *The Interpretation of Cultures*. London: Hutchinson, pp.3-30. [ギアーツ／吉田禎吾・中牧弘允・柳川啓一（訳）(1987)『文化の解釈学』1・2, 岩波現代選書, 岩波書店]

Gibbs, G. R. (2002) *Qualitative Data Analysis: Explorations with NVivo*. Buckingham: Open University Press.

Giorgi, A. & Giorgi, B. (2003) 'Phenomenology', in J. A. Smith (ed.), *Qualitative Psychology: A Practical Guide to Research Methods*. London: Sage, pp.25-50.

Glaser, B. G. (1978) *Theoretical Sensitivity: Advances in the Methodology of Grounded Theory*. Mill Valley, CA: Sociology Press.

Glaser, B. G. (1992) *Emergence vs Forcing: Basics of Grounded Theory Analysis*. Mill Valley, CA: Sociology Press.

Glaser, B. G. & Strauss, A. L. (1967) *The Discovery of Grounded Theory: Strategies for Qualitative Research*. Chicago: Aldine. [グレイザー & ストラウス／後藤隆・大出春江・水野節夫（訳）(1996)『データ対話型理論の発見：調査からいかに理論をうみだすか』新曜社]

Gregory, D., Russell, C. K. & Phillips, L. R. (1997) 'Beyond textual perfection: transcribers as vulnerable persons', *Qualitative Health Research, 7*: 294-300.

Guba, E. G. & Lincoln, Y. S. (1989) *Fourth Generation Evaluation*. Newbury Park, CA: Sage.

Hartley, J. (1989) 'Tools for evaluating text', in J. Hartley & A. Branthwaite (Eds.), *The Applied Psychologist*. Milton Keynes: Open University Press.

Hesse-Biber, S. N. & Leavy, P. (Eds.) (2004) *Approaches to Qualitative Research: A Reader on Theory and Practice*. New York. Oxford University Press.

Howell, K. (2012) *An Introduction to the Philosophy of Methodology*. London, Sage.

Kahneman, D. (2011) *Thinking, Fast and Slow*. London: Penguin.

King, N. (1998) 'Template analysis', in G. Symon & C. Cassell (Eds.), *Qualitative Methods and Analysis in Organizational Research*. London: Sage.

King, N. & Brooks, J.M. (2017) *Template Analysis for Business and Management Students*. London: Sage.

Kuckartz, U. (2014) *Qualitative Text Analysis: A Guide to Methods, Practice and Using Software*. London: Sage.

Kvale, S. (1988) 'The 1000.page question', *Phenomenology and Pedagogy, 6*: 90-106.

Kvale, S. (1996) *InterViews: An Introduction to Qualitative Research Interviewing*. Thousand Oaks, CA: Sage.

Kvale, S. (2007) *Doing Interviews* (Book 2 of The SAGE Qualitative Research Kit). London: Sage. [クヴァール／能智正博・徳田治子（訳）(2016)『質的研究のための「インター・ビュー」』（SAGE 質的研究キット2）新曜社]

Labov, W. (1972) 'The transformation of experience in narrative syntax', in W. Labov (ed.), *Language in the Inner City: Studies in the Black English Vernacular*. Philadelphia, PA: University of

Pennsylvania Press, pp.354-396.

Labov, W. (1982) 'Speech actions and reactions in personal narrative', in D. Tannen (ed.), *Analyzing Discourse: Text and Talk*. Washington, DC: Georgetown University Press, pp.219-247.

Labov, W. & Waletsky, J. (1967) 'Narrative analysis: oral versions of personal experience', in J. Helm (ed.), *Essays on the Verbal and Visual Arts*. Seattle, WA: University of Washington Press, pp.12-44.

Lewins, A. & Silver, C. (2007) *Using Software in Qualitative Research: A Step-by-Step Guide*. London: Sage.

Lofland, J., Snow, D., Anderson, L. & Lofland, L. H. (2006) *Analyzing Social Settings: A Guide to Qualitative Observation and Analysis*. Belmont, CA: Wadsworth/Thomson.

Marshall, C. & Rossman, G. B. (2006) *Designing Qualitative Research* (4th ed.). London: Sage.

Maso, I. (2001) 'Phenomenology and ethnography', in P. Atkinson, A. Coffey, S. Delamont, J. Lofland & L. Lofland (Eds.), *Handbook of Ethnography*. London: Sage. pp.136-144.

Mason, J. (1996) *Qualitative Researching*. London: Sage.

Mason, J. (2002) *Qualitative Researching* (2nd ed.). London: Sage.

Maykut, P. & Morehouse, R. (2001) *Beginning Qualitative Research: A Philosophical and Practical Guide*. London: RoutledgeFalmer.

Maxwell, J. A. (2012) *A Realist Approach for Qualitative Research*, London: Sage.

McAdams, D. (1993) *The Stories We Live By: Personal Myths and the Making of the Self*. New York: Guilford Press.

Merton, R. K. (1968) *Social Theory and Social Structure*. New York, London: Free Press.

Miles, M. B. & Huberman, A. M. (1994) *Qualitative Data Analysis: A Sourcebook of New Methods*. Beverly Hills, CA: Sage.

Miles, M. B., Huberman, A. M. & Saldaña, J. (2013) *Qualitative Data Analysis: A Sourcebook of New Methods* (2nd ed.). Beverly Hills, CA: Sage.

Mills, C. W. (1940) 'Situated actions and vocabularies of motive', *American Sociological Review, 5*(6): 439-452.

Mishler, E. G. (1986) 'The analysis of interview narratives', in T. R. Sarbin (Ed.), *Narrative Psychology*. New York: Praeger, pp.233-255.

Mishler, E. G. (1991) 'Representing discourse: the rhetoric of transcription', *Journal of Narrative and Life History, 1*: 255-280.

Moustakas, C. (1994) *Phenomenological Research Methods*. Thousand Oaks, CA: Sage.

Park, J. & Zeanah, A. (2005) 'An evaluation of voice recognition software for use in interview-based research: A research note', *Qualitative Reasearch, 5*(2): 245-251.

Parker, I. (2003). *Critical discursive psychology*. London: Palgrave Macmillan.

Paul, G. J. (2011) *How to do Discourse Analysis: A Toolkit*. London, Routledge.

Peirce, C. S. (1958) *Collected Papers of Charles Sanders Peirce*, vols. 1-8, 1931-1935. Cambridge, MA.: Harvard University Press.

Plummer, K. (2001) *Documents of Life 2: An Invitation to a Critical Humanism*. London: Sage.

Poland, B. D. (2001) 'Transcription Quality', in J. F. Gubrium & J. A. Holstein (Eds.), *Handbook of*

Interview Research: Context and Method. Thousand Oaks, CA: Sage, pp.629-649.

Popper, K. (1989) *Conjectures and Refutations* (5th ed.). London: Hutchinson.

Potter, J. (1996) *Representing Reality: Discourse, Rhetoric, and Social Construction*. London: Sage.

Potter, J. & Wetherell, M. (1987) *Discourse and Social Psychology: Beyond Attitudes and Behaviour*. London: Sage.

Rabinow, P. (Ed.). (1986). *The Foucault Reader*. Harmondsworth: Penguin.

Rapley, T. (2017) *Doing Conversation, Discourse and Document Analysis* (Book 7 of The SAGE Qualitative Research Kit, 2nd ed.). London: Sage. [ラプリー／大橋靖史・中坪太久郎・綾城初穂（訳）（2018）『会話分析・ディスコース分析・ドキュメント分析』（SAGE質的研究キット7）新曜社]

Richardson, L. (2004) 'Writing: a method of inquiry', in S. N. Hesse-Biber & P. Leavy (Eds.), *Approaches to Qualitative Research: A Reader on Theory and Practice*. New York: Oxford University Press, pp.473-495.

Ricoeur, P. (1984) *Time and Narrative*, trans. K. McLaughlin & D. Pellauer. Chicago: University of Chicago Press. [リクール／久米博（訳）(2004)『時間と物語』（新装版）新曜社]

Riessman, C. K. (1993) *Narrative Analysis*. Newbury Park, CA: Sage.

Ritchie, J. & Lewis, J. (Eds.) (2003) *Qualitative Research Practice: A Guide for Social Science Students and Researchers*. London: Sage.

Ritchie, J., Lewis, J., McNaughton Nicholls, C., & Ormston, R. (Eds.) (2014) *Qualitative Research Practice: A Guide for Social Science Students and Researchers* (2nd ed.). London: Sage.

Ritchie, J., Spencer, L. & O'Connor, W. (2003) 'Carrying out qualitative analysis', in J. Ritchie & J. Lewis (Eds.), *Qualitative Research Practice: A Guide for Social Science Students and Researchers*. London: Sage, pp.219-262.

Ryen, A. (2004) 'Ethical issues', in C. F. Seale, G. Gobo, J. F. Gubrium & D. Silverman (Eds.), *Qualitative Research Practice*. London: Sage, pp.230-247.

Saldaña, J. (2016) *The Coding Manual for Qualitative Researchers* (3rd ed.). London: Sage.

Salmons, J. (2016) *Doing Qualitative Research Online*. London: Sage.

Seale, C. F. (1999) *The Quality of Qualitative Research*. London: Sage.

Seale, C. F. (2002) 'Cancer heroics: a study of news reports with particular reference to gender', *Sociology, 36*: 107-126.

Silver, C & Lewins, A. (2014) *Using Software in Qualitative Research: A Step-by-Step Guide* (2nd ed.). London: Sage.

Silverman, D. (2000) *Doing Qualitative Research: A Practical Handbook*. London: Sage.

Silverman, D. (Ed.) (2004) *Qualitative Research: Theory, Method and Practice* (2nd ed.). London: Sage.

Smith, J. A. (1995) 'Semi.structured interview and qualitative analysis', in J. A. Smith, R. Harre & L. van Langenhove (Eds.), *Rethinking Methods in Psychology*. London: Sage, pp.9-26.

Spencer, L., Ritchie, J., O'Connor, W., Morrell, G., & Ormston, R. (2014) 'Analysis in practice', in J. Ritchie, J. Lewis, C. McNaughton Nicholls, & R. Ormston (Eds.), *Qualitative Research Practice: A Guide for Social Science Students and Researchers* (2nd ed.). London: Sage, pp. 295-346.

Strauss, A. L. (1987) *Qualitative Analysis for Social Scientists*. Cambridge: Cambridge University Press.

Strauss, A. L. & Corbin, J. (1990) *Basics of Qualitative Research, Grounded Theory Procedures and Techniques*. Thousand Oaks, CA: Sage.［ストラウス＆コービン／操華子・森岡崇（訳）(1999)『質的研究の基礎：グラウンデッド・セオリー開発の技法と手順』医学書院］

Strauss, A. L. & Corbin, J. (1997) *Grounded Theory in Practice*. London: Sage.

Strauss, A. L. & Corbin, J. (1998) *Basics of Qualitative Research: Techniques and Procedures for developing Grounded Theory* (2nd ed.). Thousand Oaks, CA: Sage.［ストラウス＆コービン／操華子・森岡崇（訳）(2004)『質的研究の基礎：グラウンデッド・セオリー開発の技法と手順』医学書院］

Strübing, J. (2010) 'Research as pragmatic problem-solving: The pragmatist roots of empirically-grounded theorizing', in A. Bryant & K. Charmaz (Eds.), *The Sage Handbook of Grounded Theory*. Los Angeles: Sage, pp.580-601.

Titscher, S., Meyer, M., Wodak, R., & Vetter, E. (2000) *Methods of Text and Discourse Analysis*. London: Sage.

Van Maanen, J. (1988) *Tales of the Field: On Writing Ethnography*. Chicago: University of Chicago Press.［ヴァン゠マーネン／森川渉（訳）(1999)『フィールドワークの物語：エスノグラフィーの文章作法』現代書館］

Walkerdine, V. (1991) *Schoolgirl Fictions*. London: Verso.

Weaver, A. & Atkinson, P. (1994) *Microcomputing and Qualitative Data Analysis*. Aldershot: Avebury.

Wodak, R. & Krzyzanowski, M. (Eds.) (2008) *Qualitative discourse analysis in the social sciences*. Basingstoke: Palgrave Macmillan.

Wolcott, H. F. (2009) *Writing Up Qualitative Research* (3rd ed.). Newbury Park, CA: Sage.

人名索引

Angrosino, M.　v, viii, 2, 46
Arksey, H.　25
Atkinson, J. M.　27
Atkinson, P.　2, 152, 212, 231, 232
Austin, J. L.　95, 114

Banks, M.　v, viii
Barbour, R.　v, viii
Bazeley, P.　2
Becker, H. S.　57, 58, 153, 154
Bhaskar, R.　11
Biklen, S. K.　77
Blumer, H.　151
Bogdan, R.　77
Brewer, J. D.　159, 160
Brinkmann, S.　viii, 2, 27, 92, 159
Brooks, J.M.　73
Bryman, A.　170

Charmaz, K.　56, 68, 73, 75, 133, 151
Clarke, A. E.　114
Coffey, A.　2, 231, 232
Coffey, M.　viii, 2
Corbin, J. M.　74, 81, 82, 87, 126, 145, 146, 148
Cryer, P.　46

Delamont, S.　45
Denzin, N. K.　2, 51, 99, 160, 162
Dey, I.　65

Edwards, D.　114
Emerson, R. M.　47

Fairclough, N.　118
Fielding, N. G.　181, 243
Finch, J.　176
Flick, U.　i, iv, vi-viii, 2, 46, 48, 74, 81, 92, 147, 159, 163, 164, 211, 238
Foucault, M.　14, 118-120
Frank, A. W.　106-108

Geertz, C.　6

Gibbs, G. R.　v, 54, 127, 143, 144, 161, 220
Giorgi, A.　2, 74
Giorgi, B.　2, 74
Glaser, B. G.　48, 51, 52, 56, 74, 82, 86, 244
Guba, E. G.　10

Heritage, J.　27
Huberman, A. M.　2, 46, 137, 140

Kahneman, D.　149, 150
King, N.　56, 65, 73
Knight, P.　25
Kvale, S.　v, viii, 2, 20, 27, 92, 159, 167

Labov, W.　109, 110
Lee, R. M.　181, 243
Lewis, J.　64
Lincoln, Y. S.　10, 160

Maso, I.　74
Mason, J.　2, 6, 77, 172
Maykut, P.　2
McAdams, D.　97, 99
McNaughton Nicholls, C.　64
Merton, R. K.　148
Miles, M. B.　2, 46, 137, 140
Mills, C. W.　95
Mishler, E. G.　2, 21
Mitchell, R. G.　133
Morehouse, R.　2
Morrell, G.　2, 73
Moustakas, C.　74

O'Connor, W.　2, 73, 141
Ormston, R.　2, 73

Parker, I.　122
Peirce, C. S.　7
Popper, K.　6
Potter, J.　114, 116

Rabinow, P.　118
Rapley, T.　vi, viii, 2, 27, 37

Richardson, L. 53
Ricoeur, P. 96
Riessman, C. K. 2
Ritchie, J. 2, 64, 65, 73, 141, 142

Saldaña, J. 2, 88
Seale, C. F. 36
Silverman, D. 26, 27, 162, 163
Spencer, L. 2, 73, 141
Strauss, A. L. 48, 52, 74, 77, 81, 82, 86, 87,
126, 129, 145, 146, 148, 244
Strübing, J. 8

Titscher, S. 114

Van Maanen, J. 49, 50, 59

Walkerdine, V. 120
Weaver, A. 212
Wetherell, M. 114

事項索引

■A-Z
ATLAS.ti 182, 183, 185, 186, 188-190, 194-202, 204, 213, 215, 221, 225, 227, 229
CAQDAS 2, 23, 33, 35, 37-40, 79, 81, 169, 175, 180-182, 189, 210, 218, 230, 243
　　――の危険性 181
MAXQDA 182, 183, 185, 186, 188, 189, 191, 194-202, 204, 205, 213-215, 218, 221, 228, 229
NVivo 182, 183, 185, 186, 188, 189, 191, 192, 194-201, 203, 204, 214, 215, 218, 223, 228, 229
OCR 30

■あ行
アーカイブ 37, 174, 175, 193, 249
厚い記述 6, 238
アブダクション 6-8
一般化可能性 158, 170, 243
印象主義的物語 50
インタビュー 3, 22, 36, 68, 95, 102, 109, 138, 167, 231, 252
インデックス 64
インフォームドコンセント 14, 172, 243
引用 15, 23, 59, 136, 137, 166, 167
エスノグラフィー 3, 12, 47, 49, 59, 152, 243
エビデンス 166
エピファニー 99, 104, 105, 123, 137, 244, 249

演繹 6-8
音声認識ソフトウェア 30

■か行
階層構造 127, 130
書き直し 57, 77, 137
仮説検証 181, 230, 231
カテゴリー 52, 56, 64, 65, 69, 71, 87
　　――化 64, 65, 69, 87, 128, 137, 161, 237
間テクスト性 244
危険性 130, 177
帰納 6-8, 81, 244
客観的 10, 11, 59, 159
グラウンデッドセオリー 13, 48, 51, 73, 80, 114, 128, 145, 243, 244, 247, 248, 251
ケースブック 245
研究日誌 45, 236
研究レポート 54-57
検索 77, 209, 218, 220, 224, 226, 230, 231, 245
　　近接―― 225, 226, 231
　　語彙―― 210, 212, 213, 245
　　コード―― 230, 231, 245, 246
　　パターン―― 231
　　マトリックス―― 183, 229
　　文字列―― 189, 210-213, 218-220, 224, 230
　　論理型―― 225, 226
語、句、文の分析 82

261

構成主義　9, 10, 176
　　社会——　247
コーディング　5, 20, 22, 35, 51, 52, 56, 63,
　67, 71, 74, 77, 80, 87, 130, 196, 199, 201,
　225, 236, 245
　　1行ごとの——　83, 132, 237
　　アクシャル・——　87, 145, 243
　　インビボ・——　88, 200
　　オープン・——　73, 81, 87, 126, 129,
　　145
　　解釈的——　244
　　——の手順　67
　　——ブラケット　246
　　自動——　188, 189, 210, 246
　　叙述的——　71, 88, 247
　　セレクティブ・——　88, 145-147, 247
コード　5, 51, 53, 63, 64, 66, 74, 77, 142,
　197, 200, 201, 224, 246
　　インビボ・——　86
　　——階層　125, 127, 130, 140, 146
　　——の相互チェック　169
　　——の定義　53, 66, 78, 132, 169, 231
　　叙述的——　71, 77
　　定義の漂流　168
　　ディメンション　82, 126, 129, 140,
　　147, 230, 244, 246
　　プロパティ　126, 129, 142, 147
　　分析的——　70, 71
コード化　→コーディング
告白的物語　49
個性記述的アプローチ　8
コンセプト駆動　72

■さ行
参与観察　3, 47, 246
事実記録　50
実在論　9-11, 246
　　——者の物語　49
　　批判的——　11
質的データ　vii, viii, 1-3, 5, 15, 172, 231,
　235, 238
質的分析　3, 4, 12, 37, 64, 83, 150, 165, 180,
　209, 220, 235, 236
　　——を支援するソフトウェア
　　　→ CAQDAS
社会構成主義　247

修辞　93, 112
主題　→テーマ
叙述　69, 87, 114, 148
事例　8, 26, 138, 140, 247
　　否定——　165, 211
信頼性　9, 158, 167, 231, 247
スタイル（研究発表の）　59
セキュリティ　192
説明　6, 13, 49, 80, 94, 95, 101, 147, 158,
　161, 175, 218, 238, 247
選択的逸話主義　170
相対主義　176, 247
属性　129, 142, 220, 224, 231, 248
　　——テーブル　142
組織的比較　82

■た行
絶えざる比較　81, 164, 203, 238, 244, 248
妥当性　9, 158, 161, 163, 220, 248
　　回答者の——確認　163
逐語記録　50
調査者　27, 84, 162
ディスコース・アプローチ　112
ディスコース心理学　113, 114-121
ディスコース分析　2, 112-114, 248
　　批判的——　113, 114, 118-122
データ　vii, 2-5, 14, 20, 34, 36, 38, 54, 72,
　172-175, 248
　　音声——　22, 27, 29
　　探索　2, 150, 225
　　——・アーカイブス　23, 24, 34-37,
　　174, 175, 193, 249
　　——駆動　72, 73, 145
　　メタ——　36, 38
テーマ　2, 22, 39, 54, 64, 77, 88, 99-102,
　218-220, 237, 249
テクスト　vii, 5, 51, 75, 244-246, 248, 249
伝記　vii, 9, 91, 92, 98, 108-111, 140, 143,
　244, 249
　　——的内容　98
匿名化　15, 23, 24, 37, 173, 249
匿名性　37, 167, 172-174, 193
トライアンギュレーション　vi, 162, 163
ドラマツルギー　88, 152
トランスクリプション　4, 19, 20, 24-34,
　163, 172, 173, 186, 194, 250

――の間違いの例　32
――のレベル　24
トランスクリプト　2, 3, 20-25, 27, 33, 163,
168, 200
取り出し　75, 79, 132, 180, 186, 203, 221

■な行

ナラティヴ　vii, 9, 44, 45, 91, 95, 98, 105,
107-109, 137, 138, 250
――のジャンルあるいは構造　105
――の要素　109, 110, 112, 137
――分析　95, 138, 250
ノート　5, 21, 22, 38, 39, 46-48, 50, 52
観察――　52
個人的――　53
方法論――　52
理論的――　52
ノード（Nvivoの）　196-202, 228
ルートノード　131

■は行

バーニー・ベックの方法　153
バイアス　48, 51, 150, 157-159, 169, 231,
238, 250
バイオグラフィー　→伝記
ハイパーリンク　35, 181
パスワード　193
バックアップ　192
比較　53, 69, 81-84, 101, 109, 131, 145, 151,
165, 183, 224
時系列での――　143
事例間の――　138-141
組織的――　82
遠く離れた――　82, 151, 152
――分析　vii, 125, 176, 250
秘密性　23, 172-175, 250
比喩　54, 86, 94, 101, 103, 117, 152, 220
フィードバック　58, 164, 175
フィールドノーツ　2-5, 19, 20, 38, 46, 48,
50, 251
フィールドの物語の形式　49
フォーカスグループ　3, 22, 28, 30, 38, 47,
73, 95
フリーウェア　29, 182
フリップフロップ・テクニック　82, 151,
152

文書　2-5, 36-39, 78, 183, 186, 187, 193, 195
分析の質　113, 157, 171, 203, 238
分類法　221, 251
法則定立的アプローチ　8, 9
方法論　5, 14, 49, 52, 162
飽和　251
ポストモダニズム　251
ポストモダン　159, 248, 251

■ま行

メタファー　126, 162, 212, 218, 251
メモ　5, 37, 51-54, 66, 67
――の用途　53
モデル　13, 131, 145-148, 252
アクシャル・コーディング・――
146
物語の演劇的分類　107
コメディ　107, 108, 123
悲劇　107, 123
風刺　107, 123
ロマンス　106-108, 123

■や行

唯心論　10, 252
用語集　218-220

■ら行

ライフヒストリー　98, 99, 101, 244, 252
リトロダクション　7
リフレクシヴ　59, 87, 160, 166, 236
リフレクシヴィティ　59, 159, 160, 176, 252
理論　5-8, 13, 81, 147, 151, 162, 197, 237
倫理　viii, 14, 171, 252
研究――　245
分析の――　171
類義語集　220
類型化　131, 141
レトリック　252
――的　50
論文　59, 160, 167, 170, 173, 176, 182

263

著者紹介

グラハム・R・ギブズ（Graham R. Gibbs）
コンピュータ支援学習と社会科学におけるコンピュータの使用を専門とし、英国のハダースフィールド大学で教鞭をとるほか、質的データ分析法の学習を支援するための REQUALLO（再利用可能な質的学習オブジェクト）ディレクター、Forum: Qualitative Social Research 誌の編集委員などを務めている。著書に『質的データ分析：NVivo による調査』（2002, 未訳）など。

訳者紹介

砂上史子（すながみ　ふみこ）
千葉大学教育学部教授。主著に『遊びの保育発達学』（川島書店，共著）、『保育学講座3　保育のいとなみ』（東京大学出版会，共著）、がある。

一柳智紀（いちやなぎ　とものり）
新潟大学大学院准教授。主著に『岩波講座　教育　変革への展望5　学びとカリキュラム』（岩波書店，共著）がある。

一柳 梢（いちやなぎ　こずえ）
東京大学大学院教育学研究科修士課程修了後、2011年まで公立高校に勤務（英語）。本書が初の共訳書となる。

SAGE 質的研究キット 6
質的データの分析

初版第1刷発行	2017年12月25日
初版第2刷発行	2019年12月25日

著　者	グラハム・R・ギブズ	
訳　者	砂上史子・一柳智紀・一柳 梢	
発行者	塩浦　暲	
発行所	株式会社 新曜社	
	101-0051　東京都千代田区神田神保町3-9	
	電話（03）3264-4973（代）・FAX（03）3239-2958	
	e-mail: info@shin-yo-sha.co.jp	
	URL: https://www.shin-yo-sha.co.jp/	
組　版	Katzen House	
印　刷	新日本印刷	
製　本	積信堂	

Ⓒ Graham R. Gibbs, Fumiko Sunagami, Tomonori Ichiyanagi, Kozue Ichiyanagi, 2017　Printed in Japan
ISBN978-4-7885-1551-2　C1011